고등 사고력 함양을 위한

초등 사회과 통합교육과정 구성

고등 사고력 함양을 위한

초등 사회과 통합교육과정 구성

李雲發 著

한국학술정보(주)

| 머리말 |

　최근에 들어 각 교과교육에서는 교과 본질의 내용 추구와 함께 사고력 교육이 강조되고 있다. 이러한 양상과 더불어 사고력 영역에 대한 논의에 비추어 보면 '사회과에서 강조하는 사고력은 무엇이어야 하는가?' 그리고 '사고력을 함양하기 위하여 교육과정을 어떻게 구성하여야 하는가?'라는 문제를 제기해 볼 수 있다.

　본서에서는 이러한 물음에 대한 해답의 실마리를 찾아보고자 한다. 즉, 사회과에서 추구하는 사고력의 특징과 이러한 사고력을 기르기 위해서는 교육과정 구성을 어떻게 하는 것이 효과적일 것인가에 대해 주된 관심을 가지고 접근하게 될 것이다.

　사회과에서 사고력을 강조하기 시작한 것은 1980년대 후반에 울에버와 스콧 (Woolever & Scott, 1988)에 의해서 비롯되었는데, 이들은 학습자 중심의 문제해결·창조적 사고·비판적 사고와 같은 고등 사고력(higher-level thinking)을 주장하였다.

　우리나라 현행 7차 사회과 교육과정의 교과 '성격' 부분에서도 "사회과는 다양한 탐구 방법을 활용하여, 사회적 사실과 현상에 관한 지식을 발견하고 문제를 해결하는 데 필요한 비판적 사고력, 창조적 사고력, 가치 판단력, 의사결정력 등의 신장을 강조한다"고 밝히고 있다. 이러한 구성 체제에도 불구하고, 그동안의 사회과 내용 구성에서는 교과 내용이 사고력을 신장시킬 수 있도록 구성되어 있지 않다는 비판을 받아왔다.

　따라서 이 책에서는 사회과에서 추구하는 고등 사고력에 대한 의미를 밝혀보고, 이러한 고등 사고력을 함양할 수 있는 교육과정 개발 모형을 정립한 다음, 이에 따른 고등 사고력 중심의 사회과 통합교육과정의 구성 체계를 수립해 보고자 한다. 또한 이를 바탕으로 사회과에서의 고등 사고력 함양을 위한 교육과정 구성 방략으로서 주제 스트랜드(thematic strands) 중심의 초등 사회과 통합 교육과정 구성 방안을 모색해 보고자 한다.

　사회생활을 이해하기 위해서 학생들은 역사와 지리를 알아야 하고, 시민으로서의 자질과 태도를 준비하고, 경제 체제가 어떻게 기능하는가를 이해해야만 한다. 교사들의 입장에서는 역사, 지리, 정치의 중요성이 분명하게 인식되지만, 학생들에게는 그렇게 분명하지 않을 수 있다. 따라서 학생들에게 사회과의 핵심 부분을 통합된 방식으로 가르치면 학생들은 이러한 영역간의 상호 관련성을 통합적으로 학습할 수 있다는 점에서 스트랜드 중심의 통합 방식이 필요해진다.

　사회과의 사고력과 교육과정 구성의 관점에 따라 본서에서는 각 장별로 다음과 같은 내용을 다루게 된다.

　1장에서는 '사회과에서 사고력과 교육과정의 구성'을, 2장에서는 '고등 사고력 함양을 위한 교육과정 개발 과정'을, 3장에서는 '고등 사고력 중심의 사회과 통합교육과정 구성의 체계'를, 4장에서는 '고등 사고력 함양을 위한 사회과 통합 교육과정 구성의 방략'을 다루고, 끝으로 5장에서는 지금까지의 내용을 요약하여 결론을 내리고 제언을 하게 될 것이다.

　본서는 초등 사회과에서 고등 사고력을 함양하기 위한 방안으로 '교육과정과 사고력'이라는 두 영역을 서로 연관지어 논의하려는 시도였지만, 본 연구자의 시각에는 어느 정도의 한계와 제한점이 있다는 점을 지적하지 않을 수 없을 것 같다. 이러한 연구의 단서가 이 분야에 관심을 가진 연구자들의 보다 더 발전된 후속 연구의 밑거름이 되기를 기대해 보며, 아울러 이번 졸작의 부족함은 이어질 연구의 과제로 삼고자 한다.

　끝으로 본서의 발행을 위해 애써 주신 한국학술정보(주) 관계자분들께 그 고마운 마음을 전한다.

2007년 1월

李雲發

| 차 례 |

제1장

사회과에서 사고력과 교육과정의 구성

1. 고등 사고력
2. 사회과 통합교육과정
3. 주제 스트랜드
4. 교육과정 구성의 내용 및 방법

최근에 사고력 교육이 과거 전통적 지식 교육에 대한 대안으로 강조되고 있다. 특히 창의적 사고력에 대한 강조는 그 사고력의 본질 규명에서 나아가 전 교과에 걸쳐 그 적용상의 방법에까지 확장되어 가는 추세이다.

교과교육을 통하여 학생들의 사고력을 향상시키는 것은 대부분의 교과에서 가장 중요한 목표일 것이다. 그리하여 대부분의 교과교육에서 사고력의 함양 문제는 최근 교과교육과 관련하여 제기되는 여러 문제들 중에서 가장 핵심적인 문제로 부상하고 있다(허경철 외, 2001: 239).

우리가 학교 교육에서 주목하는 교과교육은 이제 사고력 교육을 활성화하는 방향으로 구체화하는 데 이의를 제기하는 사람은 거의 없을 것이다. 문제는 교과의 특성에 부합하는 사고력 교육이 무엇인가 하는 것이다. 예를 들어 과학과는 과학적 사고력, 수학과는 수학적 사고력, 음악과는 음악적 사고력 등이 바로 그 교과의 특징적인 사고력일 것이다.

그런데 이러한 최근의 양상과 더불어 사고력 본질에 대한 논의에 비추어 보면 '사회과에서 강조하는 사고력은 무엇이어야 하는가?' 그리고 '사고력을 함양하기 위하여 교육과정을 어떻게 구성하여야 하는가?'라는 문제를 생각해 볼 수 있다.

우리나라의 교육과정은 구조화라는 측면에서 많은 문제점을 내포하고 있는데, 이는 각 교과에서 가르쳐야 할 특정 내용의 항목을 나열하는 경향이 강하며 학문적인 체계만을 강조한 것이어서 구조화되지 않은 단편적인 지식만이 중요시되고 있다. 이러한 지식 위주의 교육과정은 그 내용이나 활동이 단편적·단절적인 경우가 많으므로 학생들의 지적 호기심을 만족시켜 주기 어려울 뿐 아니라 사회에서 실제로 필요로 하는 문제 해결력, 탐구력, 비판적 사고력과 같은 고등 사고 능력을 육성하기 어렵다(성일제, 1989: 121).

사회과에서 사고력을 강조하기 시작한 것은 1980년대 후반에 울에버와 스콧(Woolever & Scott, 1988)에 의해서 비롯되었는데, 이들은 학습자 중심의 문제 해결·창조적 사고·비판적 사고와 같은 고급 사고력(higher-level thinking)을 주장하였다(Woolever & Scott, 1988: 286-287).

또한, 뉴만(Newmann, 1990)도 사회과에서 고등 사고력(higher order thinking)의 향상에 주된 관심을 두었으며, 특히 그는 이전에 학습한 지식의 통상적인 응용인 저급 차원의 사고로는 문제를 해결할 수 없기 때문에 새롭게 해석하고 분석할 수 있는 도전적이고 확장적인 정신의 사용인 고급 차원의 사고력을 강조하면서, 다음과 같은 주장을 하였다.

> 고급사고와 저급사고를 구분하는 데 있어, 비판적 사고(critical thinking), 확산적·창의적 사고(divergent or creative thinking), 문제 해결력(problem-solving), 의사 결정력(decision-making)과 같은 개념들이 포함된다. 고등 사고력은 도전적(challenge)이고 확장적(expanded)인 정신의 사용이라고 정의할 수 있다(Newmann, 1991 a: 325).

이처럼 사회과에서는 1980년대 후반부터 사회과적 사고력으로서 고등 사고력의 중요성이 강조되어 오고 있다.

사회과는 사회 현상을 학습의 대상으로 하고 있다. 그러므로 사회과 교육에서는 학습자들이 사회 현상을 바르게 인식하고 사회생활을 원활하게 영위해 가는 데 필수 불가결한 요소인 사회적 사고력의 신장을 강조한다. 한면희(2001)에 의하면, 오늘날 사회과 교육에서 사고력 교육의 중요성에 대해 다음과 같이 제시하고 있다.

사고력은 의도적이며 적절한 방법을 통하여 길러질 수 있다. 선량하고 사
려 깊은 민주 시민의 자질 함양은 인간 고유의 본질인 사고력의 신장을 기
본으로 하여야 한다. 사고력은 학생들이 능률적으로 학습할 수 있고, 사회생
활을 할 수 있는 능력을 길러 줄 수 있다. 사회 변화와 오늘의 사회적 환경
이 더 질 높은 사회과 사고력 교육을 요청하고 있다(한면희, 2001: 368).

나아가 그는 "사회과 사고의 구성 요인을 규명할 때에는 사고하는 데 필요한
지식은 물론 사고의 대상으로서의 지식적 요소와 사고하는 능력, 사고와 관련
된 가치·태도에 관한 성향이 동시에 고려되어야 한다(한면희, 2001: 368)."고
밝히고 있다.

이와 같은 점을 고려하여 본서에서는 사회과에서의 사고력을 교육과정 구성의
측면에서 사고력 함양이라는 문제로 접근하여 사회과의 내용을 통합하여 구성하
는 방안을 모색하는 데 초점을 두고자 한다.

현행 7차 사회과 교육과정의 교과 '성격' 부분에서, "사회과는 다양한 탐구
방법을 활용하여, 사회적 사실과 현상에 관한 지식을 발견하고 문제를 해결하
는 데 필요한 비판적 사고력, 창조적 사고력, 가치 판단력, 의사결정력 등의 신
장을 강조한다(교육부, 1998 b: 238)."라고 언급하여 사회과에서 중점적으로 육
성해야 할 사고력의 요소를 제시하고 있다. 이와 같이 국가 수준의 교육과정
문서에서도 사고력 교육의 중요성을 밝히고 있다.

그런데 사회과의 내용 구성에서 그 동안 많은 비판을 받아온 점은 교과 내용
이 사고력을 신장시킬 수 있도록 구성되어 있지 않다는 점이다(한면희, 2001 ;
차경수, 2004). 학습자들이 배우는 교과 내용에 대한 양과 질은 대부분 국가 교
육과정과 교과서에 의해서 결정된다. 그 동안 우리나라에서는 학습자들에게 가
능한 한 적정한 양과 질 높은 교육 내용을 가르치기 위해 일곱 차례에 걸쳐 교

육과정과 교과서를 개정하여 왔다. 이번 7차 교육과정에서는 종전 교육과정 내용의 70% 수준으로 감축한다(교육부, 1998 b: 236)고 강조하였지만, 여전히 학교 현장에서는 사회과 교육 내용이 너무 많고 또한 너무 어려운 것으로 인식하고 있다(김왕근, 2000: 43). 이는 학생들에게 내용량을 축소하여 적은 내용으로 재미있고 깊이 있게 학습하도록 함으로써 사고력을 함양시킬 수 있는 사회과 교육과정 운영 모색과 교과서의 재구성을 절실히 요청하고 있는 실정이다.

특히, 교육과정 운영면에서도 교사에게 교과서의 단원 재구성권을 더욱 강조하고 있다(교육부, 1998 b: 283). 다시 말하면, 현장 교사들이 사회과 교육과정의 내용 영역과 교과서의 주제와 개념간의 관련성을 고려하여 교육과정을 재구성하거나 교육과정을 통합하여 지도하는 것이 학습에 효과적이다.

교육과정을 통합하는 데 있어서는 그 초점이 단순히 사실과 기능의 획득에 있지 않고, 다양한 문제의 해결을 위해 그 사실과 기능을 적용하는 데 있다. 그 결과 학습자들은 비판적이고 창의적으로 사고하는 능력을 개발할 필요가 있다. 이러한 통합교육과정은 적합한 교재의 이용을 통하여 이해를 신장시키는 데 초점을 맞추고 있기 때문에 통합교육과정에서의 사고의 개발은 학습의 주요한 측면이 되어야 한다(강현석 외 역, 2003: 114)는 것이다. 이처럼 사고력 교육의 강화를 위해서 교육과정 통합에 대한 관심이 점차 증가하고 있는 추세이다.

이러한 통합교육과정에 대한 관심은 결국 교과별로 전문화되고 세분화된 지식 중심의 교육으로는 엄청난 지식의 폭발에 따른 대비와 현대 사회가 안고 있는 복합적인 사회적 문제의 해결이 불가능함을 뜻하는 것이다(김대현·이영만, 1995: 99). 또한, 단편적인 사실이나 지식 중심의 교육에서 고등 사고력을 중시하는 교육으로 바뀌어야 한다는 주장 역시 교육과정의 통합을 주장하는 근거와 동일한 맥락에서 그 이유를 찾을 수 있으며, 이러한 점은 교육과정을 통합하자는 주장과 의도적이고 형식적인 사고교육을 통해 고등 사고력을 기르자는 주장이 동일한 이론적, 사회적 배경을 가지고 있음을 시사한다(김대현·이영만, 1995: 99). 따라서 사회과에서 사고력의 신장과 교육과정 내용의 통합적 구성은 매우 밀접한 관련이 있으며, 상호 연속적인 관계에 있다고 볼 수 있다.

사회과 통합의 교육 내용은 학문적 지식의 범위를 벗어나서 사고력을 증진시킬 수 있는 학습 경험이 되어야 한다. 이러한 학습 경험을 가능하게 하는 구체적인 내용 요소는 어떤 방법으로 조직하는 것이 가장 효과적인가? 이 점에 대하여 미국 사회과교육협의회인 NCSS(National Council for the Social Studies, 1994)에서는 주제 스트랜드(Thematic Strands) 중심의 통합 방식을 그 대안으로 제시하였다. 사회과 교육의 궁극적 목적인 시민성을 함양하기 위해 사회과 교육의 영역에 있는 개념·주제·문제·이슈·일반화·법칙·가치 등을 모두 종합하여, 사회과에서 가르쳐야 할 것으로 기대되는 것들을 종합할 수 있는 핵심적인 요소이며, 준거가 되는 것이 바로 이 주제 스트랜드로 본 것이기 때문이다(NCSS, 1994: 3 ; 김재형, 1998: 9에서 재인용). 사회과에서 최근 통합의 경향은 한두 과목이 아니라 사회과학과 인문학에 걸쳐서 많은 학문이 사회과의 교육과정 통합에 관련되고 있으며, 각 학문의 독립적인 영역을 허물어 초학문적으로 융합하여 내용을 구성하는 방법으로서 스트랜드 중심의 통합이 새롭게 자리를 잡아가고 있다(NCSS, 1994: 15).

한편, 교육과정 통합과 사고력 교육이라는 두 분야에 대한 지금까지의 선행 연구물들의 경향을 살펴보면, 이들을 서로 연관지어 논의하거나 하나의 주제 분야로 다룬 연구물은 거의 없다. 이는 아마도 이 두 분야의 연구에 대한 학문적 입장과 관점의 차이가 있어서 그런 것이기도 하겠지만, 전자는 주로 교육과정 영역에서, 후자는 심리학적 영역에서 논의되어 온 사실과도 무관하지가 않다(김대현·이영만, 1995: 100). 다만 이 두 영역이 서로 도움을 줄 수 있으며, 궁극적으로 동일한 맥락 속에서 같이 다루어져야 함을 밝힌 이영만(1995)의 "교육과정통합과 사고교육"이라는 연구는 오늘날 교육과정 개정과 구성에 있어서 시사하는 바가 크다. 즉 지금까지 사고력 개발에 대한 교수·학습 방법이나 절차적인 기법과 관련한 연구가 폭넓게 이루어진 만큼, 사고력 함양을 위한 교육과정의 내용 조직과 구성 방식에 대한 연구가 필요하다.

따라서 본서에서는 사회과에서 추구하는 고등 사고력에 대한 의미를 밝혀보고, 이러한 고등 사고력을 함양할 수 있는 교육과정 개발 모형을 정립한 다음, 이에 따른 고등 사고력 중심의 사회과 통합교육과정의 구성 체계를 수립해 보고자 한다. 또한 이를 바탕으로 사회과에서의 고등 사고력 함양을 위한 교육과정 구성 방략으로서 사회과 통합적 구성의 이상적인 준거로 고려될 수 있는 사회과 통합교육과정 구성의 방략을 모색해 보고자 한다.

본서에서 사용하고 있는 주된 용어들은 고등 사고력, 사회과 통합교육과정, 그리고 주제 스트랜드(thematic strands)이며 이들에 대한 정의는 아래와 같다.

1. 고등 사고력

사고력과 고등 사고력에 대한 의미를 살펴보면 다음과 같다.

교육학대사전에서, 사고란 "문제 사태에 부딪혔을 때 그 사태를 극복하기 위하여 이루어지는 활동으로 주로 정신적 작용"을 말한다(교육학사전편찬위원회, 1994: 589). 또한, 한국교육개발원의 사고력 신장 프로그램 연구 개발팀에 의하면, 사고력의 개념을 다학문적 관점과 추론, 직관 및 창의 등을 고려하여, 사고란 "추론의 요소와 직관·창의의 요소가 긴밀한 상호작용을 통해 문제를 해결해 가는 체계적인 정신 활동"으로 보았다(성일제 외, 1987: 56). 그리고 김영채 (1998)에 의하면, 사고란 "우리의 마음이 어떤 인지(사고) 조작(정신적 작용, cognitive operation·manipulation)을 수행해 가는 정신적 활동"이라고 설명하고 있다(김영채, 1998: 26).

이상과 같은 정의들을 종합해보면, 사고란 "과제 또는 문제 상황을 해결하기 위한 제반 정신적 작용 및 활동"으로 볼 수 있다.

일반적으로 사고 과정의 분류에 대해 김영채(1998)는 다음과 같이 설명하고 있다.

> 사고 과정을 나열하거나 위계적으로 분류해 보려는 노력은 참으로 많다. 그러나 많이 알려져 이용되고 있는 것은 Bloom 등(1956)의 '교육목표 분류학'일 것이다. 그러나 주로 Beyer 등(1988)을 참고하여 사고과정을 분류해보면 인지적 사고와 초인지적 사고로 나눌 수 있다(김영채, 1998: 27, 64).

이러한 사고 과정을 그림으로 나타내어 보면 아래 [그림 I-1]과 같은 사고 과정의 분류로 제시할 수 있다. 즉 사고 과정을 인지적 사고와 초인지적 사고로 크게 나누며, 인지적 사고는 다시 덜 복잡하고 다소간 비연속적인 기초적 사고와 발달적 사고로 나눌 수 있으며, 그 바탕 위에 문제 해결, 의사 결정, 비판적 사고 등과 같은 복합적인 사고과정으로 위계화하여 나타낼 수 있다.

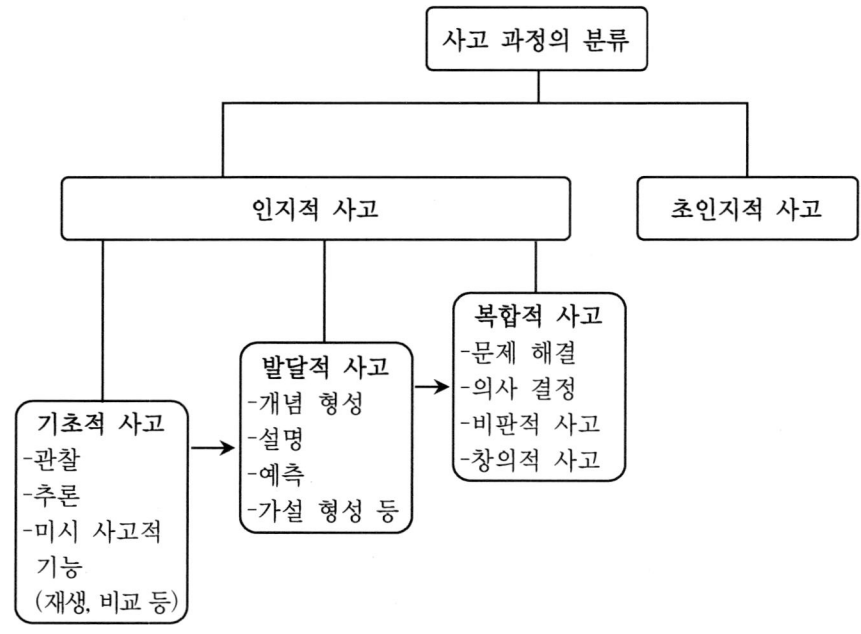

[그림 Ⅰ-1] 사고 과정의 분류[1]

위 그림이 일반적인 사고를 나타낸 것이라면, 이러한 사고와는 별도로 사회과 교육에서 사고의 변화는 1960년대 이후 강조되어 오던 '탐구'라는 말이 거의 자취를 감추고, 그 대신 '고급 사고력'이 주요 관심으로 대두되고 있다(차경수, 1993: 8)는 것이다.

일반적인 사고 과정에서 제시한 복합적인 사고와 사회과의 고등 사고력은 유사하다고 볼 수 있으나 다음과 같은 점에서 차이가 있다. 즉, 사회과에서는 문제해결력이나 탐구력과 같은 것을 묶어서 하나의 개념인 고등 사고력(higher order thinking)이라고 보는 점이며, 이러한 고등 사고력을 사회과 교육에 도입

---

1) 제시된 사고 과정은 김영채(1988: 64-95)의 사고 과정 분류를 본 연구의 관점에 따라 재구성한 것임

하여 강조하기 시작한 것이 1980년대 후반에서부터 비롯되었다(Woolever &
Scott, 1988 ; Banks, 1990; Jennes, 1990; Newmann, 1990, 1991). 미국에서는
사회과의 사고력에 'higher order thinking'을 중심으로 'higher level thinking',
'higher cognitive thinking', 'higher level cognition' 등 다양한 용어가 사용되고
있다(노경주, 1994: 271 ; 2000: 87). 국내에서도 사회과에서 '고급 사고력'이라
는 용어와 함께 '고차원의 사고', '고등 사고 능력'이라는 용어들이 사용되고 있
다(이해주, 1994 ; 김경모, 1996 ; 이광성, 1997 ; 전숙자, 2001 등). 본서에서는
이를 재개념화하여 '고등 사고력'이라고 칭한다.

　사회과에서 고등 사고력 향상을 실험한 위스콘신(Wisconsin) 대학의 뉴만
(Newmann, 1991)에 의하면, 고등 사고력에 대해 다음과 같은 정의를 내리고 있
다. 즉, 고등 사고력은 "도전적(challenge)이고 확장적(expanded)인 정신의 사용
이라고 폭넓게 정의할 수 있으며, 이러한 도전적이고 확장적인 정신의 사용은
이전에 학습한 지식의 통상적인 응용으로는 문제를 해결할 수 없기 때문에, 새
롭게 해석하고, 분석하고, 정보를 처리할 때 일어난다(Newmann, 1991 a: 325)."

　이러한 고등 사고력의 의미에 대해 국내외 여러 학자들의 견해를 분석·종합
하여 본서에서는 다음과 같은 정의를 내린다.

　사회과에서 고등 사고력이란, "학습자가 새로운 사회적 문제 상황에 직면했
을 때, 그 해결을 위하여 단순한 암기나 이전의 정보, 기존의 행하던 방법이 아
닌 새로운 사고, 즉 비판적 사고를 가지고 창의적으로 문제를 해결하려는 정신
적 작용 및 활동"이라고 할 수 있다.

2. 사회과 통합교육과정

사회과 교육과정에서 통합이라는 용어는 시대와 학자에 따라서 그 의미가 다양하게 사용되어 왔지만 뜻하는 바는 비교적 분명하다. 그것은 사회과의 교육과정을 구성할 때 정치학, 경제학, 역사학, 지리학 등 어느 하나의 학문적 영역의 내용으로만 다루지 않고, 두 개 이상의 학문적인 내용을 기초로 하여 구성한다는 점이다. 그 내용에는 지식, 기능, 탐구 방법, 태도, 가치 등 어느 것이나 있을 수 있고, 구성의 원리로서는 개념, 문제, 주제 등이 준거가 될 수 있다 (Parker & Jalorimek, 1977: 356 ; Jacobs, 1989: 8).

이들을 기초로 하여 사회과 통합교육과정의 개념은 사회과에서 중요시되는 중심적인 개념, 이슈, 사건, 주제, 문제 등을 보다 더 명확하게 학습할 수 있도록 하기 위해 두 개 이상의 학문 영역에서 지식과 탐구 방법 등을 가져와서 교육과정을 구성하는 것이라고 정의할 수 있다.

3. 주제 스트랜드

최근에는 한 두 과목이 아니라 사회과학과 인문학에 걸쳐서 많은 학문이 사회과의 교육과정 통합에 관련되고 있으며, 각 학문의 독립적인 영역을 허물어서 초학문적으로 융합하여 내용을 구성하는 경향이 점차 증가하고 있다. 이러한 방법으로는 개념과 주제 중심의 방법이나 사회적 이슈나 문제를 중심으로 통합하는 방법이 논의되고 있지만, 이들 교육과정의 내용이 구체적으로는 아직도 각각의 학문적 지식의 체계를 탈피하지 못하고 있다. 따라서 이 문제를 해결하는 것이 중요한 과제로 등장하고 있다. 이러한 문제를 해결하는 하나의 방법으로써 스트랜드 중심의 통합을 들고 있는데, 스트랜드(strand)는 "사회과 교육의 영역에 있는 개념·주제·문제·이슈·일반화·법칙·가치 등을 모두 종합하여, 사회과에서 반드시 가르쳐야 할 것으로 기대되는 것들을 종합할 수 있는 핵심적인 요소이며, 준거이다."(Ohio Department of Education, 1993: 20 ; Massachusettes Department of Education, 1996: 10-15 ; 차경수, 2004: 90에서 재인용).

사회과 통합의 교육 내용은 학문적 지식의 범위를 벗어난, 학습 경험(문제해결력, 비판적 사고력과 같이 반성적 사고력증진과 관련된 경험)이 되어야 한다. 그러면 학습 경험을 가능하게 하는 구체적인 내용 요소는 무엇으로 조직해야 하는가? 여기에는 주제 스트랜드가 하나의 대안으로 제시될 수 있다. 왜냐하면, 스트랜드는 사회과 목표에서 추출된 것으로 사회과 철학의 기초인 시민성을 함양하기 위한 목표와 과제를 수행하는 데 기여하는 핵심적 요소(차경수·조도근·이진석, 1997: 41)이기 때문이다. 그런데, 이러한 핵심적인 요소들이 주제(theme)를 중심으로 제시되었기 때문에 '주제 스트랜드(thematic strands)'라고 부른다(최병모, 2000: 10).

미국의 NCSS[2]는 『Curriculum Standards for Social Studies : 사회과 교육과정 표준』에서 급변하는 21세기 시민으로서 성장할 오늘날 학생들은 인류가 경험하지 못한 지식의 폭발 속에서 생활하며 학습하고 있으므로 학교와 교사가 모든 것을 가르칠 수 없고, 또 학생들도 알아야 할 모두를 배울 수 없기 때문에 사회과는 10개 주제 스트랜드의 활용을 통해 구성되어야 한다고 주장했다.

---

2) http://www.ncss.org/standards (자료 검색일 2006. 9. 1)

그 10개의 주제 스트랜드로는 ① 문화(Culture), ② 시간·영속성·변화(Time, Continuity, and Change), ③ 인간·장소·환경(People, Places, and Environment), ④ 개인의 발달과 정체성(Individual Development and Identity), ⑤ 개인·집단·제도(Individuals, Groups, and Institutions), ⑥ 권력·권위·통치(Power, Authority, and Governance), ⑦ 생산·분배·소비(Production, Distribution, and Consumption), ⑧ 과학·기술·사회(Science, Technology, and Society), ⑨ 지구적 연관성(Global Connections), ⑩시민적 이상과 실천(Civic Ideals and Practices)이다(NCSS, 1994: 15, 21-30 ; Parker & Jarolimek, 2001 ; Savage & Armstrong, 2004: 19-25).

본서에서는 차경수 등(1997)이 분석한 방법과 유사한 방식인 사회과의 이념과 목표로부터 오는 스트랜드와 사회과 문헌에서 추출한 스트랜드로 나누어 검토하고, 이를 종합하는 방식의 절차를 통하여 주제 스트랜드를 추출·선정하였다. 여기서 활용되는 주제 스트랜드는 ① 공간과 환경, ② 변화와 지속성, ③ 문화와 민족, ④ 개인과 사회 제도, ⑤ 시민 생활과 정치, ⑥ 생산·분배·소비, ⑦ 과학·기술·사회, ⑧ 지구촌 사회 등이다.

4. 교육과정 구성의 내용 및 방법

고등 사고력 함양을 위한 사회과 교육과정 구성 방안을 알아보기 위하여, 먼저 고등 사고력의 정의 및 특성, 고등 사고력 함양을 위한 교육과정 개발 모형, 그리고 사회과에서의 통합교육과정의 구성에 대해 살펴본다.

이어서 고등 사고력 중심의 사회과 통합교육과정 구성의 체계를 밝히고, 이

에 따른 고등 사고력 함양을 위한 사회과 통합교육과정 구성에 대한 방략을 제
시하고자 한다. 특히 고등 사고력 함양을 위한 주제 스트랜드 중심의 통합교육
과정 구성에 그 초점을 둔다.

연구 방법으로는 특히 교육과정 분야에서 탐구 방법으로 제시한 쇼트(Short,
1991)의 분류를 기초로 한 '인문학적 연구'의 방법을 이용한다. 이는 연구자의
주장을 문헌들의 권위에 의거하여 정당화하는 것으로 분석 철학적 방법을 비롯
한 17가지의 교육과정 연구 방법이 있다(한국교육과정학회, 2002: 146-158). 그
중에서 본서에서는 '통합적 연구' 방법을 활용하는데, 이는 교육과정을 마련하
고 실행하기 전이나 그 과정에서 특정한 결정을 내리기 위해서 필요한 지식이
나 정보를 통합해야 할 때가 있는데, 이러한 상황에서 특정의 필요에 맞는 광
범위하고 때로는 서로 다른 종류의 연구 결과나 지식들을 수집하여 통합하는
방법을 말한다. 당면한 교육과정 문제에 대한 결정을 내리는 데 필요한 지식을
확립하는 이러한 통합적 연구의 방법은 근래에 이르러서 독특한 연구의 방법으
로 성립되기 시작하였으며, 그 일반적인 단계로는 다음과 같은 여섯 단계를 거
친다(한국교육과정학회, 2002: 156).

첫째, 필요한 요구를 확인하고, 예비 조사를 수행하여 요구를 명료화한다.

둘째, 관련 연구물들을 검색한다.

셋째, 필요한 연구물을 취사선택하여 조직한다.

넷째, 개념적인 준거 틀을 만든 다음 그 준거에 의해서 분석된 정보들을 판
단하고 분류한다.

다섯째, 정보들을 합성하여 연구의 결과물로 통합한다.

여섯째, 필요한 사람들에게 결과를 전달한다.

이상의 과정은 통합적 연구의 일반적인 절차이므로 여기서는 위 여섯 단계에

준하여 다음과 같은 네 단계로 재구성하여 활용코자 한다.

즉 ① 연구의 목적과 필요성 인식 → ② 관련 자료 수집·분석·조직 → ③ 개념적 준거틀 작성 → ④ 자료 분석 및 통합·정리의 과정을 거치게 된다.

이상의 네 가지 연구 단계에 따라 본서의 전개 과정을 개략적으로 밝혀보면 아래와 같다.

첫째, 연구의 목적과 필요성 인식 단계에서는, 고등 사고력의 의미와 사회과에서의 고등 사고력 함양을 위한 교육과정 개발 모형을 정립한다.

둘째, 연구에 필요한 관련 자료들을 수집·분석·조직하는 단계에서는, 고등 사고력 함양을 위한 사회과 통합교육과정 구성의 분석을 통하여 고등 사고력 중심의 사회과 통합교육과정 구성의 체계를 밝힌다.

셋째, 개념적 준거틀 작성 단계에서는, 사회과 교육과정과 교과서에 대해서 본 연구에서 활용하는 통합 방법의 준거인 주제 스트랜드 방식의 통합을 위한 분석을 통하여 고등 사고력 함양을 위한 사회과 통합교육과정 구성 방략을 제시한다.

넷째, 분석한 자료들을 통합·정리하는 단계에서는, 위 자료들을 통합하여 고등 사고력 함양을 위한 주제 스트랜드 중심의 단원 재구성 방식을 제안하게 된다.

이상과 같은 연구 전개의 과정을 도식화 해보면, 아래 [그림 Ⅰ-2]와 같은 연구 방법의 틀로 나타낼 수 있다.

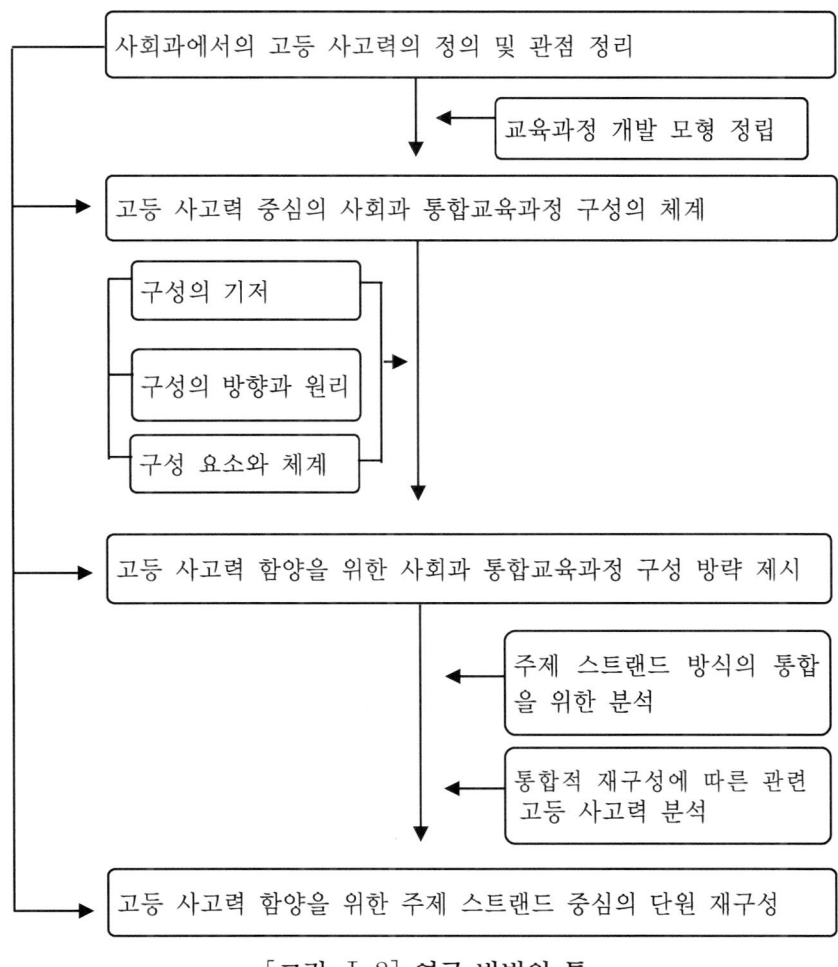

[그림 Ⅰ-2] 연구 방법의 틀

위 [그림 Ⅰ-2]는 본 연구의 최종 관심사인 사회과의 고등 사고력 함양을 위한 통합교육과정 구성 방략의 하나인 주제 스트랜드 중심의 단원 재구성을 위한 연구 절차를 의미하는 것이며, '고등 사고력 함양을 위한 주제 스트랜드 중심의 단원 재구성'을 수행하기 위한 방법적 틀로 작용하게 된다.

제2장

고등 사고력 함양을 위한 교육과정 개발 과정

1. 고등 사고력과 사회과의 통합교육과정에 대한 선행 연구
2. 고등 사고력의 정의 및 특성
3. 고등 사고력 함양을 위한 교육과정 개발 모형
4. 사회과 통합교육과정의 개념과 유형

본 장에서는 고등 사고력의 정의 및 특성, 고등 사고력 함양을 위한 교육과정 개발, 사회과에서 통합교육과정에 대해서 살펴보고자 한다.

1. 고등 사고력과 사회과의 통합교육과정에 대한 선행 연구

선행 연구물의 분석을 크게 두 가지 분야로 나누어 살펴보고자 한다. 즉 하나는 사회과의 고등 사고력과 관련된 분야이며, 다른 하나는 사회과의 통합교육과정에 관한 것이다.

첫째, 사회과에서 '고등 사고력'과 관련된 선행 연구물들을 살펴보면 다음과 같다.

사회과에서 고등 사고력이라는 용어가 사용되기 이전에는 '사고력'이라는 내용의 연구가 주를 이루었는데 아래 〈표 Ⅱ-1〉과 같은 연구가 있다. 사회과에서의 사고력 교육(한면희, 1996), 사회과에서의 비판적 사고력 교육(김재형, 1996), 창의적 사고력 교육(남상준, 1996), 역사적 사고력의 구성요소와 역사 수업의 발문(김한종, 1996), 지리 분야에서의 창의적 사고력 신장(홍기대, 1996), 창의적 사고력 교수-학습 방안(이혁규, 1998), 초인지와 창조적 사고를 위한 학습방법 모색(구정화, 1998) 등이 그러한 연구들의 대표적인 예이다. 이러한 연구에서는 주로 사회과에서 사고력 교육의 의미와 방향, 그리고 학습 방법에 대한 내용으로 연구가 이루어진 것이 대부분이다.

〈표 Ⅱ-1〉 사회과에서 사고력 관련 분야의 선행 연구물

연구자	주요 관점 및 내용	특징
한면희(1996)	사회과에서의 사고력 교육	사회과 사고력
김재형(1996)	사회과에서의 비판적 사고력 교육	비판적 사고력
남상준(1996)	사회과에서의 창의적 사고력 교육	창의적 사고력
김한종(1996)	역사적 사고력의 구성요소와 역사 수업의 발문	역사적 사고력
홍기대(1996)	초등 사회과 지리 분야에서의 창의적 사고력 신장	창의적 사고력
이혁규(1998)	사회과에서 창의적 사고력 교수-학습 방안	창의적 사고력
구정화(1998)	초등사회과에서의 초인지와 창조적 사고를 위한 학습방법 모색	초인지, 창조적 사고력

한편, 사회과에서의 '고등 사고력'에 대한 연구는 앞에서도 살펴보았듯이, 고등 사고력(higher order thinking)이라는 이름으로 사회과 교육에 도입되어 강조하기 시작한 것은 1980년대 후반에서부터 비롯되었다.(Woolever & Scott, 1988 ; Banks, 1990 ; Jennes, 1990 ; Newmann, 1990, 1991). 이에 대한 국내외 연구자들의 연구물은 〈표 Ⅱ-3〉과 〈표 Ⅱ-4〉에서 나타난 바와 같이, 차경수(1993)를 비롯하여 노경주(1994, 2000), 이해주(1994), 김경모(1996), 이광성(1997), 전숙자(2001) 등에 의해 개념 정리가 이루어지고 있다. 차경수(1993)는 개념학습과 고급 사고력 함양, 고급 사고력의 형태, 고급 사고력을 위한 개략적인 수업방법에 초점을 둔 연구였으며, 노경주(1994, 1998)는 사회과 교육에 있어서 고등사고능력, 사회과 교육과 고등사고능력의 함양을 다룬 연구였다. 그 외에도 고급 사고력 신장을 위한 교육방법에 관한 논의(이해주, 1994), 사회과 고급사고를 위한 메타인지 전략(구정화, 1995), 경제교육에서의 고급사고력 함양 방안(김경모, 1996), 고급사고력 향상을 위한 교수-학습방법에 관한 연구(이광성, 1997, 2000, 2001), 고급 사고력 향상을 위한 초등 사회과 교수·학습 방안(이호도, 1998), 고급수준

질문의 활용정도가 사회과 고급사고력과 학업성취에 미치는 효과 연구(이광성, 1997), 사회과 고등 사고 질문 방법과 그 활용(이종일, 1999), 초등 사회과 의사 결정 학습이 고급사고력 신장에 미치는 효과(구연옥, 2004) 등이 있다.

이상과 같은 고급 사고력과 관련된 분야에 대해 국내외의 선행 연구물들을 살펴보면, 아래 〈표 Ⅱ-2〉, 〈표 Ⅱ-3〉와 같다.

〈표 Ⅱ-2〉 고등 사고력 관련 분야에 대한 국외 선행 연구물

연구자	주요 관점 및 내용	특징
Woolever, R.M. & Scott, K.P. (1988)	Active Learning in Social Studies: Promoting Cognitive and Social Growth	Higher level - thinking
Banks, J. A. (1990)	Teaching strategies for the social studies: inquiry, valuing, and decision-making	inquiry, valuing, and decision- making
Jennes, D (1990)	Making sense of social studies	Higher order - thinking
Newmann, F.M. (1990)	Higher order thinking in teaching social studies: a rationale for the assessment of classroom thoughtfulness.	Higher order - thinking
Onosko, J. J. (1991)	Barriers to the promotion of higher order thinking in social studies	Higher order - thinking
Savage, T. V. & Armstrong, D. G.(2004)	Effective teaching in elementary social studies	Inquiry, Higher level - thinking

이러한 연구물들은 대부분이 고등 사고력의 개념 정리와 유형, 그리고 고등 사고력 향상을 위한 교수-학습 방법과 질문에 관한 내용의 연구에 한정되어 있음을 알 수 있다. 즉 고등 사고력과 교육과정 간의 관련성, 다시 말해서 고등 사고력을 향상시킬 수 있는 교육과정 구성 방식에 대한 연구는 이루어지지 않

앗다는 것이다. 이러한 선행 연구물들의 탐색을 통해 연구의 초점을 고등 사고력 함양을 위한 사회과 교육과정 구성이라는 주제에 초점을 맞추어보는 것은 아주 의미 있는 일이라 여겨진다.

〈표 Ⅱ-3〉 고등 사고력 관련 분야에 대한 국내 선행 연구물

연구자	주요 관점 및 내용	특징
차경수 (1993)	개념학습과 고급사고력 함양	고급 사고력
노경주 (1994)	Higher Order Thinking in the Teaching of Social Studies (사회과교육에 있어서 고등사고능력)	Higher Order Thinking
이해주 (1994)	고급사고력 신장을 위한 교육방법에 관한 논의	고급사고력
구정화 (1995)	사회과 고급사고를 위한 메타인지 전략	고급사고
김경모 (1996)	경제교육에서의 고급사고력 함양 방안	고급사고력
이광성 (1997)	고급사고력향상을 위한 교수-학습방법에 관한 연구	고급사고력
노경주 (1998)	사회과교육과 고등사고능력의 함양	고등사고능력
이호도 (1998)	고급 사고력 향상을 위한 초등 사회과 교수·학습 방안	고급사고력
이종일 (1999)	사회과 고등 사고 질문 방법과 그 활용	고등사고 질문
노경주 (2000)	초등 사회과에서의 쟁점중심교육	
이광성 (2000)	수업환경 결정요인과 사회과 고급사고력과의 관계에 관한 연구	고급사고력
이광성 (2001)	사회과 논쟁학습에서 교사의 역할과 고급사고력	고급사고력
구연옥 (2004)	초등 사회과 의사결정 학습이 고급사고력 신장에 미치는 효과	고급사고력

둘째, '사회과 통합 교육과정'에 관한 선행 연구물들을 살펴보면 아래 〈표 Ⅱ-4〉와 같은 통합적 구성과 〈표 Ⅱ-5〉와 같은 주제 스트랜드 중심의 통합을 들 수 있다. 먼저 통합적 구성에 있어서는 사회과 간학문적 단원 구성을 위한 연구: 미국

수업 사례를 중심으로(이종일, 1997), 고등학교 공통 사회의 완전 통합 단원 구성 연구(차경수·조도근·이진석, 1997), 통합 지향적 사회과 교육과정의 내용 구성(김재형, 1998), 사회과 도입과정에서 통합의 의미와 전개(이진석, 1998), 사회과 통합교육과정의 문제점과 해결대안(차경수, 1998), 사회과 통합 교육과정 모형에 대한 연구(차조일, 1998), 제 7차 교육과정에 따른 사회과의 통합 운영 모형 및 교수·학습자료 개발(최병모 외, 1999), 제 7차 사회과 교육과정의 통합적 운영방안(최병모, 2000), 사회과 교육과정 통합화 방안(이병환, 2002), 미국 사회과 통합교육과정의 동향: 미국 NCSS의 「사회과 표준안」을 중심으로(최병모, 2003), 사회과 내용의 통합 수준과 구성 방안(박선미, 2003), 연결망 분석을 활용한 중학교 사회 교과서의 통합적 내용구성 연구(박은아·전숙자, 2004), 3-10학년 사회교육과정의 통합적 내용 구성 비교연구(박은아, 2004) 등이 있다.

〈표 Ⅱ-4〉 사회과 통합교육과정 관련 분야에 대한 선행 연구물

연구자	주요 관점 및 내용	특징
이종일 (1997)	사회과 간학문적 단원 구성을 위한 연구: 미국 수업 사례를 중심으로	간학문적 통합
김재형 (1998)	통합지향적 사회과 교육과정의 내용 구성	통합 사회과
이진석 (1998)	사회과 도입과정에서 통합의 의미와 전개	통합 의미 전개
차경수 (1998)	사회과 통합교육과정의 문제점과 해결대안	문제점과 대안
차조일 (1998)	사회과 통합 교육과정 모형에 대한 연구	통합 모형
최병모 외 (1999)	제 7차 교육과정에 따른 사회과의 통합 운영 모형 및 교수·학습자료 개발	통합 모형
최병모 (2000)	제 7차 사회과 교육과정의 통합적 운영방안	통합적 운영
이병환 (2002)	사회과 교육과정 통합화 방안	교육과정 통합
박선미 (2003)	사회과 내용의 통합 수준과 구성 방안	내용의 통합
박은아·전숙자 (2004)	연결망 분석을 활용한 중학교 사회 교과서의 통합적 내용구성 연구	교과서의 통합

이들 연구물들에 대한 공통적인 특징은 모두가 사회과 교육에 대한 통합의 필요성을 역설하면서, 여러 유형의 통합화 방안을 제시하고 있다는 점이다. 특이한 것은 이종일(1997)은 사회과 간학문적 단원 구성을 위해 미국 수업 사례의 분석을 통해 보았을 때, 학습의 내용이 인간의 삶과 관련되어 총체적이고 통합적으로 이루어지고 있으며, 우리의 초등 사회과 학습과 비추어 보아 사회과 간학문적 통합의 성격에 대한 충분한 논의의 필요성을 들고 나아가 교재의 구성 방법과 학습 내용, 학습량에 대한 재검토의 연구가 필요하다고 하였다.

〈표 Ⅱ-5〉 사회과 통합교육과정에서 주제 스트랜드 관련 분야에 대한 선행연구물

연구자	주요 관점 및 내용	특징
차경수 외 (1997)	고등학교 공통 사회의 완전 통합 단원 구성 연구	완전 통합 구성
김일기 외 (1998)	제7차 교육과정 상세화를 통한 사회과 내용 체계에 관한 연구	주제 스트랜드
은지용 (1999)	반성적 사고력 함양을 위한 사회과 통합교육과정 모형에 관한 연구-주제 스트랜드 중심의 통합교육과정.	주제 스트랜드
최만식 (2001)	미국 NCSS '문화' 스트랜드(Strand) 중심의 교수·학습 단원 개발	'문화' 스트랜드
오한나 (2002)	중학교 사회과 수업의 통합적 재구성 방안	중학교 스트랜드
최병모 (2003)	미국 사회과 통합교육과정의 동향: 미국 NCSS의 사회과 표준안을 중심으로	NCSS 통합
김유수 (2003)	주제 스트랜드 중심의 초등 사회과 학습 단원 개발	주제 스트랜드

이어서 주제 스트랜드 중심의 통합에 있어서는, 차경수·조도근·이진석(1997)이 고등학교 공통 사회의 완전 통합 단원 구성 연구에서 처음으로 우리나라에 사회과의 이념 및 목표, 사회과 관련 문헌에서 추출한 주제 스트랜드를 8가지로 제시한 바 있다. 여기서 차경수(1998)는 사회과의 영역과 내용체계에

따라 사회과에서 추출한 10여 개의 스트랜드를 적절하게 엮어서 교육과정을 구성하는 것이 바람직하다고 하며, 이렇게 할 때 이념과 목표에 충실한 살아 있는 시민교육의 통합과정이 될 수 있다고 주장하였다. 이로 보아 1990년대 후반부터 우리나라에 주제 스트랜드가 소개되었으나, 아직까지 사회과 교육과정에서 논의가 진행되고 있으며 또한 연구의 과제로 남아 있는 상태이다.

또한, 김일기 등(1998)도 NCSS의 10개 스트랜드를 재구성하여 초등 교육과정의 내용 선정을 위한 영역으로 제시한 바 있다.

그리고 은지용(1999)은 '반성적 사고력 함양을 위한 사회과 통합교육과정 모형에 관한 연구 : 주제 스트랜드 중심의 통합교육과정'이라는 주제로 6차 교육과정의 고등학교 '공통사회'를 대상으로 한 연구가 있다. 이 연구에서는 반성적 사고력 함양을 사회과 교육목표로 두고, 주제 스트랜드를 교육목표를 달성하기 위한 내용 조직 요소로, 통합성을 내용조직원리로, 이슈를 내용조직초점으로 한 사회과 통합교육과정 모형을 설계한 연구라는 점에 의의가 있다.

한편, 남은정(2000), 오한나(2002)는 선행 연구인 고등학교의 연구와 초등학교의 연구를 바탕으로 이들의 관계를 맺어줄 중학교에서의 스트랜드 중심의 통합 단원 구성 방식에 대해 논한 바 있다.

최만식(2001)의 미국 NCSS '문화' 스트랜드(Strand) 중심의 교수·학습 단원 개발이라는 연구는 '문화' 스트랜드의 정신을 반영한 7차 사회과 교육과정의 문화 관련 내용을 분석하여 그에 따른 교수·학습 단원 구성의 틀을 마련하고, 단원 구성의 사례를 제시한 면에서 그 의의가 있다고 본다.

김유수(2003)는 주제 스트랜드 중심의 초등 사회과 학습 단원 개발이라는 연구에서 주제 스트랜드 중심의 초등 3학년 사회과 학습 단원의 구성과 단원 개발의 실제, 적용을 통하여 학습 성취능력에 긍정적인 평가를 얻은 바 있다.

　우리나라에서 주제 스트랜드 중심의 통합교육과정과 통합단원 구성 방식에 대한 선행 연구물들을 살펴본 결과, 공통적으로 새로운 교육과정이나 교과서의 내용을 선정 및 구성하기 위해서 스트랜드를 활용한 것이 아니라 이미 만들어진 교육과정·교과서의 분석을 통해서 스트랜드를 추출하고 이를 재구성하여 단원 구성의 틀을 마련한 다음 그에 따른 단원 재구성의 사례를 제시하고 있다. 이러한 사실로 미루어 차기 교육과정 개정시에는 이러한 통합의 원리에 기반을 둔 '주제 스트랜드' 중심의 통합 관점에 따라 새로운 교육과정 개정의 논의에서부터 이를 고려해볼 필요가 있다고 본다.

　이상의 연구물에서 통합교육과정이나 사고력 교육에 대한 각 분야의 연구는 아주 다양하게 진행되어 왔으며 이에 대한 효과도 크며 또한 긍정적인 평가를 내리고 있는 것이 대부분이다. 그러나 지금까지의 선행 연구물들의 경향을 살펴보면, 통합교육과정과 사고력이라는 두 분야를 서로 연관지어 논의하거나 하나의 주제 분야로 다룬 연구물은 거의 없다. 이는 두 분야의 연구에 대한 학문적 입장과 관점의 차이가 있어서 그런 것이기도 하겠지만, 이영만(1995)에 의하면 전자는 주로 교육과정 영역에서, 후자는 심리학적 영역에서 논의되어 온 사실과도 무관하지가 않다는 것이다. 사고교육이 의도하는 바가 실생활에서의 고등 사고력의 발휘라는 의미이며, 이 점은 교육과정 통합에서도 중요하게 추구하는 목적이다. 이런 입장에 비추어보아 교육과정 통합과 사고 교육의 접근 방식에 있어서 학습자들의 학습 경험이 실생활과 유리되는 교육은 이 두 분야에서 원하는 바가 아니며, 맥락적이면서 학습내용과 사고 기술(과정)이 동시에 다루어지는 교육이 추구되어야 함을 뜻한다(김대현·이영만, 1995: 116).

　따라서 이제는 사고력 개발과 관련한 수업 기법, 절차, 그리고 방법 못지않게 그 사고력을 개발시킬 수 있는 자료로서의 교육과정의 내용 조직과 구성에 대한 연구가 필요한 실정이라는 시사를 받을 수 있는바 다음 장에서는 사고력 중심의 사회과 통합교육과정 구성에 대해 살펴보기로 한다.

2. 고등 사고력의 정의 및 특성

사회과에서 사고력을 강조하기 시작한 것은 1960년대부터라고 할 수 있다. 당시 학문중심 교육과정의 영향 아래 문제해결력 혹은 탐구력, 비판적 사고력이 사회과의 중요 목표로 간주되었다. 그 이후로 오늘날까지 사고력의 함양은 사회과 학습에서 중요시되는 영역 중의 하나이다.

특히, 최근에 들어서 강조하고 있는 사고 기능이 바로 고등 사고력이다. 사회과에서 문제해결력이나 탐구력과 같은 것이 지금에 와서야 처음으로 강조되고 있는 것은 아니지만, 이들을 묶어서 하나의 개념인 고등 사고력(higher order thinking)이라는 이름으로 사회과 교육에 도입되어 강조하기 시작한 것은 1980년대 후반에서부터였다(Woolever & Scott, 1988 ; Banks, 1990 ; Jennes, 1990 ; Newmann, 1990, 1991).

사회과 학습에서 사고 교육의 변화는 미국의 경향에서도 보듯, 1960년대 이후 강조되어 오던 '탐구'라는 말이 거의 자취를 감추고, 그 대신 '고등 사고력' 향상이 주요 관심으로 대두되고 있다(차경수, 1993: 8).

이러한 고등 사고력의 의미를 알아보기 위해 국내외 여러 학자들의 견해를 살펴보면 다음과 같다.

먼저, 사회과에서 고등 차원의 사고력 향상을 실험한 위스콘신 대학(University of Wisconsin System)의 뉴만(Newmann, 1990)에 의하면, 고등 사고력에 대해 다음과 같은 정의를 내리고 있다.

> 고급 사고와 저급 사고를 구분하는 데 있어, 비판적 사고(critical thinking), 확산적·창의적 사고(divergent or creative thinking), 추론(reasoning), 문제 해결력(problem-solving), 의사 결정력(decision-making)과 같은 개념들이 포함된다. 고급 사고력은 도전적(challenge)이고 확장적(expanded)인 정신의 사용이라고 폭넓게 정의할 수 있으며, 이러한 도전적이고 확장적인 정신의 사용은 이전에 학습한 지식의 통상적인 응용으로는 문제를 해결할 수 없기 때문에, 새롭게 해석하고, 분석하고, 정보를 처리할 때 일어난다. 반면, 저급 사고력은 이전에 기억한 정보의 제시, 이미 학습한 공식에다가 숫자의 삽입, 각주의 규칙을 상황에 따라 응용하는 것 등과 같은 통상적인 절차의 반복인 것이다(Newmann, 1991 a: 325).

또한, 울에버와 스콧(Woolever & Scott)도 "고급 사고력은 수동적이고 반응적인 태도와는 달리, 질문·설명·조직·해석과 같은 학습자 주도의 참여를 통하여, 문제해결·창조적 사고·비판적 사고·의사결정 등의 활동을 포함한다(Woolever & Scott, 1988: 286-287)."고 하였다.

그리고 옴로드(Ormrod)는 "Bloom의 인지위계론과 연관지어 분석·종합·평가를 고등 사고력이라고 보고, 정보를 적용하고, 분석하고, 종합하고, 평가하여 다른 방식에서 정신적으로 조작해야 하는 경우에 규칙적으로 고등 사고 기능(high-level thinking skills)에 관여한다(Ormrod, 2000: 296-340)."고 보았다.

한편, 국내에서는 차경수(1993, 2004)에 의해 처음으로 고등 사고력에 대한 개념이 제기된 바 있으며, 그에 의하면 "새로운 상황에 직면했을 때 단순한 암기나 과거에 자기가 행동하던 방법을 넘어서서 독창적으로 문제를 해결하려고 하는 정신 작용"을 고급 사고력이라고 하였다(차경수, 2004: 212).

그 이외에도 다수의 학자들이 고급 사고력에 대해서 다음과 같은 견해를 나타내고 있다.

> 고급 사고력은 크게 3가지 요소, 즉 지식, 지적 기능, 숙고하는 태도로 구성되며, 문제해결력, 의사결정력, 비판적 사고력, 창조적 사고력, 메타인지 등을 모두 포함하는 개념이다(이해주, 1994: 25).
> 학습에 대한 관점의 변화로, 학생들이 학교의 수업을 통해 단순히 지식을 받아들이고 그것을 재생하기보다는 그 의미들을 나름대로 구성한다(김경모, 1996: 25).
> 사고력 교육을 통하여 육성하고자 하는 고급 사고력은 학생들이 직면한 문제에 슬기롭게 대처하여 해결할 수 있는 능력이다(이광성, 1997: 371).
> 급속히 변화하는 사회 속에서 새로이 등장하는 복잡한 사회 문제들을 해결해야 하며, 새로운 지식 정보화 사회에서는 그 어느 때 보다도 유연한 사고 능력과 창조적 사고가 필요하며, 고차원적 사고 능력에는 비판적 사고력, 창조적 사고력, 문제 해결력·탐구력, 의사 결정력 등이 있다(전숙자, 2001: 455).

지금까지 살펴본 사회과 고등 사고력에 대한 연구들을 종합하여 보면, 사회과의 고등 사고력은 "학습자가 새로운 사회적 문제 상황에 직면했을 때, 그 해결을 위하여 단순한 암기나 이전의 정보, 기존의 행하던 방법에서가 아닌 새로운 사고, 즉 비판적 사고를 가지고 창의적으로 문제를 해결하려는 정신 작용"이라고 할 수 있다. 여기서 가장 중요한 것은 '창의적으로 문제를 해결하려고 하는 정신 작용'이라고 할 수 있는데, 이러한 창의적인 정신 작용으로는 탐구력·의사결정력·창의적 사고력·비판적 사고력·메타인지 등을 포함한다. 이들은 각기 두뇌에서 일어나는 사고 작용으로도 볼 수 있지만, 사회과에서는 실제 생활 장면에서 이들 사고가 동시에 필요한 경우도 많다(권오정·김영석, 2004: 310).

예를 들어 학습자가 어떠한 문제를 해결해야 할 경우, 이 문제를 해결하는 과정 속에는 문제에 대한 새로운 해결책을 모색해야 하는데 여기에는 창의적인 사고가 요구된다. 또 여러 해결책들 중에 하나를 골라야 할 상황에서는 의사 결정이 필요하다. 그리고 문제 해결의 과정이 제대로 오류 없이 진행되었는지를 검토하기 위해서는 비판적 사고가 요구되는 과정을 들 수 있다.

3. 고등 사고력 함양을 위한 교육과정 개발 모형

사회과에서의 고등 사고력을 함양시킬 수 있는 방안으로 사회과의 통합 교육과정 구성 방식을 그 대안으로 제시하고자 한다.

이러한 주제의 선행 연구물 가운데 사회과의 사고력 함양과 교육과정 구성 방식에 대한 각각의 내용에 대한 연구는 활발히 이루어졌으나 이들의 내용을 연계하여 다룬 통합적 연구는 거의 찾아볼 수가 없다. 이러한 연구를 수행함에 있어서 교육학 영역에서 사고력 함양에 관한 하나의 오류를 살펴보면, 일반적으로 방법이나 절차, 형식이나 기능에 초점을 두는 경향이 있다. 이러한 경향을 멕펙(McPeck, 1981)은 '형식주의의 오류'라고 지적하고 있는데, 사고력 교육은 '무엇에 관한 사고'로 교과 내용이 중요한 것이지 사고력을 기르기 위한 절차나 방법만이 중요한 것은 아니라고 지적하고 있다(홍은숙, 1999: 143-171). McPeck 이 주장하는 바는 일반적인 사고력을 기르는 절차나 방법보다는 특정 내용의 사고력이 중요하며, 동시에 그 특정 사고력을 가르치는 방법 역시 중요하다는 의미이다. 따라서 교과 내용과 가르치는 방법 양자 모두가 중요하다는 지적이다.

또한, 허경철(2001)에 의하면, 사고는 진공 속에서 일어나는 것이 아니며 특정 영역 속에서 일어나는데 그 특정 영역 속에서 사고가 잘 일어나기 위해서는 특정 영역에 대한 지식이 있어야 한다(허경철 외, 2001: 244)는 것이다. 또한, 그는 "학생들의 사고력을 증진시키기 위해서는 먼저 의미 있는 경험 영역에 대한 지식들을 가능한 한 많이 가르쳐야 하며, 바람직한 사고 성향을 기르도록 하고, 다양한 종류의 인지적 조작 능력 등을 길러 주어야 한다(허경철 외, 2001: 245)."고 주장하였다. 이처럼 사고력 증진을 위해서는 지식 즉 내용 영역이 강조되어야 한다는 것을 알 수 있다.

기존의 사고력과 관련된 연구들은(이해주, 1994 : 구정화, 1995 : 노경주, 1998 : 이호도, 1998 : 이혁규, 1998 : 구연옥, 2004) 주로 사고력 함양을 위한 교수・학습 방법이나 절차에 초점을 두고 있지만, McPeck의 입장에 비추어 보면 이러한 사고력 함양을 위해서는 '무엇에 관한 내용'을 중심으로 사고하도록 해야 한다(김공하, 1998: 39-58)는 입장을 지니고 있다. 본 연구에서도 이러한 McPeck의 관점에 따라 내용에 초점을 두어 교육과정의 내용을 어떻게 선정・조직하느냐에 중점을 둔다. 이러한 논지에 따라서 본 연구에서 지향하고자 하는 바도 고등 사고력 함양을 위한 교수・학습 방법에 초점이 있기보다는 가르쳐야 할 교육 내용에 그 초점을 두고 있으며, 따라서 그러한 교육 내용을 어떻게 구성하는 것이 고등 사고력 함양에 효과적인가에 관심을 두는 것이다.

한편, 사회과 교육에 있어서 고등 사고력의 함양을 위한 교육과정의 과제에 대해서 차경수(2004)는 다음과 같이 주장하고 있다.

> 고등 사고력 함양을 위한 사회과 수업을 진행하기 위해서 필연적으로 요청되는 것이 교육과정과 교과서의 개편이다. 고등 사고력 중심으로 수업을 하기 위해서는 피상적으로 많이 다루고 있는 내용들을 대폭 삭제하고 대신 토론할 수 있는 주제를 몇 개 선정하여 주제 중심으로 조직해야 한다. 지금

의 수준에서 가르치고 있는 많은 지식의 내용들이 사실상 국민 보통 교육의 수준에서 반드시 필요하다고 생각되지는 않는 부분이 많은데, 이들을 과감하게 제거해야 한다. 이러한 교과서의 모습은 지금의 수준에서 본다면 내용이 없고 상식적인 것에 불과하게 보일 수도 있다. 그러나 그것이 바로 바람직한 교과서의 모습이 되는 것이다. 왜냐하면 그렇게 되어야 지식의 학습에서 해방되어 사고력 중심의 수업이 가능해지기 때문이다(차경수, 2004: 239).

따라서 여기서는 사고력 개발 관련 모형들을 살펴보고, 이를 교육과정 통합모형과 접목하여 통합된 하나의 모형을 제시한 다음 이 모형에 따라 고등 사고력 함양을 위한 교육과정의 구성 방략을 제시하고자 한다. 고등 사고력 함양을 위한 교육과정 개발의 일반적인 의미 및 방향과 관련하여 하나의 단서가 되는 모형으로 아이스너(Eisner, 1979)의 분류에 의한 '인지과정 발달의 입장'을 따르며, 그가 주장하는 인지과정 발달의 입장은 다음과 같다.

교육과정이란 학교 교육에서의 암기력·창의력·비판적 사고력 등 사고의 양식 또는 정신과정을 강조해야 한다는 주장을 수용하기 때문에 학습자의 지적 조작의 세련을 목표로 하는 내용으로 구성된다. 근본적으로 과정 중심의 이 입장은 특정한 내용을 다루거나 교육 목적 속에 어떤 표시된 항목에 구애받지 않고 적합한 지적 도구를 제공하면, 어떤 학습자든지 어떤 내용도 충분히 이해할 수 있고 또한 인지능력을 거의 무한하게 발달시킬 수 있는 가능성을 갖는다고 본다. 따라서 교육자가 해야 할 일은 학습이 이루어지는 가장 효율적인 인지적 과정이 어떤 것인가를 확인하여 그 개발을 위한 '장(場)'과 '구조'를 제공하는 것이 된다(김인식·최호성, 1996: 168).

이러한 기본적 입장을 기초로 하여 고등 사고력 함양을 위한 사회과 교육과정의 통합에 대한 구조 문제로 접근하는 데 있어 위 입장에서 제시한 바를 활용한다.

이와는 보다 구체적으로 사고력 개발을 위한 모형 중 브루너(Bruner, 1960)의 '**교육과정 개발 모형**'과 한국교육개발원(1989)에서 개발한 '**사고 과정의 일반 모형**'에 대해 살펴보기로 한다.

첫째, 브루너(Bruner)가 제시한 '**교육과정 개발 모형**'은 각 교과의 구조를 교육내용으로 하고, 교육방법의 측면에서 학습의 준비성, 사고의 형식(직관적 사고와 분석적 사고), 학습 동기, 교구 등을 신중하게 고려하여 교육과정을 개발할 것을 제시하고 있다. 이 개발 모형을 브루너가 그림으로 제시하지는 않았지만 그의 의도를 살려 김경자(2000)가 그림으로 제시한 것을 나타내어 보면 아래 [그림 Ⅱ-1]과 같다(김경자, 2000: 348 : 강현석·주동범, 2004: 120-121에서 재인용).

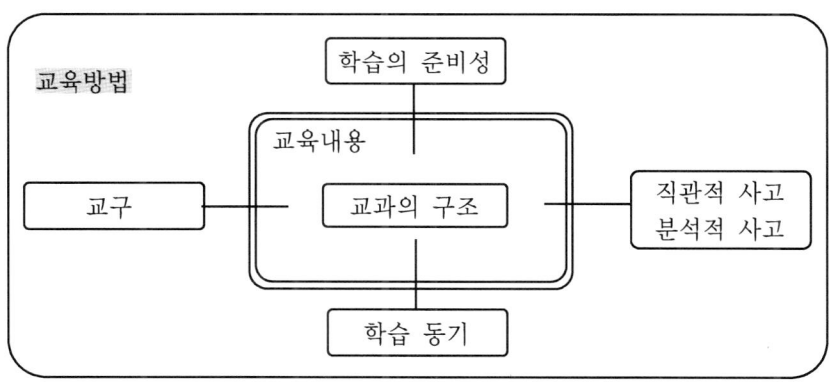

[그림 Ⅱ-1] 브루너의 교육과정 개발 모형

위 [그림 Ⅱ-1]에서 제시된 각각의 내용들에 대해 살펴보면 다음과 같다(강현석·주동범, 2004: 121-124).

　교육내용에 있어서는, 어떤 교과든지 그 교과를 특징적으로 그 교과답게 해주는 골간으로서 구조가 있다는 것이다. 교과의 구조란 각 교과가 모태로 삼고 있는 학문분야의 기본적인 아이디어나 개념 및 원리를 의미한다. 이러한 구조는 기본적이고 일반적이므로 단순하고 어린 나이에도 학습이 가능하며 따라서 새로운 문제에 대한 적용 범위도 넓다. 학습을 통해 획득된 교과의 구조는 한 현상을 어떤 원리의 특수한 사례로 인지할 수 있게 해주고, 여러 현상들 사이의 관련성과 질서를 파악할 수 있도록 해 준다. 그러므로 교과의 기본 구조를 이해한다는 것은 관련 현상을 파악하는 안목을 획득하는 것일 뿐만 아니라 일반적 전이를 통해 장차의 활용에도 유익하다. 이러한 기본 구조는 여러 가지 이점을 가져다주는데, ① 기본 구조를 이해하게 되면 교과 내용을 훨씬 쉽게 파악할 수 있으며, ② 세세한 사항은 그것이 전체적으로 구조화된 형태 안에서 체계화되지 않으면 쉽게 망각되며, ③ 훈련의 전이를 가능하게 해 주며, ④ 학문의 최전선에서 학자가 하는 일과 학습자가 하는 일 사이의 간극을 좁혀 주는 이점이 있다.

　그리고 교육방법에 있어서는, 브루너(Bruner)는 교과의 구조를 가르치고자 할 때 고려해야 할 측면들을 학습의 준비성, 직관적 사고와 분석적 사고, 학습 동기, 교구 등으로 제시하고 있다. 특히, 학습자의 사고 과정에는 두 유형의 사고가 있는데 교과의 기본 구조를 가르칠 때에는 교사는 이 사고 과정을 잘 이해하고 그것을 교육적으로 활용해야 한다. 이 두 유형의 사고는 서로 이질적인 것 같지만 직관적 사고를 통하여 분석적 사고가 해결할 수 없는 것을 해결할 수 있을 만큼 상보적이다. 직관적인 방법으로 얻은 해답은 하나의 가설로서 존중되어야 하나 가능하다면 분석적 방법으로 다시 점검되어야 한다. 직관적 사고를 잘 하는 사람은 분석적 사고를 하는 사람의 힘으로 불가능한 일, 즉 문제를 발명하고 발견하는(invent or discover) 일을 할 수 있으며, 발명되고 발견된 문제에 알맞은 형식(proper formalism)을 부여하는 것은 분석적 사고를 하는 사람들이다. 그런데 학교 학습은 형식을 갖춘 내용을 다룬다는 사실 때문에 직관의 중요성이 과소평가되는 결과를 초래한다. 학생들에게 전통적인 연역법과 증명 방법을 가르치기에 앞서 급선무가 교육내용을 직관적으로 이해하도록 가르치는 것이다.

둘째, 한국교육개발원에서 개발한 '**사고 과정의 일반 모형**'에 의하면(한국교육개발원·허경철 외, 1989: 40-41), 인간의 사고란 궁극적으로 문제 상황이나 장면에 직면하여 문제를 해결해 나가는 인간 고유의 지적 활동이라 규정된다. 즉 인간의 사고란 합리적으로 문제를 규정하고 거기에 대처해 나가는 유목적적이며 의도적인 정신 활동인 것이다. 물론 여기서의 '해결'이란 문제의 이해나 평가의 과정이 없이 단순하게 외부에서 주어진 문제를 기계적으로 풀어나가는 것을 의미하지는 않는다. 여기서의 문제는 묵시적이고 맥락적인 것으로 발견되고, 형성되고, 그 심각성과 중요성이 당사자에 의하여 평가될 수 있는 특성을 가진다. 이러한 '문제'는 인지적 조작 기능, 지적 경험의 소산으로서의 지식, 그리고 사고에 대한 태도 및 성향의 3대 기본 요소간의 역동적 상호 작용을 거쳐 발현되는 '사고 능력'을 통하여 발견, 이해, 평가, 해결의 단계를 거치게 된다. 이를 도식화해보면 다음 [그림 Ⅱ-2]와 같다(한국교육개발원·허경철 외, 1989: 41).

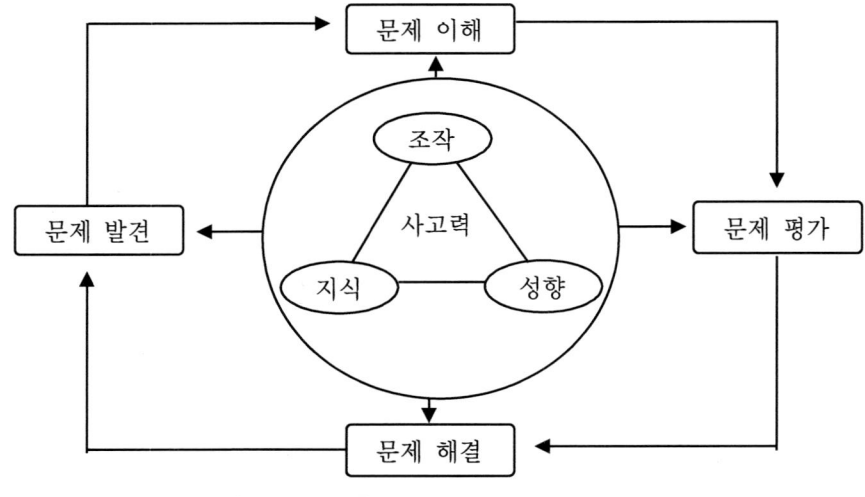

[그림 Ⅱ-2] 사고 과정의 일반 모형

먼저, '문제 발견'의 단계에서는 학습자는 외부에서 주어진 단순한 문제에 수동적으로 대응하는 것만을 의미하지는 않는다. 오히려 보다 더 적극적으로 문제를 발견하고, 찾아내고, 만들어 내는 활동까지 포함하는 것이다.

다음으로 문제를 명백하게 이해하고 파악하는 단계가 뒤따른다. 문제 이해의 사고 활동이란 문제를 구성하는 내용과 본질이 무엇이며, 특징과 성격이 무엇이며, 어떤 구조와 체계를 가졌는지에 대하여 철저하게 이해하는 활동을 의미한다.

이해활동에 이어서 '평가'의 과정이 등장한다. 문제 이해의 단계가 문제 자체의 내적 속성을 철저하게 파악하는 단계라면, 이 사고 활동은 그러한 이해를 바탕으로 그 문제와 자신과의 관련성 및 이해관계 여부를 엄밀히 사정하는 단계에 해당된다. 즉, 그 문제가 과연 해결을 위한 노력을 기울일 만큼 가치 있는 것이냐, 아니면 해결을 하지 않아도 그 충격이 없을 만큼 사소한 것이냐, 또는 그 문제가 당장 해결을 요하는 시급한 것이냐, 아니면 해결을 보류해도 무방한 것인가 등의 문제를 자신의 실존적 상황과 관련하여 곰곰이 따져보는 단계인 것이다. 또한 어떤 문제는 현재 당사자가 가진 사고력(물론, 지식, 성향, 조작의 역동체에 의해 결정되는)의 수준에 비추어 도저히 그 해결이 불가능하다고 여겨지는 것도 있을 것이다. 이 평가의 단계에서는 이해·파악된 문제를 기각, 보류, 수용하는 세 가지 선택이 있을 수 있다.

끝으로, '수용된' 문제들은 다양한 인지 전략과 접근 방법을 동원하여 해결된다. 그리고 해결된 결과는 또 다시 새로운 문제를 발견하는 데 순환적으로 적용되게 된다(한국교육개발원·허경철 외, 1989: 40-41).

이 모형에서 사고의 구성 요소로는 김영채(1998)도 같은 내용을 들고 있다. 즉 사고에는 인지 조작(사고의 기능과 전략), 사고 태도(스타일, 기질), 그리고 지식 등 세 가지 구성 요소들로서 설명하고 있다(김영채, 1998: 26-29).

이들의 특징으로는 브루너의 교육과정 개발의 경우, 각 교과 지식의 구조에 의한 체계적인 교육 내용의 중요성을 강조한 면에서 이점을 지니는 점을 제시하여 도움을 주지만, 이를 교육과정 개발에 대한 직접적인 방법 측면의 구성이 결여된 것으로 보인다. 이를테면, 교과 내용을 조직하는 방략의 제시는 구체적으로 언급하고 있지 않다는 점이다. 또한 한국교육개발원의 모형인 사고 과정의 일반 모형도 일반적인 문제 해결의 단계적인 절차에 있어서는 사고 과정의 관점이나 해결 과정이 명확한 것으로 이해되나, 구체적인 교과 내용의 언급이 결여되어 있으며, 교육과정 구성 측면에 대한 언급은 전혀 없는 것이 또한 단점으로 지적할 수 있다. 이러한 측면에서 교육과정 구성에 근거한 개발 모형의 필요성이 제기되는 바, 이상의 두 가지의 모형 분석을 통해 본서의 통합교육과정 구성에 토대가 될 다음과 같은 두 가지 모형을 제시하면서, 논의하려고 하는 교육과정 개발 모형을 정립해 보고자 한다.

그 두 가지 모형으로는 '주제 중심 교육과정 개발 모형'과 '순환적 상호작용 교육과정통합 모형'으로 들 수 있다.

첫째, '주제 중심 교육과정 설계 모형'에 대해 살펴보면, Meinbach 등(1995)은 효과적이고 성공적인 주제 단원 설계를 위해 다음의 다섯 가지 단계를 제안하였다(김재복, 2000: 160 ; 강현석 외, 2003: 149).

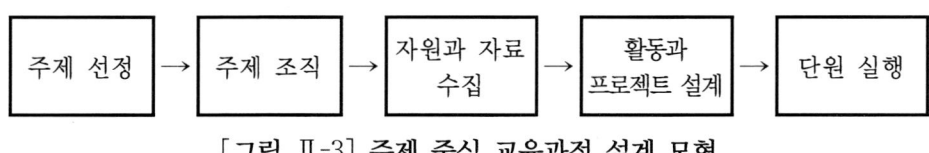

[그림 Ⅱ-3] 주제 중심 교육과정 설계 모형

먼저, '주제 선정'에 있어서는 교사들이 다양한 출처에서 주제를 찾을 수 있다. 주제로 선정될 수 있는 분야로는 교재 또는 교육과정 안내서에 등장하는 교육과정 상의 논제들, 학생들과 그 가족들에게 직접적으로 영향을 주는 여러 문제와 관심사 등이 있다.

'주제 조직'의 단계에서는 단원을 위한 목적과 목표의 결정을 수반하며, 바로 이 시점에서 교육과정의 측면들이 상호 관련되고 통합된다. 또한 단원 내용의 이해와 비평을 돕기 위한 기능과 활동을 개발시키는 역할을 한다.

'자원과 자료 수집'의 단계에서는 학생의 참여 학습을 위해 풍부한 기회를 제공한다. 자료와 자원의 수집에서 일차적으로 고려할 사항은 단원에서 유용한 문헌의 종류를 인지하는 일이다.

이어서 단원에 포함된 특정한 토픽과 일반적인 아이디어를 학생들이 이해하고 음미할 수 있도록 도와주기 위해서는 조정되고 설계된 활동과 프로젝트의 구안이 중요하다. 이는 주제 단원은 임의의 활동을 아무렇게나 끌어 모은 것이 결코 아니라는 것이다.

끝으로 '주제 단원의 실행'에서는 여러 가지의 대안이 있다. 예를 들면, 단원과 관련된 작업은 며칠 동안에 걸쳐서 매일 일부분씩 이루어질 수도 있고, 하루나 그 이상이 걸릴 수도 있으며, 며칠 동안 둘 또는 그 이상의 교과에서 단원이 추구될 수도 있다.

둘째, **'순환적 교육과정 개발 모형'**에 대해 살펴보면, 교육과정 개발에 있어서 타일러(Tyler, 1949)와 타바(Taba, 1962)의 합리적 모형이 제시한 바와 같이 교육과정 개발이 일회적으로 끝나는 것은 거의 드물다. 이는 새로운 정보나 실제에 따라 항상 변화하는 상황을 지속적으로 반영해야 한다는 것이다. 특히, 사회생활의 변화가 급속도로 바뀌어 가는 시대에는 교육과정이 사회 변화에 대응하지 못하게 되는 경우도 생길 수 있다. 이때는 교육과정 개발도 사회의 필요에 따라 반응하고, 끊임없이 수정되어 가야 할 것이다.

니콜스와 니콜스(Nicholls & Nicholls)는 『교육과정 개발 지침』(Developing a Curriculum: A Practical Guide, 1978)이라는 저서에서 상황의 변화에 따라 새로운 교육과정을 필요로 하는 경우에 교육과정 개발의 논리적 접근의 필요성을 인식하고 다음의 [그림 Ⅱ-4]와 같은 순환적 교육과정개발 모형을 제시하였다(Nicholls & Nicholls, 1978: 21 : 김인식·최호성, 1996: 193에서 재인용).

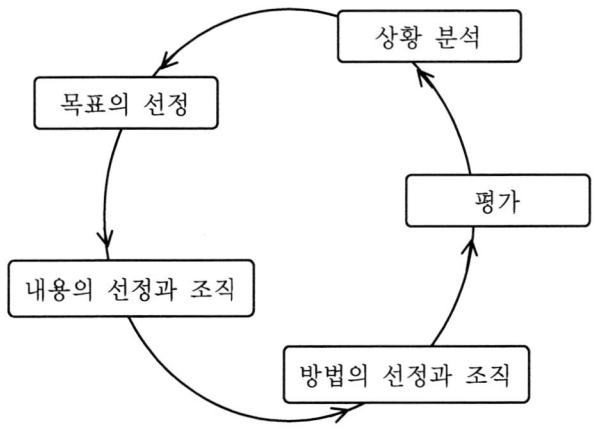

[그림 Ⅱ-4] Nicholls & Nicholls(1978)의 순환적 교육과정 개발 모형

또한, 광주교육대학교초등교육연구소(황윤한, 1998)에서는 니콜스와 니콜스(1972, 1978)의 새로운 순환적 교육과정 개발 모형을 아래 [그림 Ⅱ-5]와 같이 재구성하여 제시한 바 있다.

[그림 Ⅱ-5] Nicholls & Nicholls(1978)의 새로운 순환적 상호작용 교육과정 개발 모형

이 순환적 교육과정 개발 모형에 의하면 교육과정의 요소를 상호 관련적이고 의존적인 것으로 간주하고 있다. 위 모형에서 보듯 교육과정 개발 과정에서 각 구성요소들로 넘어가기 이전에, 교육과정의 의사결정이 이루어지는 상황 분석이 신중하게 이루어져야 함을 주장하고 있다. 이는 학습자들의 요구에 보다 더 잘 대처할 수 있다는 점에서 효과적인 개발이라고 볼 수 있다. 또한, 교육과정의 각 요소들이 상호 관련되어 있고, 상호 의존적이며 순환적 형태를 유지하도록 제시한 것도 교육과정 개발에 큰 발전이라고 할 수 있다.

여기서는 위 두 가지 모형이 지니는 장점, 즉 주제 단원의 설계에서 교육과정의 측면들이 상호 관련되고 통합될 수 있는 점과 새로운 정보나 실제에 따라 항상 변화하는 상황을 지속적으로 반영할 수 있는 순환적 상호작용의 장점을 결합시킨 '**주제 중심의 교육과정통합 모형**'을 정립하여 사회과 통합교육과정 구성 모형으로 활용코자 한다. 이제 사회과 통합교육과정에서 주제 중심의 교육과정통합 모형을 도식화해 보면 아래 [그림 Ⅱ-6]과 같다.

이러한 사회과 통합교육과정의 구성에 있어서는 주제를 중심으로 하여 목표를 설정하고, 이어서 내용 선정 및 조직을 거쳐, 이를 교수·학습 방법에 적용하고, 그 후 평가를 하는 일련의 과정을 거치게 된다. 그런데, 이들 각 단계, 즉 목표, 내용 선정 및 조직, 교수·학습 방법, 그리고 평가 측면에서는 각기 상호 역동적이며, 유기적인 관련성을 지니면서 순환적이게 된다는 점에서 기존의 교육과정 개발 모형과 차이가 있다.

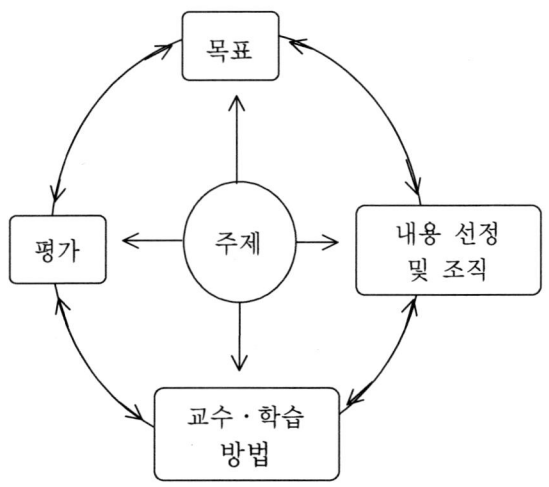

[그림 Ⅱ-6] 주제 중심의 교육과정통합 모형

이상의 [그림 Ⅱ-6]의 모형은 본서의 Ⅲ장 3절에서 제시되는 '고등 사고력 중심의 사회과 통합교육과정의 구성'에서 그 요소를 중심으로 체계화하는 모형으로서 기능하게 된다.

따라서 고등 사고력을 함양할 수 있는 사회과의 교육과정 구성 방식으로는, 다음 장의 3절에서 후술하게 될 '내용 조직'에 따른 통합교육과정 구성 방식을 하나의 대안으로 제시하면서, 그 중 '주제 스트랜드 중심의 사회과 통합교육과정 재구성 방안'을 제안하는 데 초점을 둔다.

또한 이를 구체화하여 Ⅳ장에서는 고등 사고력 함양을 위한 사회과 통합교육과정 구성의 방략으로서 주제 스트랜드 중심의 사회과 통합교육과정 재구성에 위 모형이 활용될 것이다.

4. 사회과 통합교육과정의 개념과 유형

통합의 개념과 정의를 먼저 살펴보고, 사회과에서 통합교육과정의 필요성과 그 다양한 유형에 대하여 알아보자.

1) 통합의 개념

통합(integration)은 서로 다른 이질적인 여러 요소들이 일정한 원리나 절차에 따라 의도적으로 결합하여 새로운 하나의 통일체를 형성하는 것을 의미한다. 이질적인 부분이 이질적으로 남아 있으면, 그것은 통합으로 볼 수 없으며, 통합이 되면 새로운 성격의 단위를 형성하게 된다. 그러나 통합은 아주 약한 상태의 통합에서부터 아주 강한 정도의 통합에 이르기까지 여러 가지 형태로 존재할 수 있고, 통합의 원리나 준거도 상황에 따라 아주 다르게 존재할 수 있다. 이처럼 통합은 아주 추상적인 용어이기 때문에 통합의 형태가 구체적으로 어떻게 나타나는가를 고찰하는 것이 필요하게 된다.

사회과 교육과정에서 통합이라는 용어 역시 시대와 학자에 따라서 그 의미가 다르게 사용되어 왔으며, 그 의미하는 바가 매우 넓어서 어느 누구도 정확하게 정의를 내리기가 어려운 형편이다. 또 정의를 내렸다 할지라도 다른 사람들이 그 정의를 그대로 이어받아서 쓰지 않는 실정이다. 그러나 그 뜻하는 바는 비교적 명백하다. 그것은 사회과의 교육과정을 구성할 때 정치학, 경제학, 역사학, 지리학 등 어느 하나의 학문적 영역의 내용을 기초로 하여 구성하는 것이 아니라, 두 개 이상의 학문적인 내용을 기초로 하여 구성한다는 점이다.

내용에는 지식, 기능, 탐구 방법, 태도, 가치 등 어느 것이나 있을 수 있고, 구성의 원리로서는 개념, 문제, 주제 등이 준거가 될 수 있다(Jalorimek, 1986: 356 ; Jacobs, 1989: 8).

이들을 기초로 하여 사회과 통합교육과정에 대해서 다음과 같이 정의 내린다. 즉, 사회과에서 중요시되는 중심적인 개념, 이슈, 사건, 주제, 문제 등을 보다 더 명확하게 학습할 수 있도록 하기 위해 두 개 이상의 학문 영역에서 내용, 지식, 탐구 방법 등을 가져와서 새롭게 교육과정을 구성하는 것이라고 할 수 있다.

2) 사회과에서 통합교육과정의 필요성

교육 현장에서 사회과에 대한 통합은 오래 전에부터 있어 온 것은 사실이다. 미국에서는 1916년에 역사와 지리 중심의 사회과가 탄생한 이후 사회 문제를 중심으로 사회과를 통합하려는 주장이 많이 나타났다. 1930년대에 미국의 NCSS에서는 이 문제를 활발하게 논의했고, 듀이(Dewey)가 시카고 대학의 실험학교에서 실시한 유명한 8년 연구(Eight Year Study)는 훌륭한 하나의 통합교육과정으로 평가되고 있다. 그 이후로도 거의 해마다 수많은 통합사회과의 교육과정이 실험되거나 실시되어 왔다. 우리나라에서도 해방 후 1946년에 공민, 역사, 지리 등을 통합하는 사회생활과가 초등학교에서 실시된 이후, 초·중·고등학교에서 수많은 형태의 통합사회과가 실험 또는 실시되어 오고 있다. 최근에는 시민교육을 위해서 사회과가 지식보다도 사고력이나 가치관의 확립을 강조하면서 통합에 관한 관심은 더욱 높아가고 있다.

이러한 관심에 기초하여 통합의 필요성을 찾아보면, 먼저 분과론자들이 통합에 대해 갖고 있는 기본적인 견해를 살펴보고 이를 비판적으로 평가하면서 통합론자들이 주장하는 통합교육과정의 필요성을 알아보자.

분과론자들은 개별 학문적 지식에는 전문적이고, 깊이 있고, 독특한 개념들이 있다는 점을 강조한다. 즉, 개별 학문의 지식 구조 또는 형식은 각각 독특한 개념과 그 자체의 독특한 논리적 구조 또는 논리적 체계를 가지고 있어서 이를 통해 각각 상이한 방식으로 이해되는 독특한 탐구 방식이 있으며, 그 지식의 타당성을 가리는 독특한 기준이 있다는 것이다(이홍우, 1995: 150-151). 따라서 이들에게는 이러한 학문적 지식의 통합은 논리적으로 불가능하게 보인다.

물론 분과형이 안정된 체계를 갖추고 있고 일반화된 지식을 가르치는 데 편리하다고 하지만, 다음과 같은 단점도 갖고 있다. 우선, 분과형은 학문 체계에서 유래한 것이기 때문에 학문의 논리성에 치우쳐서 실제 생활에서 부딪히는 복잡한 문제 해결에 필요한 능력 개발과 거리가 있으며, 학생들이 여러 개의 어려운 지식의 체계를 단편적으로 학습하게 되어 효과적인 학습이 되기 어렵고, 학문적 체계를 강조하는 분과형에서의 내용은 비교적 안정되고 보수적인 내용을 다루고 있어서 항상 변동의 가능성을 안고 있는 현실 사회에 대한 이해나 분석에는 부족한 점이 많다. 바로 이러한 분과형의 약점은 통합형의 장점이면서 오늘날 통합교육과정이 강조되는 이유가 되고 있는 것이다.

분과에 반대하는 통합론자들은 다음과 같이 통합교육과정의 필요성을 주장한다.

첫째, 지식의 증가를 들 수 있다. 즉, 지식이 분화되고 양적으로 팽창되면 학교에 부담으로 작용하기 때문에 관련 분야들에서 추출된 아이디어들을 종합해서 가르쳐야 한다.

둘째, 교육과정의 적절성을 들 수 있다. 즉, 교육과정 자체가 실생활과 괴리되고, 각 학문 역시 실생활적 측면에서 상호 관련성이 부족하기 때문에 학생들에게 학문들 간의 연관 관계를 이해하도록 해야 한다.

셋째, 학습자의 흥미 유발을 들 수 있다. 통합된 수업은 추상적인 것이 아니라 구체적인 것을 강조하고, 학생의 참여와 개입을 격려하고, 협동 학습의 기회를 제공함으로써 학생의 흥미를 자극할 수 있다(Jacobs, 1989: 305 ; Ingram, 1979: 71-88 ; 김순택, 1983: 105-106).

사회과의 목적이 급격한 사회 변동 속에서 발생하는 여러 가지 문제들을 종합적으로 고찰함으로써 합리적으로 해결할 수 있는 능력인 시민적 자질을 함양시키는 것이므로 이러한 자질의 요소인 지식, 기능, 태도 등을 통합적으로 구성한 사회과 통합교육과정이 필요한 것이다(차경수 외, 1997: 1-2 ; NCSS, 1994: 3).

이들을 종합해서 본 연구에서는 현대사회에서 지식이 폭발적으로 증가하여 학생들이 모든 학문의 지식을 학습하기가 어렵고, 또 학습한다 해도 중복하여 학습하는 경우가 많기 때문에 통합교육과정에 의하여 이들을 재조직할 필요가 있다는 점에서 통합이 필요하다고 본다. 또한, 훌륭한 시민이 되기 위하여 필요한 고등 사고력과 태도 및 가치 등을 학습하는 데 통합교육과정이 효과적이라는 점 등을 통합의 필요성으로 들 수 있다.

3) 사회과 통합교육과정의 유형

사회과에서 활용되는 통합교육과정의 유형은 교육 목표의 형태, 학문적인 형태, 그리고 내용 조직의 형태에 따라 나눌 수 있다. 즉 사회과 교육의 목표를 학문적 자질에 두느냐 그렇지 않으면 시민적 자질에 두느냐에 따라 학문형과 시민형으로 나누며, 학습의 내용이 되는 독립적인 학문을 몇 가지로 서로 연결시키느냐에 따라 다학문적, 간학문적 또는 학제적, 초학문적 또는 탈학문적 통합으로 나눈다. 그리고 이들 학습의 내용을 어떤 형식으로 조직하여 교육할 수 있는 모습으로 만드느냐에 따라 개념 또는 주제 중심 통합, 이슈 또는 문제 중심 통합, 스트랜드 중심의 통합으로 나눈다. 이제 이들 유형들의 특징을 살펴보면 아래와 같다.

(1) 교육 목표에 따른 분류

교육 목표에 따라 통합교육과정을 크게 두 가지로 구분한다. 즉 학문을 기반으로 해서 통합을 기하는 학문형과 실생활의 경험을 기반으로 시민성 함양을 목적으로 통합을 가지는 시민형으로 나눌 수 있다(Wraga, 1993: 215-217 : 은지용, 1999: 12에서 재인용). 레이거(Wraga, 1993)에 의하면 이를 학문적 형태(academic forms)와 교육적 형태(educational forms)로 구분하여, 학문적 형태는 대학 입학의 예비 교육을 목적으로 하고, 교육적 형태는 시민성(citizenship) 함양이나 직업 교육을 목적으로 한다고 보았다(Wraga, 1993: 215). 여기서는 학문적 형태는 학문적 자질(academic competence) 함양을 목적으로 하고, 교육적 형태는 시민적 자질(civic competence; citizenship) 함양을 목적으로 하는 것으로 보아 학문형과 시민형으로 구분하고자 한다.

(가) 학문형: 학문적 자질(academic competence)

학문형은 학문적 지식과 체계들을 서로 관련시키고 재구조화함으로써 학문들 간의 통합을 이루고자 한다. 즉, 여러 학문에서 추출된 지식을 중심으로 내용을 재구성하고, 이를 학생들에게 제시하여 경험할 수 있도록 하는 것이 통합의 주된 목적이다. 학문형 통합의 유형은 각 학문의 구조가 독립성을 가지면서 통합에 기여하는 유형이 있는가 하면, 어떤 공통의 원리를 중심으로 각 학문 간의 독립성이 다소 약화된 상태로 재조직된 유형도 있다. 학문형에서는 대체로 학문의 정체성이 유지되며, 각 과목의 내용이 상호 보완적이어서 각 학문의 내용이 이해를 증진시키며, 관련 분야의 다양한 관점을 통해 그러한 이해가 더욱 강화된다.

학문형 통합은 학문이나 교과를 서로 관련시켜 바라보게 함으로써 학문이나 교과의 내용에 대한 이해를 증진시키는 것을 주목적으로 한다. 그리고 학문형에서 다루는 문제는 주로 학자들이 관심을 두는 학술적인 문제로 국한되는 반면, 우리가 관심을 두는 문제는 학생들의 삶과 직접적으로 관련되고 가치 갈등 요소가 내포된 논쟁적 성격의 이슈인 점에서 한계를 지닌다.

(나) 시민형: 시민적 자질(civic competence)

시민의 자질을 한마디로 정의하기는 어렵지만, 어떠한 구체적인 행동을 하는 것이라고 하기보다는 일반적으로 문제를 의식하고 해결할 수 있는 문제 분석력, 문제 해결력, 예리한 가치 의식, 도덕성 등과 같은 인간의 행동 발달(차경수, 1996: 44-45)로 해석된다. 즉, 사회과 교육의 목적이 민주주의 사회 속에서 학생들이 능동적으로 참여하는 시민이 되도록 준비시키는 것이므로 시민적 자질이란 결국 민주주의 사회의 여러 가지 문제들을 확인하고, 폭넓은 차원에서 검토하고 그에 따라 행동하는 능력으로 볼 수 있다(Wraga, 1993: 201).

그런데 이러한 문제를 해결하기 위해서는 폭넓은 차원에서의 검토가 필요하며, 그러기 위해서는 학자들이 경험하는 학문 분야의 지식이나 경험을 포괄하여 보다 넓은 차원의 문제 상황 자체와 관련된 다양한 정보와 기능의 통합이 필요하다. 따라서 통합의 목적을 사회과 교육의 목표인 시민적 자질 함양으로 보는 시민형에서는 학문의 정체성을 유지하기보다는 생활상의 경험을 재조직해야 한다. 즉 지식, 기능, 가치, 태도 등을 상호 관련시키고 포괄적으로 다룸으로써 경험의 통합을 이루어야 한다.

(2) 학문적 형태에 따른 분류

통합교육과정의 구성에는 몇 개의 학문적 영역을 통합하느냐에 따라 아래와 같은 형태로 나눌 수 있다.

(가) 다학문적 통합

다학문적 접근(multidisciplinary approach)은 서로 다른 여러 가지 학문 사이의 결합의 정도가 가장 낮은 것으로서 각 학문은 서로 독립성을 유지하면서 하나의 문제를 이들 학문의 입장에서 고찰하는 것이다. 사회과의 경우에는 특정 내용을 여러 가지 학문의 내용과 관련지어 통합하는 방식이라고 볼 수 있다. 특히 사회과학과 인문과학이 다양하게 관련되기 때문에 적어도 5~6개의 학문이 관련되고, 대개 10여 개의 학문이 쉽게 관련된다. 다양한 학문을 관련시키는 장점이 있지만, 각 학문의 독립적인 위치가 그대로 살아 있다고 하는 점에서 진정한 통합이라고 할 수는 없다. 결국 어떤 문제를 중심으로 하여 각각의 학문적인 지식을 학습하는 결과가 되는 약점을 가지고 있는 것이다. 여기서 학습하는 내용은 독립적인 학문의 지식 체계이다(Drake, 1993: 35-37 ; Jacobs, 1989: 8).

(나) 간학문적 또는 학제적 통합

간학문적 또는 학제적 접근(interdisciplinary approach)은 두 개 이상의 학문을 기초로 하여 그들에 공통적인 개념, 주제, 문제, 이슈, 탐구 기술, 고등 사고력 등을 추출하여 학습 내용을 재구성하는 방법이다. 사회과에서 다루어야 할 주제나 문제를 여러 학문의 공통적인 주제와 문제들로 구성하는 방식이라고 볼 수 있다. 따라서 각각의 학문적 독립성이 완전히 없어진 것은 아니지만, 그들에게 공통적인 개념이나 이슈 등을 발견하여 학습 내용을 조직하려는 것은 확실히 발전된 모습이며, 학문적인 독립성도 연계성을 강조하기 때문에 많이 흐려져 통합이 강조된다. 여기서는 학문 간의 독립성이 완전히 없어진 것은 아니지만, 각 영역들 간의 통합이 강조되고 있으므로 다학문에 비해 통합성이 두드러진다 (Drake, 1993: 38-39 ; Jacobs, 1989: 16).

(다) 초학문적 또는 탈학문적 통합

초학문적 또는 탈학문적 접근(transdisciplinary approach)은 여러 가지 학문적인 배경을 기초로 하지만, 이들 학문의 독립적인 영역을 초월하여 사회과에서 관심 있는 주제, 문제, 기능 등을 중심으로 학습 내용을 조직하는 방법이다. 이것은 시민에게 요구되는 문제해결력, 고등 사고력, 인내심, 자신감 등에 역점을 두고 학습 내용을 조직한다(Drake, 1993: 40-43). 이 접근의 교육과정 구성은 개별적인 학문의 지식 체계와는 완전히 다른 새로운 내용이 된다는 점에서 다학문적 접근이나 간학문적 접근과 다르다고 볼 수 있다. 말하자면 통합의 강도가 가장 높아서 다양한 학문의 벽은 허물어져 완전한 형태의 통합교육과정을 이루고 있다고 할 수 있다.

이상의 논의를 통해서 보면, 본서에서 주목하는 방법은 초학문적·탈학문적 접근 방식에 가장 근접해 있다고 볼 수 있다. 왜냐하면 기존의 사회과의 핵심적인 영역인 인간과 공간(주로 지리학적 측면), 인간과 시간(주로 역사학적 측면), 인간과 사회(주로 사회학적 측면)에서 벗어나 공통적으로 존재하는 내용들을 주제 스트랜드라는 준거로 재구성하여 통합하는 방식을 채택하기 때문이다.

(3) 내용 조직에 따른 분류

내용 조직 초점은 통합교육과정을 조직하는 핵심, 즉 지금의 교과서의 단원에 해당하는 것으로서 그 시간에 가르칠 '주제나 제재'라고 할 수 있다. 이러한 내용 조직의 초점으로는 시간, 문화, 관계와 같은 개념이나 주제가 될 수도 있고, 환경 문제나 성차별 문제, 댐 건설과 같은 이슈 문제를 들 수 있다.

(가) 개념 또는 주제 중심 통합

개념 또는 주제 중심(concept-centered, theme-centered) 통합교육과정은 여러 가지 학문을 기초로 하여 통합교육과정을 구성할 때, 그 중심이 되는 조직 요소로서 개념이나 주제를 이용하는 방법이다. 이 때는 추출하려고 하는 여러 가지 학문에 공통적인 개념이나 주제를 대상으로 하는 것이 바람직하다(조연순·김경자, 1996: 251-272). 민족주의나 혁명이라는 개념이나 주제는 정치학과 역사학에서 공통적으로 발견할 수 있으며, 근대화 역시 정치학, 경제학, 사회학 등 여러 학문적인 관점에서 다룰 수 있다.

개념은 어떤 상황을 나타내기 위한 언어적 표현이지만, **주제**는 어떤 상황에 대한 일반화적인 서술을 보다 더 많이 포함하고 있다(차경수, 2004: 88-90).

이런 방법은 개념이나 주제의 추상성으로 인하여 응용 범위가 넓고, 사고력 향상을 위하여 바람직하지만, 실제로 교육과정 구성이 어렵고, 문제나 이슈가 명확하지 않아 모호한 느낌이 드는 경우가 많은 단점이 있다. 또 개념이나 주제는 공통적인 것을 가지고 있지만, 그 내용 조직에서는 학문의 각각의 독립성을 완전히 허물지 못하는 약점이 있다.

(나) 이슈 또는 문제 중심의 통합

이슈 또는 문제 중심(issue-centered, problem-centered)의 통합은 여러 가지 학문을 기초로 통합교육과정을 구성할 때, 그 조직 요소로서 사회적으로 논의가 되고 있는 이슈나 문제를 이용하는 방법이다. **이슈**는 사회적으로 논의가 되고 있으나 찬성과 반대가 서로 엇갈려 있는 상태이고, **문제**는 이슈보다 부정적인 부분이 사회적으로 보다 더 분명해진 상태를 말하는 것이다(차경수, 2004: 88-90). 환경오염, 도시 문제, 범죄 등은 사회 문제로서의 성격이 명백하고, 성교육이나 과외수업 같은 것은 사회적 이슈라고 할 수 있다. 이들 문제들은 여러 가지 학문적인 시각에서 모두 학습할 수 있다.

이슈나 문제 중심의 통합은 그 내용이 구체적이고 명백한 장점이 있으나, 범위가 한정되고 또 그 내용의 학습에 결국은 정치학, 경제학, 사회학 등 각각 학문의 벽을 완전히 넘지 못하는 본질적인 약점을 면할 수가 없다.

(다) 스트랜드 중심의 통합

최근에는 사회과에서 통합의 경향이 한 두 과목이 아니라 사회과학과 인문학에 걸쳐서 많은 학문이 사회과의 교육과정 통합에 관련되고 있으며, 각 학문의 독립적인 영역을 허물어서 초학문적으로 융합하여 내용을 구성하는 경향이 점차 증가하고 있다. 이러한 방법으로써 개념과 주제 중심의 방법이나 사회적 이슈나 문제를 중심으로 통합하는 방법이 논의되고 있지만, 이들 교육과정의 내용이 구체적으로는 아직도 각각의 학문적 지식의 체계를 탈피하지 못하고 있다. 따라서 이 문제를 해결하는 것이 중요한 과제로 등장하고 있다. 이러한 문제를 해결하는 하나의 방법으로써 스트랜드 중심의 통합을 들고 있다(김재형, 1998 ; 차경수, 1998).

스트랜드(strand)는 "사회과 교육의 영역에 있는 개념·주제·문제·이슈·일반화·법칙·가치 등을 모두 종합하여, 사회과에서 가르쳐야 할 것으로 기대되는 것들을 종합할 수 있는 핵심적인 요소이며, 준거이다."(Ohio Department of Education, 1993: 20 ; Massachusettes Department of Education, 1996: 10-15 ; 김재형, 1998: 9에서 재인용).

이들 스트랜드는 사회과 교육의 철학, 목적과 목표, 기본 방향 등에서 궁극적으로 추출되어 나오는 것이다. 인간과 환경, 권력과 시민 등은 그러한 한 예가 된다.

이러한 스트랜드 중심의 통합은 원래 사회과의 철학과 이념, 목표에서 와서 여러 가지 학문의 지식을 이용하여 사회과의 교육과정을 구성하는 것이기 때문에 각각의 학문적인 벽이 완전히 허물어지는 완벽한 통합의 장점이 있다. 따라서 현재로서는 통합교육과정의 이상에 가장 가깝다고 할 수 있다(차경수, 1998: 83).

이상의 사회과 통합교육과정의 분류를 요약해서 하나로 정리해 보면 아래 〈표 Ⅱ-6〉과 같다.

〈표 Ⅱ-6〉 사회과 통합교육과정의 유형별 분류

조직 형태	교육과정 통합 방식		
교육 목표에 따라	학문형 (학문적 자질)		시민형 (시민적 자질)
학문적 형태에 따라	다학문적	간학문적	초학문적
내용의 조직에 따라	개념, 주제 중심	스트랜드 중심	이슈, 문제 중심

사회과를 통합교육과정으로 구성함에 있어, 교육목표에 따라서는 학문형과 시민형으로 나눌 수 있으며 학문적 형태에 따라서는 다학문적 접근과 간학문적 접근, 초학문적 접근으로 나눌 수 있다. 또한, 내용의 조직에 따라 개념·주제 중심, 스트랜드 중심, 이슈·문제 중심으로 나눌 수 있는데, 여기서 관심의 대상을 내용 조직의 측면에 두기로 한다. 즉 사회과의 학습 내용을 어떠한 형태로 통합하느냐 하는 문제가 연구의 초점이다. 이점에 대해서는 다음 장과 4장의 2절에서 자세히 다루기로 한다.

제3장

고등 사고력 중심의
사회과 통합교육과정 구성의 체계

1. 사회과에서 사고력 개발의 의미와 통합교육과정 구성의
   기저
2. 고등 사고력의 학습을 위한 사회과 통합교육과정 구성의
   방향과 원리
3. 고등 사고력 중심의 통합교육과정 구성 요소와 체계
4. 논 의

앞 장에서 사고력 함양을 위한 교육과정 개발에 대해 살펴본 것을 토대로 본 Ⅲ장에서는 사회과에서 사고력 개발의 의미와 통합교육과정 구성의 기저를 논할 것이다. 이어서 고등 사고력의 학습을 위한 사회과 통합교육과정 구성의 방향과 원리를 설정하고 고등 사고력 중심의 사회과 통합교육과정의 구성 요소와 체계를 살펴보고자 한다.

1. 사회과에서 사고력 개발의 의미와 통합교육과정 구성의 기저

사회과에서 사고력 개발의 의미와 통합교육과정 구성으로서 사회과의 성격과 사고력, 사회과 고등 사고력의 유형, 그리고 사회과의 내용 조직에 따른 통합교육과정 구성의 방법에 대해 살펴본다.

1) 사회과의 성격과 사고력

사회과의 성격에서는 사고력과 의사 결정력 등의 신장을 강조하고, 이를 위하여 학습자가 다양한 탐구 방법을 활용하여 스스로 탐구해 가는 학습 전략을 지향하고 있다. 사회과는 사회적 사실과 현상에 관한 지식을 발견하고 적용하는 데 필요한 사고력과 판단력을 강조하는 교과이다. 그러므로 논리적 사고를 비롯하여 비판적 사고력, 창조적 사고력, 가치 판단력, 의사 결정력을 신장시킬 수 있는 교수·학습 방법을 적용하여야 한다. 따라서 사회 현상에 관한 지식을 발견하고 이를 적용하는 발견 학습과 문제 해결 학습, 의사 결정 학습, 가치 명료화 학습 등을 적절하게 활용하여야 한다. 또, 각 영역의 내용을 학습하는 데 적합한 탐구적 학습 방법을 모색, 적용하여야 한다.

사회과 교육과정을 운영할 때에는 각 학년에서 강조하여 함양시켜야 할 주요 기능이나 능력을 협의, 결정하여 평소의 학습에 반영하여야 한다. 이때에 유의할 점은 학년간의 계열성을 유지하는 일이다. 사회과 학습 기능으로 중시되는 것은 정보의 활용 및 의사 교환력, 문제 해결 및 사고 능력, 참여 및 공동생활 능력 중심의 학습 기능들이 있다.

최근에 들어서 사회과에서는 고등 사고력이 강조되고 있다. 여기서 사회과 교과 교육에서 '왜 고등 사고력이어야만 하는가?'라는 의문을 가질 수 있을 것이다. 이 점에 대해서는 여러 가지로 생각해볼 수 있겠지만 아래와 같이 크게 네 가지 이유들로 생각해 볼 수 있다.

첫째, 역사적 맥락의 배경으로서 미국에서 교육의 위기를 맞아 수월성 교육을 추구한 데서 비롯된 것으로 볼 수 있다.

둘째, 학문적인 영역에서 사회과가 지니는 독특한 사고 유형인 고등 사고력의 신장을 강조한 데서 그 까닭을 찾을 수 있다.

셋째, 교육과정상의 까닭으로서 타 교과와 관련지어 볼 때 각 교과마다 사고력 교육이 중요한 위치를 차지하고 있는 데서 그 필요성을 찾을 수 있다.

넷째, 교실 수업 현상과 관련하여 사회과 교수·학습 과정에서는 학습자 중심의 자주적·탐구적인 학습이 전개되어야 하며 이는 학습의 결과에 대한 평가에 이르기까지 사고력 교육과 관련지어 생각해 볼 수 있다.

2) 사회과 고등 사고력의 유형

앞 장에서 살펴본 바와 같이 고등 사고력은 여러 가지 형태로 나누어지지만 최근에 사회과에서 강조되는 사고력으로는 탐구력·의사결정력·창조적 사고력·비판적 사고력·메타인지 등 5가지를 일컫는다. 이들의 특징을 정리해 보면 다음과 같다(Woolever & Scott, 1988: 287-297 ; Jennes, 1990: 368-385 ; Banks, 1999: 6-123 ; 차경수, 2004: 215-219 ; Savage & Armstrong, 2004: 256-266).

(1) 탐구력

탐구력(inquiry)은 불확실한 문제들을 해결하기 위해 세운 특정한 가정을 어떤 절차에 따라 평가하고 검증해 가는 능력이라고 볼 수 있다. 이는 문제가 무엇인지 발견하고, 그 문제해결을 위한 가설을 설정하고, 객관적인 자료를 수집·분석하여 해결방법을 스스로 찾아내는 사고력이다. 흔히 문제해결력과 같은 뜻으로 쓰인다. 사회과에서의 탐구력은 주로 해결해야 할 사회적 문제나 이슈 중심의 내용을 어떤 절차에 따라 해결해 나가는 것으로 그 초점이 모아질 수 있다. 사회과에서 해결해야 할 문제는 개인적 차원의 문제에서부터 사회나 국가 차원의 문제에 이르기까지 다양하다. 복잡한 현실 속에서 사회 현상을 바르게 이해하고 판단할 수 있는 능력이 필요하며, 특히 사회과의 특성에 부합하는 탐구를 통해 특정 이슈나 관심사에 대한 다양한 관점을 인식하고 이를 조사, 평가하는 능력, 사회 문제를 합리적으로 해결할 수 있는 능력들과 관련된다.

(2) 의사결정력

의사결정력(decision making)은 어떤 문제 상황에 직면하였을 때, 그 문제를 해결하기 위하여 최종적인 판단을 내리는 과정과 그에 따른 행위를 뜻한다. 이 것은 목적의 달성을 위하여 여러 가지 대안 중에서 최선의 대안을 선택하는 과 정이라고 할 수도 있다.

사회과에서의 의사결정력은 어떤 문제 상황에 직면했을 때, 개인적·사회적 가치에 따른 합리적인 결정 능력, 가치 판단 능력 등과 관련되어 있다. 이 과정 은 탐구를 통하여 얻어진 정보나 지식을 활용하여 특정의 가치 기준에 의하여 판단을 내린다는 점에서 문제해결 기능과 유관성이 높다. 특히 다양성을 고려 하는 탄력적인 사고방식, 증거를 중요시하는 객관적인 태도 능력, 결과 예측 능 력들과 관련이 있다.

(3) 창조적 사고력

창조적 사고력(creative thinking)은 당면한 곤란한 문제를 해결하기 위해 과 거와는 다른 새로운 방법으로 문제를 해결하거나 다른 사람이 아직 사용하지 않은 새로운 접근법을 이용하는 사고 능력이다. 이는 새로운 것과 독창적인 것 을 만들어 낸다는 점에서 비판적 사고력과는 구분된다.

사회과에서 창조적 사고력은 사회과학적 창의성과 관련되어 있다. 이것은 사 회적 마인드를 갖는 것과 유사한데, 사회적 현상이나 문제를 집단적인 맥락에 서 이해하는 방식과 관련되어 있다. 그것은 사회적 지식·태도, 사고 기능의 유 연성, 독창성, 그리고 신기성과 관련이 있다고 볼 수 있다.

(4) 비판적 사고력

비판적 사고력(critical thinking)은 어떤 문제 상황에서 자신의 생각을 증거 나 전문가의 견해에 근거하여 여러 방면으로 재구조화하여 가능한 모든 방법들을 적용하여 평가하는 능력이다. 이는 곧 이성적인 판단을 의미한다는 점에서 다른 사고력과 구분된다.

사회과에서는 타인과의 관련성을 이해하는 능력, 정보 조사 능력, 비판적 상황 분석 능력, 평가 능력과 관련된다고 볼 수 있다. 특히 사회조사 능력에서 범주와 분류 능력, 사실로부터 명제를 도출하는 능력, 개념적 지식의 활용 능력, 예측 능력 등과 관련된다고 볼 수 있다.

(5) 메타인지

메타인지(metacognition)는 자신이 행하고 있는 사고 과정을 구조화하여 잘 되고 있는지를 고찰해 보는 정신적 작용이다. 이것은 사고에 대한 사고(thinking about thinking)라고 볼 수 있으며, 초인지라고도 한다. 어떤 문제를 해결하기 위하여 가설을 설정하고, 이에 필요한 증거를 수집한 다음 그에 따른 결론을 내리는 과정을 거치는 것을 탐구라고 볼 때, 이러한 탐구 과정 전반에 어떤 오류가 없었는지를 다시 사고해 보는 것이 바로 메타인지라고 할 수 있다.

사회과에서 메타인지는 크게 두 가지 요소로 나눌 수 있는데, 하나는 사고의 과정과 결과에 대한 행동을 검토하는 것이고, 다른 하나는 계획을 세우는 것이다.

본 연구에서는 고등 사고력의 유형에 따라 사회과에서의 사고력을 요약 정리하면서 본 연구에서 취하는 사고력의 관점을 아래 〈표 Ⅲ-1〉과 같이 제시해 둔다.

이상의 논의를 통해서 볼 때 사회과에서의 고등 사고력은 사회과학적 탐구 능력, 개인적·사회적 가치에 기초한 결정력, 사회적 지식의 유연성과 독창성, 사회적 상황 분석과 평가 능력, 사회적 마인드의 점검 능력 등이 강조되어야 할 필요가 있다.

〈표 Ⅲ-1〉 고등 사고력의 유형에 따른 사회과의 사고력과 연구 관점

고등 사고력의 유형	사회과에서의 사고력	본 연구에서의 관점
1. 탐구력	-불확실한 문제들을 해결하기 위해 세운 특정한 가정을 어떤 절차에 따라 평가하고 검증해 가는 능력(차경수, 2004) -불확실한 문제의 상황에 부딪쳐 이를 해결함에 있어서 전제와 객관적 관찰, 판단 등을 사용하여 확실한 상황으로 옮겨가는 반성적 사고의 과정(Dewey ; 한면희 외, 1997). 제기된 불확실한 문제들을 해결하기 위하여 세운 어떤 가정을 준거에 따라 평가하고 검증해 가는 과정	사회적 문제나 이슈 중심의 내용을 어떤 절차에 따라 해결해 나가는 능력
2. 의사결정력	-어떤 문제나 상황에 직면했을 때 판단을 하여 결론에 도달하는 행위 또는 과정으로서 어떠한 다른 방법보다도 합리적이어야 한다. 지적 탐구의 과정과 가치 판단의 과정이 동시에 고려된 종합적 문제 해결 과정(윤세철, 1993 ; 한면희, 2001)	문제 상황에 직면하였을 때, 개인적·사회적 가치에 따라 합리적인 결정력, 가치 판단 능력
3. 창조적 사고력	-사회사상을 관찰하고, 의문을 갖고, 이를 해결할 수 있는 새로운 대안을 찾고, 전체를 개관하거나, 미래를 예측하는 능력(오영태, 2000)	사회과학적 창의성으로 사회적 지식·태도, 사고 기능의 유연성, 독창성, 신기성
4. 비판적 사고력	-논쟁을 신중하게 분석하고 타인의 관점을 이해하여 충분한 결론에 도달하는 특정 성향과 기능(Marzano 외, 1988) -주어진 기준을 사용하여 어떤 대상에 관한 진술이나 주장, 논의 및 추론, 행위 절차 등을 평가하는 일련의 지적 과정 또는 가치 판단 과정(한면희, 2001)	타인과의 관련성을 이해하는 능력, 정보 조사 능력, 비판적 상황 분석 능력, 평가 능력
5. 메타인지	-자기가 하고 있는 사고가 잘 되고 있는지 어떤지 또 잘못되고 있다면 어떻게 하면 잘 되게 할 수 있는가 등 인지과정의 구조화를 통한 자신의 인지에 대한 반성적 정신 작용(차경수, 2004) -인지 상위의 것, 사고에 대한 사고로 자신의 인지 과정을 구조화하여 스스로 자신의 인지를 고찰하는 것(한면희, 2001)	사고의 과정과 결과에 대한 행동을 검토하는 것과 계획을 세우는 것

3) 내용 조직에 따른 통합교육과정 구성의 방법

통합의 모형이나 형태는 학자들마다의 견해에 따라 다양하게 제시하고 있다. 교육과정의 구성에 몇 개의 학문적 영역을 통합하느냐 하는 '학문적 형태'(Drake, 1993 ; Jacobs, 1989)와 학습의 내용을 개념이나 주제 등 어떤 것을 기준으로 결합할 수 있느냐 하는 '교육적 형태'(차경수, 2000)로 나눌 수 있다. 여기서는 사회과 학습의 내용 조직 측면인 교육적 형태에 대해 살펴보면 다음과 같다.

첫째, 개념 또는 주제 중심 통합교육과정을 들 수 있는데, 이는 여러 가지 학문을 기초로 하여 통합교육과정을 구성할 때, 그 중심이 되는 조직 요소로서 개념이나 주제를 이용하는 것이다. 개념은 어떤 상황을 나타내기 위한 언어적 표현이지만, 주제는 어떤 상황에 대한 일반화적인 서술을 보다 더 많이 포함하고 있다. 이런 방법은 개념이나 주제의 추상성으로 인하여 응용범위가 넓고 사고력 향상을 위하여 바람직하지만, 실제로 교육과정 구성이 어렵고 문제나 이슈가 명확하지 않아 모호한 느낌이 드는 경우가 많은 단점이 있다. 또 개념이나 주제는 공통적인 것을 가지고 있지만, 그 내용조직에서는 학문의 각각의 독립성을 완전히 허물지 못하는 약점이 있다(차경수, 2004: 88-90)고 보는 견해도 있다.

둘째, 이슈 또는 문제중심(issue or problem-centered)의 통합은 여러 가지 학문을 기초로 통합교육과정을 구성할 때, 그 조직 요소로서 사회적으로 논의가 되고 있는 이슈나 문제를 이용하는 방법이다. 이슈는 사회적으로 논의가 되고 있으나 찬성과 반대가 서로 엇갈려 있는 상태이고, 문제는 이슈보다 부정적인 부분이 사회적으로 보다 더 분명해진 상태를 말하는 것이다. 이러한 통합 방법은 그 내용이 구체적이고 명백한 장점이 있으나, 범위가 한정되고 또 그 내용의 학습에 결국은 정치학·경제학·사회학 등 각각 학문의 벽을 완전히 넘지 못하는 본질적인 약점을 면할 수가 없다(차경수, 2004: 88-90)는 주장이 있다.

셋째, 스트랜드 중심의 통합방법을 들 수 있는데, 최근에는 한 두 과목이 아니라 사회과학과 인문학에 걸쳐서 많은 학문이 사회과의 교육과정 통합에 관련되고 있으며, 각 학문의 독립적인 영역을 허물어서 초학문적으로 융합하여 내용을 구성하는 경향이 점차 증가하고 있다. 이러한 방법으로써 개념과 주제 중심의 방법이나 사회적 이슈나 문제를 중심으로 통합하는 방법이 논의되고 있지만, 이들 교육과정의 내용이 구체적으로는 아직도 각각의 학문적 지식의 체계를 탈피하지 못하고 있다. 따라서 이 문제를 해결하는 것이 중요한 과제로 등장하고 있는데, 이러한 문제를 해결하는 하나의 방법으로써 스트랜드 중심의 통합을 그 대안으로 들고 있다.

위와 같은 통합의 교육적 형태에 비추어 보아, 본 연구에서는 스트랜드 중심의 접근을 채택하고자 한다. 왜냐하면 사회과의 본질과 최근의 통합 경향성으로 볼 때 개념이나 주제, 이슈나 문제 중심의 어느 한 방식에만 한정하기보다는 이 문제를 모두 고려할 수 있는 사회과의 핵심적인 요소와 준거들을 모두 충족시킬 수 있는 이점을 지니고 있기 때문이다.

2. 고등 사고력의 학습을 위한 사회과 통합교육과정 구성의 방향과 원리

앞의 논의에서 밝혀진 사회과에서의 고등 사고력은 사회과학적 탐구 능력, 개인적·사회적 가치에 기초한 결정력, 사회적 지식의 유연성과 독창성, 사회적 상황 분석과 평가 능력, 사회적 마인드 등의 점검 능력 등이 강조되어야 할 필요가 있다. 이러한 고등 사고력을 함양하기 위한 방법으로써 교육과정 통합의 측면에 국한하여 본다면, 스트랜드 중심의 통합법이 가장 효과적일 것으로 판단된다. 사회과 교육과정 통합의 방식은 매우 다양하게 제시되고 있지만, 스트랜드 중심 통합이 여러 가지 학문을 기초로 하여 교육과정을 구성할 때 그 중심이 되는 조직 요소로 주제를 활용하는 방법이기 때문이다.

통합교육과정에서는 앞에서도 논의한 것처럼 그 초점이 단순히 사실과 기능의 획득에 있지 않고, 다양한 문제의 해결을 위해 그 사실과 기능을 적용하는 데 있기 때문에 학습자들은 비판적이고 창의적으로 사고하는 능력을 개발할 필요가 있다. 따라서 통합교육과정을 통하여 이해를 신장시키는 데 초점을 맞추고 있기 때문에 통합교육과정에서의 사고는 학습의 주요한 측면이 되어야 한다.

이 점과 관련하여 볼핑거(Wolfinger, 1997)에 의하면, "초등학교 교육과정 통합이 갖는 장점은 아이들이 피상적인 지식을 넘어서서 어떤 토픽에 대하여 심도 있고 다차원적인 이해를 할 수 있도록 하는 잠재력이 있으며, 이는 학생들에게 고차적 사고 기능을 연습할 수 있는 기회를 풍부하게 제공한다(강현석 외 역, 2003: 136)"는 것이다. 특히 초등학교에서는 탐구와 학습의 중심이 되는 핵심 주제를 사용하여 교육과정을 통합하는 것이 사고력 개발에 효과적이라는 측면과 주제 중심의 통합이 사고력의 초점과 소재를 다양화할 수 있는 가능성이 크다는 뜻이다. 1990년대 이후 많은 주목을 받고 있는 주제 중심 통합으로 하르토니안(Hartoonian, 1989)과 로프린(Laughlin, 1989)이 제시한 10가지 주제안과 파커(Parker, 1991)가 제시한 5가지 주제 중심의 나선형 통합 모형도 소개되고 있다(전숙자, 2003: 99-103). 그러나 이러한 주제 중심 접근법은 통합의 방법에서는 원칙적으로 동의하지만, 구체적인 방법에서는 보다 정교하게 보완될 필요가 있다. 왜냐하면 사회과에서의 고등 사고력의 본질과 교육과정 통합에 관한 전략의 문제를 고려해야 하기 때문이다. 따라서 본서에서는 평면적인 의미에서의 주제 중심 통합보다는 통일된 개념으로서 작용할 수 있는 주제 스트랜드를 활용한 단원 구성 전략을 제시한다. 이 전략은 개념·주제·문제·이슈·일반화·법칙·가치 등을 모두 종합할 수 있는 핵심적인 요소이며, 준거의 역할을 하는 것이라는 점에서 기존의 통합 방법과는 차별적이다.

1) 사회과 고등 사고력의 학습 과정

듀이(Dewey)가 『사고하는 방법』(How we think, 1933)이라는 저서를 내 놓은 이래 문제해결 학습이나 탐구 학습 등 고등 사고를 기르기 위한 여러 가지의 수업 모형들과 교수 기법들이 개발되어 왔다. 우리나라에서도 1950년대에 문제해결 학습과 1970년대의 탐구 학습의 모형이 소개되었고, 최근에는 문제기반학습(problem-based learning)과 같은 모형들이 소개되고 있다. 이러한 새로운 수업 모형들을 시도하고 적용하였는데도 여전히 관심을 끄는 문제는 '고등 사고가 왜 교실에서 가르치기 어려운가' 하는 것이다. 이 문제에 대해 권오정(2004)은 문제해결 학습이나 탐구 수업 모형이 우리나라에 도입되는 과정에 있어서 이를 소개하는 사람들에게 수업 모형이 배경으로 하고 있는 기본 논리가 제대로 이해되지 않았고, 그러다 보니 소개되는 수업 지도안도 고등 사고를 촉진하는 것이라기보다는 전통의 수업 논리를 그대로 반영한 것이라는 지적을 내리고 있다(권오정·김영석, 2004: 316). 이렇듯 우리나라의 경우 새로운 수업 모형이 왜곡된 형태로 전달되었다는 문제를 지니고 있지만, 이 문제에 대해 상대적으로 자유로운 미국에서도 고등 사고를 촉진하기 위한 수업 전략이 제대로 실천되지 않은 것은 마찬가지이다. 미국의 경우는 수업 이론이 제대로 소개되지 않았던 문제보다는 교실 현장의 관행이나 새로운 수업 방식의 도입을 저해하는 문화적 요인에 더 초점을 맞춘 연구가 진행되었다. 예컨대, 오노스코(Onosko, 1991)는 일선 현장에서 고등 사고를 촉진하기 어려운 이유를 6가지 요인으로 제시하고 있는데, ① 교사의 전통적이고 절대주의적인 지식관과 수업관, ② 광범위한 내용의 피상적인 학습, ③ 학생에 대한 교사의 낮은 기대 수준, ④ 많은 수의 학생 수, ⑤ 수업 준비 시간이 부족, ⑥ 고립된 교사 문화가 그것이다.

한편, 고등 사고를 촉진하기 위한 학습과 관련하여 뉴만(Newmann, 1990, 1991a)은 학교 교실에서의 학급 사고력의 지표(indicators of classroom thoughtfulness)를 개발한 바가 있는데, 이는 수업 시간에 이루어지는 교사와 학생들의 상호 작용이 얼마나 사고를 자극하는 것인지를 알아볼 수 있는 방안이다. 그가 제시한 교실 수업의 사고력에 대한 지표는 세 가지 관점으로 제시하고 있다. 즉 일반적인 것에서부터 교사 측면과 학습자 측면으로 나누어 다음과 같이 제시하고 있다.

〈일반적인 것〉
① 많은 주제를 피상적으로 다루기보다는 소수의 주제를 깊이 있게 다루는가?
② 학습의 흐름이 논리적 일관성과 연속성 있게 전개되는가?
③ 학생이 질문에 대해 답할 수 있도록 생각할 준비 시간을 충분히 주는가?

〈교사 측면〉
④ 교사는 학생들에게 충분한 설명과 결론에 대한 합당한 이유를 제시하고 있는가?
⑤ 교사는 학생들이 도전해 볼만한 질문이나 구조화된 학습 과제를 제시하고 있는가?

⑥ 교사는 학생들의 의견에 대해 그 근거를 제시하도록 소크라테스식으로 파고드는 질문을 해주고 있는가?

⑦ 교사는 학생들이 독창적이고 혁신적인 생각이나, 설명, 문제 해결책들을 제시할 수 있도록 격려해주고 있는가?

⑧ **교사 스스로가 사고하는 과정을 학생들에게 보여주고 있는가?**

〈학습자 측면〉

⑨ 학생들은 질문을 한 다음, 타인의 의견에 대해 비판자로서의 역할을 하고 있는가?

⑩ **학생들 스스로가 하나의 문제를 설명하고 결론에 대한 근거를 제시하고 있는가?**

⑪ 학생들은 실제로 독창적이고 혁신적인 생각, 설명, 가설, 해결책을 제시하고 있는가?

⑫ 학생들의 참여 내용이 학습 주제에 적절하며, 논의의 흐름에 잘 맞는가?

⑬ 능동적으로 수업에 참여하는 학생의 비율은 어느 정도인가?

⑭ 수업 전체 시간에서 학생들이 참여하는 시간의 비율은 어떠한가?

⑮ 주제에 대한 토의 시간 중 학생들이 진정으로 참여(손을 들거나 주의를 집중하면서 토론에 적극적으로 참여)하는 비율은 어는 정도인가?

위와 같은 상황 속에서 고등 사고력이 학습된다는 것을 알 수 있는데, 뉴만은 이러한 15개의 지표를 가지고 예비조사를 거쳐 이들 중에서 가장 중요하다고 생각되는 6가지(①, ②, ③, ⑤, ⑧, ⑩)를 실험 연구에 사용하였다. 실험 수업의 결과에서 시사하는 바는 사회과의 고등 사고력 학습을 위해서는 사회과의 내용을 직접 학습의 내용으로 해야 한다는 점으로 나타났다. 일반적인 내용을 사용하여 고등 사고력의 훈련을 하고, 사회과의 내용을 학습한 후 고등 사고력을 평가하면 고등 사고력의 학습 점수가 높게 나오지 않는다는 점을 연구자들은 공통으로 지적하고 있다. 사회과의 내용과 고등 사고력 교수 방법을 적절하게 연결하는 것이 사회과의 중요한 과제인 셈이다.

이 연구를 분석해보면, 사회과에서 사고력의 학습을 위한 수업을 할 때는 사고력에 대한 일반적인 내용보다도 사회과의 직접적인 내용으로 주제를 정하여 사고력과 직접 관련시키는 노력이 필요하다는 것을 강조하고 있는 것이 우리에게 많은 시사를 주고 있다.

2) 통합교육과정 구성의 방향

(1) 교육과정 계획

사회과의 교과 '성격'에서는 사회과 학습 요소의 통합성에 대하여 다음과 같이 제시하고 있다.

> 사회과는 지리, 역사 및 제 사회과학의 개념과 원리, 사회제도와 기능, 사회 문제와 가치, 그리고 연구 방법과 절차에 관한 요소를 통합적으로 선정, 조직하여 사회 현상을 종합적으로 이해하고 탐구한다. 특히, 사회과에서는 우리의 삶의 터전인 국토의 이해를 바탕으로 우리 민족의 역사와 활동에 대한 종합적인 파악과 우리의 현실에 대한 역사적인 시각에서의 이해 및 한국인으로서의 민족적 정체성과 세계 시민으로서의 가치·태도 등에 관한 요소를 중시한다(교육부, 1998b: 237).

사회과는 사회과학을 비롯한 광범위한 분야의 자원으로부터 학습 요소를 선정하여야 한다. 즉, 사회과는 지리학, 역사학, 정치학, 경제학, 사회학, 문화 인류학, 심리학, 철학 등에서 사회과 교육에 필요한 지식과 가치, 그리고 학습 방법과 절차, 학습 자료 등에 관한 요소를 선정하여 통합적으로 조직하여야 한다.

그리고 학습 활동에서 습득되는 지식은 학습자의 활동, 경험의 의미와 가치를 부여할 수 있어야 한다. 단편적인 사실적 지식이 망라된 사회과의 비판이 많았음에도 불구하고 여전히 지속되는 이유는 사회과에서 본래 구성체계를 달리하는 학문들이 공존하고 있어서 각각 다른 논리로 각자의 내용을 고집하기 때문이다. 따라서 사회과는 타 교과에 비해 교과의 양이 많아지는 경향을 지니고 있는바, 교재와 수업 구성에서 교사는 지식의 구조화라는 측면에서 교재를 정선할 필요가 있다. 초등학생에게 과다한 사실적 지식의 습득을 강조하면 할수록 사회과에 대한 학생들의 흥미는 반감하고 이는 학생들의 사고력 발달을 저해하는 요인으로 작용하기도 한다. 그러므로 교사는 사실적인 내용을 과감하게 정선, 축소하고 그것을 학생의 이해 수준에 맞는 형태로 구조화하여 가르쳐야 한다.

본 연구에서는 사회과 교육과정 운영 및 단원의 학습 전개에 있어서는 통합의 원칙을 고려하여, 주제 스트랜드 중심의 내용으로 구성하며, 이는 지식, 경험, 생활이 서로 통합되어 습득한 지식을 실생활에 적용할 수 있도록 하는 데 초점을 두고자 한다.

따라서 사회과의 학습 요소들은 학문적 개념이나 생활 주제를 주제 스트랜드 중심으로 통합하여 사회과 교육 내용의 체계를 이룰 수 있도록 교육과정 계획을 수립하여야 할 것이다.

(2) 교육과정 운영

사회과는 통합적으로 운영되어야 한다고 말할 때의 '통합'이란 개념은 여러 차원 혹은 시점에서 말해질 수 있겠지만, 현재 문제삼고 있는 것은 요컨대, 지리 · 역사 · 공민(일반사회)이라는 3분법을 버리자는 것이다. 그러면, 왜 사회과는 통합적으로 운영되어야 하는가? 사회과가 통합적으로 운영되어야 할 보다 근본적인 이유는 사회과 교육-교수(敎授)의 본질과 관련하여 밝혀져야 할 것으로 다음과 같이 정리될 수 있다(최병모 외, 1999: 76-77).

첫째, 사회과 교육은 궁극적으로 시민 · 국민형성이라는 통합적 성격을 갖는 목표를 지향한다. 이와 같은 통합적 목표를 달성하기 위해서는 내용의 구성도 당연히 통합적으로 이루어져야 할 것이다.

둘째, 사회과 교육은 시민 · 국민형성이라는 궁극적 목표를 달성하기 위하여 사회를 바르게 인식시키려는 교육이다. 그런데 그 인식의 대상인 사회현상, 기능, 인간행위는 시간적(역사적), 공간적(지리적) 계열 속에서 유기적으로 구조화되어 있으므로, 사회과 교육-사회인식 교육은 당연히 통합적으로 이루어져야 한다.

셋째, 위의 연장으로 사회인식이란 사회현상, 인간행위를 시간 · 공간을 축으로 계열화(순서화), 관계화(구조화)시키는 것으로 볼 수 있겠고, 따라서 사회과의 교수는 당연히 통합적 원리 위에서 설계되어야 한다.

넷째, 사회과의 교수과정은 객관적 지식성장으로서, 사회적 사실 · 현상에 대한 사실적 · 기술적 정보 · 지식에서 출발하여 개념적 · 구조적 지식을, 그리고 나아가 규범적 · 이념적 지식을 획득하도록 설계되어야 할 뿐만 아니라, 그 지식획득과정에서 과학적 · 반성적 사고를 통해 열린 인간이 형성될 수 있도록 설계되지 않으면 안 된다. 다시 말하자면, 사회과의 교수과정은 폐쇄적인 개별학문의 내용적 계통보다 개방적인 공유의 방안적 절차를 더 중시해야 하고, 학습자의 인식능력, 사고체계의 발달을 촉진할 수 있어야 한다.

따라서 사회과 교수과정은 역사 · 지리 · 정치 · 경제 · 사회 · 문화의 지엽적 지식들을 따로따로 주입·암기하는 과정이 아니라, 이 학문들에 공유될 수 있는 방법적 절차에 따라 객관적 지식성장의 과정을 경험하고, 사고하는 통합적 과정이어야 한다.

3) 고등 사고력 함양을 위한 통합교육과정 구성의 원리

사회과에서의 통합에 대해서 최병모 등(1999)은 "사회과 교육의 시초라 할 사회과학 및 주변 학문들의 성과를 통합된 교육경험으로 재구성하는 것이다."고 밝히고 있다. 이는 여러 영역을 단순하게 종합하는 것이 아니라 새로운 목표, 내용, 방법, 평가체제를 가진 '통합 사회'라는 새로운 교과로 독립하는 것을 말한다. 따라서 통합 사회과에서는 분과된 교과의 목표, 내용, 방법, 평가 체제에 있어서 일대 전환을 기하지 않으면 성공하기가 어려울 것이다. 이러한 어려움 속에서도 사회과 통합을 실현해야 하는 이유는 분과된 지식을 통해 유리된 교육경험을 통합된 실경험 세계로 환원시키기 위함이다. 사회과 통합을 통해서 교과의 중복을 피할 수 있으며, 학생들의 학습 부담을 경감시키는 장점을 갖는다. 통합적 수업 모형은 분과된 학문에서 발전된 개념과 일반화를 통해 교육 내용을 선정하고 조직화하는 방식보다는 현실적으로 유용하고 학생들의 발달 단계에 적합하며, 그들의 경험 세계와 밀접한 관련성을 가진 주제를 설정하고 이에 따라 기본 발문을 준비하고, 이를 답하기 위한 탐구를 행하는 방법이 효과적일 것이다. 통합적인 교육과정 구성과 수업은 학생들의 경험 세계를 존중한다는 점에서, 교육과정의 설계 및 교과서 저술, 수업 현장 전반에 걸쳐 교사들의 적극적이고 능동적인 참여가 필요하다고 본다.

앞에서 사회과에서의 고등 사고력은 사회과학적 탐구 능력, 개인적·사회적 가치에 기초한 결정력, 사회적 지식의 유연성과 독창성, 사회적 상황 분석과 평가 능력, 사회적 마인드 등의 점검 능력 등이 강조되어야 할 필요가 있다고 강조한 바 있다. 이러한 고등 사고력을 함양하기 위한 방법으로 교육과정통합에 있어서 내용 조직의 측면에서 고려해볼 수 있는 방식으로는 스트랜드 중심의 통합법이 가장 효과적일 것으로 판단된다. 왜냐하면 사회과 교육과정 통합의 방식은 매우 다양하게 제시되고는 있지만, 스트랜드 중심의 통합이 여러 가지 학문을 기초로 하여 교육과정을 구성할 때 그 중심이 되는 조직 요소로 주제를 활용하는 방법이기 때문이다. 이러한 완전 통합은 스트랜드를 준거로 하여 구성할 수 있으며(차경수 외, 1997: 36), 특히 최병모 등(1999)에 의하면, "완전 통합 단원은 학생들의 반성적 사고와 탐구 및 활동을 북돋아주는 것으로 학생 중심의 교수활동이라는 점에서 각 스트랜드에 따른 학습 내용이 통합 체계의 핵심을 이룰 수 있다."고 한다.

3. 고등 사고력 중심의 통합교육과정 구성 요소와 체계

고등 사고력 중심의 통합교육과정의 구성 요소의 체계는 2장에서 제시한 고등 사고력 함양을 위한 교육과정 개발 모형에 근거하여 설정되어야 한다. 그 체계는 목표 설정, 내용 선정 및 조직, 교수·학습 방법, 평가에 이르기까지 상호 역동적이며 보완적인 관계로 순환의 과정을 거치게 된다.

1) 목표 설정

사회과 교육의 목표는 사회과 교육의 방향을 제시하는 것이며, 그것은 내용의 선정, 교수·학습 방법, 평가 등에 중요한 영향을 준다.

사회과 교육의 목표에 대해 그 시대적 흐름을 살펴보면, 반성적 사고력, 행동적 표현, 구조화, 탐구 기능, 고등 사고력 등으로 이어져 왔음을 알 수 있다(이혁규, 1998: 33-35 ; 김현석, 2004: 36-39 ; 차경수, 2004: 49-56).

1950년대 사회과 교육이 체계화되었을 때 반성적인 사고력이 사회과 교육의 주요한 목표로 주장되었다. 그러나 이후 지식의 구조화와 함께 사회과를 구성하고 있는 교과의 구조를 이해하는 것 자체가 사회과의 목표로 인식되기도 했다. 또 이와 함께 탐구 기능이 사회과의 목표가 되기도 하였다. 사회과의 목표는 이와 같이 시대의 흐름에 따라 그 견해를 달리해 왔다.

최근에 들어 고등 사고력이 사회과의 목표로서 강조되고 있다. 복잡하고 다양한 상황에서 사회 문제를 슬기롭게 해결해 나가려면 고등 사고력이 가장 필요하다는 현실적인 요청에 기인한다고 볼 수 있다. 고등 사고력은 과거의 경험을 바탕으로 재생하거나 단순한 지식에 의해서 행동하는 것이 아니라 불확실한 상황에서 기준을 응용하고 다양한 방안 중에서 선택하면서 문제를 해결하려고 하는 기능인 것이다. 이는 기본적인 사고의 폭을 확대하고 넓히는 것이라는 의미에서 일종의 확산적 사고라고 할 수 있다.

고등 사고력을 여러 가지로 볼 수 있으나 대체로 최근에 사회과 교육에서 강조하고 있는 것은 의사 결정력, 탐구력, 창의력, 비판적 사고력, 메타인지 등이다. 이들은 모두 듀이(Dewey)가 주장한 반성적 사고력에 그 바탕을 두고 있는 것으로 사고력의 형태를 다양하게 발전시킨 것이며 오늘날 사회과 교육의 과제가 되고 있다.

현행 우리나라 7차 교육과정에서는 초·중등 사회과 교육의 궁극적인 목적을 시민성 또는 시민의 자질 함양에 두고 이를 위해서 의사 결정력의 향상을 핵심적인 목표로 설정하였다. 이들을 종합해서 사회과 교육의 목표를 지식, 기능, 태도와 가치 영역으로 정리해 보면 다음과 같다.

첫째, 지식 영역에서는 훌륭한 시민이 되기 위해서는 의사결정에 필요한 여러 가지 지식을 가지고 있어야 한다. 이러한 지식은 인간과 사회에 관한 사실, 개념, 일반화, 이론 등에 관한 지식을 의미한다.

둘째, 기능 영역에서는 어떤 과제나 문제를 해결하기 위하여 지식과 경험을 이용하는 것이 기능인데, 여기서는 고등 사고력의 기능이 매우 중요하다고 할 수 있다.

셋째, 태도와 가치 영역으로서 시민의 자질 향상과 의사 결정을 위해서는 인간의 존엄성, 민주적 절차 등 바람직한 태도 형성 등이 중요하다.

현행 7차 교육과정에서의 목표 설정은 고등 사고력에 대한 별도의 목표가 명시되지 않고 있다. 하지만 사회과 성립 초기 이래로 사회과의 목표 설정은 다양하게 제시되어 왔다. 이를테면, 자롤리맥(Jarolimek, 1997)은 이해(지식과 지적 활동), 태도(가치, 감상, 이상 및 느낌), 기능(사회적 기능, 학습 기능, 집단 작업기능, 지적 기능) 등으로 구분한 바 있다. 또한, 라이언(Ryan, 1980)은 사회과 교수 목표 중 사고 과정을 별도로 설정하여, 지식(사실, 개념, 일반화), 기능(기본 기능, 탐구기능), 가치·태도(학문적 가치 및 태도, 사회적 가치), 사고 과정(추리, 가설 설정, 비교, 대비, 평가)으로 제시한 바 있다(김일기 외, 1998: 6-7에서 재인용). 이렇듯 사회과 교육의 목표는 시대적인 상황과 교육이론의 발전에 따라 여러 가지로 발전해 왔다.

따라서 여기에서는 위와 같은 사고 과정 영역의 목표를 별도로 선정할 필요가 있다고 본다. 그러기 위해서는 현행 7차 교육과정상의 목표 영역을 분석하여, 이를 토대로 고등 사고력 함양을 위한 별도의 목표 설정을 제시하고자 한다.

현행 7차 교육과정에서의 사회과 목표는 아래 〈표 Ⅲ-2〉와 같으며, 본 연구에서의 고등 사고력 함양을 위한 목표 체계는 〈표 Ⅲ-3〉과 같다.

〈표 Ⅲ-2〉 현행 초등학교 사회과 교육과정상 목표 설정

교과 목표	영역		지식			기능				가치·태도	
			사실	개념	일반화	정보수집 활용	탐구 기능	의사 결정	집단 참여	합리 적인	바람 직한
	종합		○	○	○	○	○	○	○	○	○
가	통합		○	○	○						
나	지 식 목 표	지리영역	○	○	○						
다		역사영역	○	○	○						
라		정치 경제 사회 문화	○	○	○						
마	기능·능력 목표					○	○	○	○		
바	가치·태도 목표									○	○

즉 위의 〈표 Ⅲ-2〉에서 보듯 현행 7차 교육과정의 목표는 지식, 기능, 가치·태도 영역으로 제시하고 있다. 본 연구에서는 현행 교육과정 목표에 더하여 최근 들어 사회과에서 강조하고 있는 고등 사고력의 영역을 목표 영역에 추가하

여 설정하기를 제안하면서, 고등 사고력 함양을 위한 사회과 교육의 목표 설정에 관한 예시를 아래 〈표 Ⅲ-3〉과 같이 제시하고자 한다.

〈표 Ⅲ-3〉 고등 사고력 함양을 위한 사회과 목표 설정의 예시

항목		지식			기능		사고과정					가치·태도	
행동영역		지식과 이해			기본기능		고등 사고력					가치	태도
		사실	개념	일반화	정보수집·활용	집단참여	탐구력	의사결정력	창의적사고력	비판적사고력	메타인지	합리적인	바람직한
종합 목표		○	○	○	○	○	○	○	○	○	○	○	○
지식목표	주제 스트랜드 (공간과환경 / 변화와지속성 / 문화와민족 / 개인과사회제도 / 시민생활과정치 / 생산·분배·소비 / 과학·기술·사회 / 지구촌사회)	○	○	○			○	○	○	○	○		
기능·능력 목표					○	○	○	○	○	○	○		
가치·태도 목표												○	○

위 표에서는 지식, 기능, 가치·태도 목표에 더하여 본 연구에서는 사고과정의 목표로서 고등 사고력의 영역별 목표를 별도로 추가 설정하여 제시한 것이다. 이에 대한 구체적인 예시는 다음 장에서 살펴보기로 한다.

2) 내용 선정 및 조직

(1) 내용 선정의 원리

교과의 내용은 그것이 가치 있는 것이어야만 정당화된다는 점은 교과의 내용 선정의 기준을 설정하는 데 출발점을 제공한다. 교과의 내용이 가치 있다는 것은 두 가지의 포괄적 측면에서 말할 수 있다(김일기 외, 1998: 31). 첫째는 생활에서의 필요이고, 둘째는 인간의 사고양식을 논리적으로 조직할 필요성, 즉 지적 추구로 생각할 수 있다. 전자는 사회 또는 개인의 생활에 비추어 내용이 어떤 기능을 가질 수 있는가와 관련되며, 이는 개인적 적합성과 필요성이라는 기준으로 바꿀 수 있다. 후자는 사고의 양식에서 그것을 사정하는 기준에 합당한가에 대한 것이며, 이는 학문이 가지고 있는 '지식'이 가장 적합한 기준이 될 수 있음을 의미한다.

이렇게 볼 때, 교과 내용의 선정기준은 적어도 세 가지의 측면, 즉 개인, 사회, 학문을 생각해 볼 수 있으며 이러한 세 가지의 측면에서 보아 교과의 내용은 정당한 가치를 가지고 있어야 할 것이다. 교과 내용의 가치가 사회, 개인의 필요, 사고의 양식과 지적 기준에 의해 정당화된다는 생각은 이전에도 여러 군데서 찾아볼 수 있다. Tyler(1949)가 교육목표 설정에서 지적한 학생, 사회, 교과(학문)전문가의 3가지 목표 선정의 원천이나 철학과 심리와 같은 목표 설정의 2가지 스크린에도 잘 나타나며, 여러 학자들이 제시한 내용 선정의 준거들에 포함되어 있다.

교과 내용의 선정준거는 세 가지 측면 즉, 학생의 심리 측면, 사회·국가적 측면, 학문·철학적 측면으로 나누었을 때, 그 하위에 포섭될 항목들도 상세하게 제시할 수 있을 것이다. 내용 선정의 준거들을 상세화한 예들을 보면, Taba(1962)는 내용의 타당성과 중요성, 사회적 실제와의 일치, 폭과 깊이의 균형, 광범위한 목표의 성취 가능성, 학생들의 경험과의 적합성과 학습 가능성, 학생들의 욕구와 흥미에의 적합성과 같은 내용선정의 준거들을 제시한 바 있다. 또한, 곽병선 (1989)은 철학적 준거(즐거움을 줄 것, 이상적일 것, 집단의 생활·사고·감정을 포괄할 것), 심리적 준거(개방적 관점, 교사의 역할 축소, 도전의 심리 자극), 교육공학적 준거(학습 가능성), 정치적 준거(정치적 결정의 수용, 이해관계의 고려), 실용성의 준거(경제성, 안정성, 견고성, 적응 가능성)라는 5가지의 준거들과 각각 준거 하위항목들을 제시하였다.

위의 기준과 준거의 하위 항목들을 이용하여 사회과 교육과정에서 일반적인 내용 선정의 준거와 그 하위 유목들을 정리한 기준(교육부, 1998 b: 245 ; 김일기 외, 1998: 32-33)을 토대로 여기에서는 고등 사고력을 함양할 수 있는 내용선정의 준거와 관련되는 기준을 중심으로 재구성하여 아래와 같이 제시한다.

① 〈사회·국가적 기준〉
 ·사회와 국가의 문제, 당면과제, 논쟁점에 대한 지속적인 관심을 보일 수 있어야 하며, 이러한 문제, 쟁점, 과제의 해결에 필요한 지식, 기능, 가치 및 태도를 다루어야 한다.
 ·사회현상의 다면적, 다차원적 고찰을 위해 통합적 관점이 드러나게 한다.
 ·현대세계에 대한 올바른 이해와 현대사회의 문제해결에 필요한 교육, 사회, 문화의 측면에서의 요구 즉 지구촌적 관점, 미래교육의 관점과 창의적 사고, 과학·기술·사회 교육의 관점, 환경의식 교육, 삶의 다양성 인정 등을 반영한다.
 ·시민적 자질 함양을 위한 사회과 가치교육의 중요성을 감안하여 가치문제를 함축한 쟁점과 의사결정 문제를 내용으로 선정한다.

② 〈학생의 심리적 기준〉

· 사회과의 내용은 학생의 경험 생활과 관련성이 높은 사실, 문제, 주제들을
  선정한다.

· 학생의 학습수준을 고려하여 학습가능한 최소 필수 내용을 선정한다.

· 학생의 자기주도적, 탐구지향적 학습이 가능하도록 선정한다.

· 학생의 잠재력과 동기를 자극할 수 있는 내용을 선정한다.

③ 〈학문·철학적 기준〉

· 사회과에서 사회현상을 다루거나 사회문제의 해결에 기초적이고도 필수적인
  것을 포함하되, 폭과 깊이의 균형을 고려하여야 한다.

· 사회과의 내용은 학생들의 사회적 생활과 경험과 직접적으로 연결되는 것
  이어야 한다.

이상과 같은 기준을 활용하여 고등 사고력을 함양할 수 있는 사회과 내용 선
정의 원리로 삼는다.

(2) 내용조직의 원리

사회과의 내용 조직이란 선정된 내용을 계열성에 맞게 학년 단계에 따라 배
열하는 것이다. 사회과 교육의 질을 결정하는데 있어 중요한 문제는 의도적으
로 선정·구성된 학습 내용과 배열이 과연 목표에 접근하는 것이며, 이를 통해
의도된 교육 효과를 달성할 수 있는 것인가로 볼 수 있다. 즉, 사회과의 내용을
어떻게 선정하는가도 중요하지만 그에 못지 않게 선정된 내용을 어떠한 순서로
학습하게 하며 어떻게 계열화하는가의 문제도 중요하다(박인현, 2002: 147)는
것이다.

내용선정과 조직에 관한 일반원리는 매우 다양하게 전개될 수 밖에 없으며, 합의할 수 있는 기준들을 여과해 줄 수 있는 것은 설정된 교육과정의 개정 방향과 교과 목표이다.

제 7차 교육과정(교육부, 1998 b: 234)에서 설정된 초등학교 사회과의 개정방향은 ① 세계화·정보화·개방화 시대에 사회발전을 주도할 시민의 자질 육성, ② 학습자 중심의 사회과 교육의 추구, ③ 사회과 교육의 통합성과 사회과학교육의 계통성 간의 조화 추구, ④ 교육과정의 지역화 구현과 지구촌 사회의 요구에 부응이다. 그리고 교과 목표에서는 ① 개인의 발전 및 국가, 사회, 인류의 발전에 기여할 수 있는 민주 시민의 자질 육성, ② 사회 현상에 관한 기초적 지식과 능력, ③ 기본 개념과 원리의 탐구 능력, ④ 우리 사회의 특징과 세계의 여러 모습 이해, ⑤ 다양한 정보의 활용 능력, ⑥ 창의적이고 합리적인 문제 해결 능력, ⑦ 공동생활에서의 참여 능력 등을 제시하고 있다(교육부, 1998 b: 245).

위에서 언급된 기준들을 고려하여 고등 사고력 함양과 관련지은 사회과 교육과정 내용 조직의 원리들을 다음과 같이 제시할 수 있다.

첫째, 학습자의 발달, 사회적 경험, 사회 기능을 고려하는 환경 확대법의 원칙에 따라 배열한다. 3, 4학년에서의 생활 주변과 시·군 시·도의 지역 사회 이해와 문제 해결에서부터 5, 6학년의 각 지역, 국가, 세계의 사회 현상 파악 및 문제 해결 내용으로 확대되도록 구성한다.

둘째, 사회 과학의 기본 개념을 구체적 사례와 문제를 통해 이해할 수 있도록 구성하되, 나선형 교육과정의 원리에 따라 확대될 수 있도록 한다. 나선형적 확대는 사회 과학의 기본 개념, 학습자의 시간 의식, 공간 의식, 사회의식의 발달과 연계하여 배열하고, 단순한 것에서 복잡한 것으로, 구체적인 것에서 추상적인 것으로의 내용 배열 원리를 적용하는 것을 뜻한다.

셋째, 스트랜드 중심의 주제를 기반으로 하는 탐구 또는 문제 해결 과정을 통한 내용과 방법의 통합, 생활 경험과 지식의 통합에 초점을 맞춘다.

넷째, 학년별로 내용의 핵심과 범위를 설정함으로써 학습 지도에서는 이를 중심으로 일관성을 유지할 수 있도록 배열한다. 교육과정에 학년별 주제를 명시하지는 않았으나, 3학년에서 '우리 고장의 생활 모습'을, 4학년에서 '지역의 모습과 사회생활'을, 5학년에서 '우리나라의 생활과 문화'를 6학년에서 '지구촌 시대의 우리'를 각 학년별 내용 주제의 범위로 삼는다.

3) 교수 · 학습 방법

고등 사고력은 특정한 하나의 정신 능력을 가리키는 것이 아니라 문제의식을 가지고 탐구하면서 창조적으로 문제를 해결하려고 하는 능력을 폭넓게 가리키는 것이다. 그렇기에 고등 사고력을 함양하기 위한 교수 · 학습 방법 역시 특정한 방법만이 있을 수 없으며 다양하게 존재할 수 있다. 이러한 교수 · 학습 방법에 대해 차경수(2004)는 탐구 학습, 문제해결 학습, 의사결정 학습, 창조적 사고력 학습, 비판적 사고력 학습, 메타인지 학습 등을 들고 있다. 그가 제시한 고등 사고력을 향상시킬 수 있는 교수 · 학습 방법에 대해 살펴보면 아래와 같다(차경수, 2004: 223-229).

(1) 탐구력 향상의 학습 방법

탐구력을 향상시키기 위한 학습을 위해서는 다음과 같은 과정이 필요하다. 즉 문제해결을 위하여 가설을 설정하고, 자료를 수집 · 분석하여 결론을 내리는 사고의 과정을 거치도록 한다. 따라서 탐구력 향상을 위한 수업 과정은 문제 제기 → 가설 설정 → 용어의 정의 및 개념화 → 자료 수집 → 자료 분석 → 가설 검증 및 일반화 → 새로운 탐구의 시작 등의 과정을 거치도록 한다.

본 연구에서 탐구력은 '사회적 문제나 이슈 중심의 내용을 어떤 절차에 따라 해결해 나가는 능력'으로 보았다.

(2) 의사결정력 향상의 학습 방법

의사결정력 향상을 위해서는 먼저 사회과학 탐구의 과정을 거쳐서 필요한 지식을 획득하고, 경쟁하는 가치 중에서 어느 하나를 선택하기 위해서는 가치탐구의 과정을 거쳐야 한다. 따라서 합리적인 의사결정 학습을 위한 학습 과정으로는 문제 제기 → 지식과 가치문제의 확인 → 사회탐구에 의한 지식 획득 → 가치탐구에 의한 가치 분석 → 대안 탐색과 결과 예측 → 선택 및 결론 → 행동 등의 과정을 거친다. 이것은 사회탐구와 가치탐구의 서로 다른 두 과정을 모두 요구하는 종합적인 수업형태이다. 사회 문제나 논쟁 문제를 학습할 때는 기본적으로 이 모형을 사용하는 것이 바람직하다.

본 연구에서 의사결정력은 '문제 상황에 직면하였을 때, 개인적·사회적 가치에 따라 합리적인 결정력, 가치 판단 능력'으로 정의하였다.

(3) 창조적 사고력 향상의 학습 방법

창조적 사고력의 본질은 독창성과 자유로운 사고 등이다. 따라서 학습 방법 역시 개방성을 유지하면서 학생의 자유로운 탐구와 반응을 허용하고 격려하는 것이 수업에서 가장 중요하다고 할 수 있다. 학생의 반응을 일정한 틀 안에서 하도록 강요하거나 지시적이고 주입식의 수업만 이루어진다면 학생은 자유로운 사고를 할 수 없기 때문에 창조적 사고력을 발휘할 수 없게 된다. 창조적 사고력을 향상시키기 위한 수업으로는 설명식 수업보다는 토의·토론식 수업을 진행하는 것이 훨씬 더 효과적이다.

본 연구에서 창조적 사고력은 '사회과학적 창의성으로 사회적 지식·태도, 사고 기능의 유연성, 독창성, 신기성'으로 보았다.

(4) 비판적 사고력 향상의 학습 방법

비판적 사고력의 특징으로는 사실과 가치의 구분, 자료의 신뢰성 확인, 근거에 의한 서술의 정확성, 주제에 대한 자료의 관련성 확인, 숨겨진 가정 확인, 논리적 모순 발견, 근거 있는 주장과 그렇지 못한 주장의 구분, 논쟁이 될 만한가의 판단 등이다. 이러한 특징을 확인하고 판단하는 정신적 능력이 바로 비판적 사고력인 셈이다. 따라서 비판적 사고력을 함양하기 위한 수업에서는 실제로 이러한 일을 할 수 있는 과정을 학습에서 겪게 하는 것이라고 할 수 있다. 이를테면, 토론 학습 과정에서나 어떤 문제에 대한 보고서를 작성하게 함으로써 다른 학생의 발표나 글 쓴 자료를 고치게 함으로써 이러한 비판적 사고력이 발휘되고, 학습되게 할 수 있을 것이다. 다만, 학습 과정에서 요구되는 것은 다른 사람의 의견을 평가하고, 검증하며, 자기의 의견과 서로 다른 의견을 대할 때에 개방적인 태도를 가져야 한다는 점이다.

본 연구에서는 비판적 사고력을 '타인과의 관련성을 이해하는 능력, 정보를 조사하는 능력, 비판적으로 상황을 분석하는 능력, 평가 능력'으로 규정지었다.

(5) 메타인지 향상의 학습 방법

메타인지의 핵심은 자기의 사고에 대한 비판적 사고를 할 수 있는 능력이라고 볼 수 있다. 그러기에 자기가 사고한 결과로 생겨나는 행동과 상황을 정확하게 판단하고, 그 결과를 평가하며, 전체적으로 계획하는 과정이 메타인지에서 필요하게 된다. 따라서 이러한 과정을 학습과정에서 실제로 수행하는 것이 메타인지 학습에서도 필수적으로 요청되는 것이다. 이를테면, 학습이 시작되기 전, 중간, 끝난 후 등 여러 차례에 걸쳐 기회가 있을 때마다 학습의 계획, 실시의 상황, 계획과 실시의 차이 여부 등을 점검함으로써 학생들의 메타인지적 능력을 길러 줄 수 있다.

본 연구에서는 메타인지를 '사고의 과정과 결과에 대한 행동을 검토하는 것과 계획을 세우는 것'으로 보았다.

(6) 고등 사고력을 향상시키는 전략

사회과에서 필요로 하는 고등사고력을 함양시켜 주기 위해서는, 일반적으로 많은 주제를 피상적으로 다루기보다는 소수의 주제를 깊이 있게 다룰 필요가 있으며, 학습의 흐름이 논리적 일관성과 연속성 있게 전개되어야 하겠다. 또한 교사 측면에서는 학생들이 도전해 볼만한 질문이나 구조화된 학습 과제를 제시할 필요가 있으며, 학습자 측면에서는 학생들 스스로가 하나의 문제를 설명하고 결론에 대한 근거를 제시할 수 있는 체계적인 계획에 따라 교실 수업이 전개되어야 할 것이다. 이러한 측면에서 학생들에게 고등 사고력을 함양시켜 줄 수 있는 전략의 예를 세비지와 암스트롱(Savage & Armstrong, 2004, pp. 256-267)은 다음과 같이 제시하고 있다.

① 문제 해결

이용 가능한 자료가 주어져 있으면서 최선의 해결책이나 적절한 해답이 있는 문제일 경우, 절차에 따라 문제 해결 접근법을 사용한다. 이러한 문제 해결에서 사고력 향상의 전략(단계)은 아래와 같다.

· 문제를 확인하게 한다.

· 문제의 해결책에 대한 가능한 접근법을 생각하게 한다.

· 접근법을 선택하고 적용하게 한다.

· 주장할 수 있는 해결책에 도달하게 한다.

② 의사 결정

학생들이 직면하는 많은 문제들은 확실하게 옳거나 틀린 답을 갖고 있지 않은 경우가 많다. 이런 종류의 주제들은 선택을 고려하게 하고, 개인적·사회적 가치를 고려하여 결정을 내려야 한다. 이러한 의사 결정에서 사고력 향상의 전략(단계)은 아래와 같다.

· 기본적 이슈나 문제를 확인한다.

· 다른 대안을 모색해 보게 한다.

· 각각의 대안을 입증하는 근거를 기술하게 한다.

· 각각의 대안들이 함축하고 있는 가치를 명료화하게 한다.

· 각각의 대안 선택시 따르게 될 결과를 예측해 보게 한다.

· 다양한 대안들 중에서 하나를 선택하게 한다.

· 선택을 할 때 고려했던 근거와 가치를 밝히게 한다.

③ 창조적 사고

창조적 사고는 복잡한 문제에 대해 새로운 해결책을 구상한다. 창조적 사고의 결과는 새로움과 유용성 두 가지 모두를 만족해야만 한다. 이러한 창조적 사고에서 사고력 향상의 전략(단계)은 아래와 같다.

〈브레인 스토밍 기법 활용〉

· 제시된 문제에 초점을 맞추게 한다.

· 가능한 빨리 아이디어를 찾아내도록 한다.
· 제안된 아이디어에 대해 긍정적·부정적 평을 하지 않고 모든 아이디어들을 수용하게 한다.
· 모든 아이디어들을 빠르게 써내려 간다.
· 주목할만한 새로운 아이디어가 나타날 땐 발상 단계를 잠시 멈추게 한다
· 아이디어에 대해 토론을 거친 다음 결론을 내리게 한다.

④ 비판적 사고

비판적 사고는 증거나 전문가의 견해에 바탕을 두고 아이디어를 평가해 보는 것이며, 이는 새로운 사고를 촉진시킨다. 이러한 창조적 사고에서 사고력 향상의 전략(단계)은 아래와 같다.

〈분석적 브레인 스토밍 접근〉
· 문제에 가장 좋은 해결책을 찾아보도록 격려한다.
· 가장 좋은 해결책이 수행되지 못한 이유를 찾아보게 한다.
· 이러한 장애들을 극복하기 위한 방법을 묻는다.
· 해결책을 수행하는데 있어서 문제점을 파악하게 한다.
· 문제의 실제적인 해결책을 결정하도록 한다.

위에서 살펴 본 바와 같이, 학생들에게 사고 기능을 직접 가르칠 수도 있으나, 그보다는 학생 스스로 자료를 수집하여 가설을 검증해 보게 하는 문제해결 학습, 탐구 학습, 의사 결정 학습, 토론 학습 등을 통해 사고 기능을 키울 수 있는 교수·학습이 보다 더 효과적일 것이다.

4) 평 가

사회과 평가에서는 교육 목표의 설정이나 평가의 형식에 있어서는 교육학의 이론에 따라 인지적 행동과 정의적 영역으로 나누어 평가하고 교과의 내용을 개념, 일반화, 법칙 등으로 나누어 평가하는 경향을 보였는데, 1990년대 이후로는 고등 사고력의 평가가 강조되고 있다. 이에 탐구력, 창조적 사고력, 의사결정력과 같은 고등 사고력을 향상시키고 평가하는 것이 사회과의 주된 관심을 끌고 있다.

평가는 교과의 목표, 내용, 방법 등과 밀접하게 관련된 교수·학습 과정의 일부분이다. 특히 교과의 내용 선정이나 내용 구성과 관련지어 본다면, 내용량을 적절히 잘 조직하여 적은 양으로도 심층적인 학습이 이루어질 수 있도록 하여, 다양한 사고 기능을 발휘할 수 있는 내용 구성으로 이어진다면, 수업의 방법도 사고력을 증가시킬 수 있는 토의·토론 학습이 이루어질 수 있고, 평가 방식에서도 역시 사고력 중심의 평가가 가능해질 수 있다.

오늘날과 같이 사회의 현상이 다양하고 급격히 변화하는 가운데 지식의 양 또한 폭발적으로 증가하는 시대에서는 지식에 대한 기억이나 이해보다는 사고력의 신장이 강조되고 있다. 사고력은 흔히 문제 해결력이라고도 하는데, 이는 정보를 탐구하고 자료를 해석하는 탐구 능력, 중심 개념을 빨리 파악하는 능력, 증거를 수집하고 결론을 이끌어 내는 능력, 가설을 수립하고 이를 해결해 가는 능력 등을 포함한다.

사회과에서 추구하는 올바른 '참평가'가 되려면 지식보다는 고등 사고력이나 문제 해결력과 같은 것이 실제의 사회에서 일어나고 있는 것과 똑같이 형성하고 있는지를 평가하는 것이어야 한다.

5) 고등 사고력 중심의 통합 교육과정 구성 요소 체계

　고등 사고력 중심의 통합 교육과정을 구성하기 위한 요소와 그 체계는 Ⅱ장
에서 제시한 고등 사고력 함양을 위한 교육과정통합 모형에 근거하여 설정되어
야 한다. 그 구성 요소의 체계는 기본적으로 아래 [그림 Ⅲ-1]과 같다.

　고등 사고력 함양을 위한 주제 스트랜드 중심의 통합교육과정의 구성에 있어
목표 설정에서부터 평가에 이르기까지 각 단계는 상호 역동적이며 보완적인 관
계로 순환의 과정을 거치게 된다. 여기서는 이들 과정 중 특히 내용 선정 및
조직에 대해 주된 초점을 두고 있다.

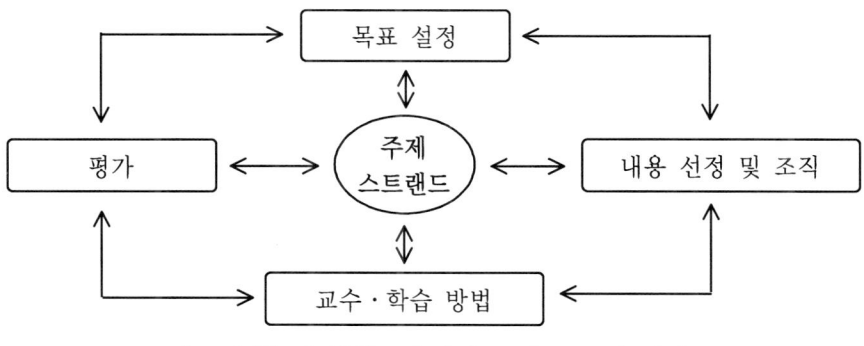

[그림 Ⅲ-1] 통합교육과정 구성 요소의 체계

　이상의 구성 요소 체계는 본 연구에서 채택한 주제 중심 통합 모형에 의해
보다 구체화된다. 즉 주제 스트랜드 중심의 사회과 통합교육과정을 재구성하는
데 있어서 목표 설정, 내용 선정 및 조직, 교수·학습 방법, 평가가 구체화되어
제시된다. 이러한 주제 중심의 교육과정통합에 따른 거시적인 틀을 토대로, 본
연구에서 직접적으로 작동되는 모형(operational model)을 보다 미시적으로 제
시해 보면 다음 [그림 Ⅲ-2]와 같다.

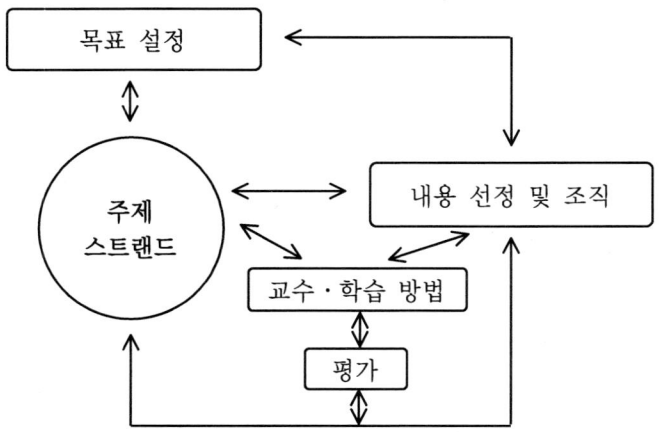

[그림 Ⅲ-2] 본 연구에서 작동되는 통합교육과정 구성의 모형

통합교육과정의 구성은 주제 스트랜드를 통하여 목표 설정에서부터 내용 선정 및 조직, 교수·학습 방법, 평가를 거치면서 상호 유기적인 관련성을 지닌 가운데 순환적이게 운영되는 것이 이상적인 형태이나 본 연구에서는 논의 전개의 초점을 맞추기 위해 위 [그림Ⅲ-2]에서 나타나 있는 것과 같이 목표 설정에서부터 출발하여 내용 선정 및 조직 단계까지 기능하는 구성으로 한정하여 제시하고 있다. 이러한 내용 선정 및 조직을 통하여 관련된 교수·학습 방법을 활용하거나 평가를 투입할 수도 있다.

4. 논 의

본 장에서는 사회과에서 사고력 개발의 의미와 통합교육과정 구성의 기저로서 사회과의 성격과 사고력, 사회과 고등 사고력의 유형, 그리고 내용 조직에 따른 통합교육과정 구성의 방법에 대해 살펴보았다. 특히 고등 사고력의 유형을 살펴보면서 하위 사고력 요소에 대해 본 연구에서 주장하는 정의를 제시하여 두었다. 이는 다음 장의 주제 스트랜드 통합 방식에 있어서 고등 사고력의 요소와의 관련을 지니게 될 것이다. 즉 주제 스트랜드로 통합한 단원의 목표요소에 있어서 고등 사고력과의 관련을 짓는 역할을 수행할 것이다. 그리고 내용 조직에 따른 통합의 여러 유형 중 본 연구에서는 스트랜드 중심의 통합 방식을 채택하게 되는데, 이의 구체적인 구성 방략에 대해서는 다음 장에서 다루어질 것이다.

또한 고등 사고력의 학습을 위한 사회과 통합교육과정 구성의 방향과 원리에 대해서는 사회과 고등 사고력의 학습 과정, 통합교육과정 구성의 방향, 그리고 고등 사고력 함양을 위한 사회과 통합교육과정 구성의 원리를 중심으로 살펴보았다. Wolfinger 등(1997)에 의하면, "초등학교 교육과정 통합이 갖는 장점은 아이들이 피상적인 지식을 넘어서서 어떤 토픽에 대하여 심도 있고 다차원적인 이해를 할 수 있도록 하는 잠재력이 있으며, 이는 학생들에게 고차적 사고 기능을 연습할 수 있는 기회를 풍부하게 제공한다"고 하였다. 바로 이러한 점이 교육과정 구성에 시사하는 바가 크다고 본다. 이것은 특히 초등학교에서 교육과정을 통합하는 것이 사고력 개발에 효과적이라는 뜻이다.

그리고 고등 사고력 중심의 사회과 통합교육과정의 구성 요소와 체계로서는 목표 설정, 내용 선정 및 조직, 교수·학습 방법, 평가를 중심으로 살펴보았다. 이러한 탐색을 통하여 고등 사고력 중심의 사회과 통합교육과정 구성 요소의 체계를 수립할 수 있으며, 주제 중심 교육과정통합 모형의 거시적인 틀을 마련하였다. 이를 토대로 여기서 직접 작동하게 될 미시적 모형을 도출하였으며, 이는 목표설정에서부터 출발하여 내용 선정 및 조직, 교수·학습 방법, 평가에 이르기까지 다음 장에서 보다 구체화되어 나타나게 될 것이다.

제4장

고등 사고력 함양을 위한 사회과 통합교육과정 구성의 방략

앞 장에서 살펴본 고등 사고력 중심의 사회과 통합교육과정 구성의 체계를 바탕으로 하여, 고등 사고력 함양을 위한 사회과 통합교육과정 구성의 방략을 제시하고자 한다. 즉 사회과 통합교육과정 구성 방략의 기저를 밝힌 다음 주제 스트랜드 중심의 사회과 통합교육과정 재구성에 대해 논하고 이어서 고등 사고력 함양을 위한 주제 스트랜드 중심의 단원 재구성의 실제를 제안할 것이다.

1. 사회과 통합교육과정 구성 방략의 기저

여기서는 사회과 통합교육과정 구성 방략의 근거를 논한 다음, 사회과 통합에서 주제 스트랜드의 도입과 의미를 살펴보고 주제 스트랜드의 특징과 구성 방략을 제시하고자 한다.

1) 사회과 통합교육과정 구성 방략의 근거

우리나라에서는 1980년대부터 사회과의 통합에 대한 논의가 이어져 왔지만, 큰 진전을 거두지 못하고 있는 실정이다. 그나마 초등학교에서는 7차 교육과정에서 완전 통합의 구성을 추구하고 있지만 실제 교과서는 형식적인 통합만이 이루어졌을 뿐이며 여전히 분과적인 경향이 남아 있다(최병모, 2000: 26).

  사회과 통합교육과정을 구성하는 일이 매우 어렵고, 교사들이 실제로 가르치기가 어렵다는 현실적인 한계 속에서도 사회과를 통합해야 할 필요성은 어디에 있는가?

  학자들마다 다양한 견해들을(차경수, 1998 ; 최병모, 2000 ; 전숙자, 2003) 제시하고 있지만, 사회과가 통합적으로 운영되어야 할 근본적인 이유는 다음과 같다.

  첫째, 사회과의 성격인 민주 시민의 교육이라는 측면에서 통합의 필요성을 찾을 수 있다. 이는 사회과가 역사학, 지리학, 정치학, 경제학, 사회학 등 여러 가지 사회과학을 기초로 성립한 것이지만, 그 근본적인 목표는 사회과학의 지식을 가르치려는 것이 아니라 훌륭한 시민으로서 필요한 사회생활에 관한 지식과 기능을 습득하여, 바람직한 민주 시민의 자질을 함양하는 데 있다(차경수, 1998: 75). 이와 같은 목표를 달성하기 위해서는 사회생활에 관한 문제를 종합적으로 고찰하는 통합적인 교육이 이루어져야 할 것이다.

  둘째, 시대적인 흐름이라는 측면에서 통합의 필요성을 찾을 수 있다. 현대 사회는 새로운 지식과 정보가 넘쳐나고 하루가 다르게 변화하는 사회에 살고 있다. 이러한 상황에서 학습자들에게 모든 지식을 다 가르칠 수는 없을 것이다. 학습자들이 복합적인 사회 현상을 체계적으로 이해할 수 있도록 실생활과 관련된 주제나 문제 중심의 통합교육과정을 조직하는 것이 필요하다(전숙자, 2003: 89).

  셋째, 학습자의 흥미 유발 측면에서 통합의 필요성을 찾을 수 있다. 통합된 수업은 추상적인 것이 아니라 구체적인 것이며, 학생의 참여를 격려하고, 협동학습의 기회를 부여함으로써 흥미를 불러일으켜 학습의 효과를 가져올 수 있다. 이는 학습 내용면에서 계열성과 학습의 범위를 체계화하여 내용량의 중복을 피하면서 양의 축소와 난이도를 낮추는 교육 내용의 적정화(김왕근, 2000: 42)를 기하자는 것이다. 이로 인해 많은 내용을 피상적으로 가르치기보다 적은 내용을 깊이 있게 가르칠 수 있어 심층 학습이나 자기 주도적 학습과 같은 의미 있는 학습이 이루어질 수 있다는 것이다.

이상의 논의를 종합해 보면, 사회과가 통합적으로 운영되어야 하는 까닭으로는 사회과의 성격인 민주 시민의 자질 함양을 위한 측면, 정보화 사회에 대처하기 위한 측면, 그리고 학습자의 흥미를 불러일으키는 학습의 효과 측면을 강조하는 것이라고 볼 수 있다.

결국 이러한 통합적 운영의 까닭은 새로운 교육과정 구성 방략의 필요성을 제기하는 것이기에 본 연구에서는 그 필요성을 충족시켜 줄 수 있는 효과적인 통합적 내용 조직의 방안으로 현행 7차 교육과정의 내용 구성인 인간과 공간, 인간과 시간, 그리고 인간과 사회라는 학문적 벽을 허물어 완전한 통합이 가능해질 수 있는 스트랜드 중심의 통합 방략을 제안한다. 이러한 주제 스트랜드의 의미와 특징, 구성 방략은 아래에서 살펴보기로 한다.

2) 사회과 통합에서 주제 스트랜드의 도입과 의미

1990년대 이후로 시민생활에 필요한 지식, 기능, 가치, 태도를 강조하여 의사결정, 문제 해결력과 적극적인 사회 참여 태도, 정보화 사회를 대비할 수 있는 통합 교육이 요청되고 있는바 이와 관련하여 NCSS(1994)에서 발행한 『Curriculum Standards for Social Studies : 사회과 교육과정 표준』에 의하면 사회과는 시민적 자질의 향상을 위한 사회과학과 휴머니티가 통합된 다학문적, 간학문적 교과이므로 지리, 역사와 같은 단일 교과보다는 문화 등의 10개의 주제 스트랜드의 활용을 통해 구성되어야 한다고 주장했다.

또한, NCSS(1994)에서는 급변하는 21세기 사회 속에 살아갈 시민인 오늘날 학생들은 이제까지 인류가 경험하지 못한 지식의 폭발 속에서 생활하고 학습하고 있는 점을 감안하여 학교와 교사가 모든 것을 다 가르칠 수 없고, 학생들도 모든 것을 학습할 수 없기 때문에 10개의 주제 스트랜드의 필요성을 인식하고 이의 사용을 제안했다.

미국의 경우, 많은 주들이 스트랜드 중심의 사회과 통합교육과정을 구성하고 있다. 대표적으로 매사추세츠 주(Massachusettes Department of Education)[3]와 오하이오 주(Ohio Department of Education)[4]에서는 스트랜드를 중심으로 통합사회과를 실시하고 있어 이 분야의 개척자적인 위치를 차지하고 있다. 또한 호주의 경우, 호주를 이루고 있는 6개 주 모두 스트랜드 중심의 사회과 통합교육과정[5]을 구성하고 있는 실정이다(조선미, 1998: 52 ; 최병모 외, 1999: 14).

이러한 주제 스트랜드에 대해 여러 학자들은 다음과 같이 지지하고 있다.

먼저, 크레이(Krey, 1995)는 NCSS의 주제 스트랜드 접근이 사회과 교육에 새로운 전기를 마련했다고 주장한다. 즉, "주제 스트랜드가 사회과 교육과정 개발과 효과적인 교실 수업의 기본 틀로서 작용할 수 있다(Krey, 1995: 12-15)."고 보았다.

또한, 마샬러스(Massialas)와 알렌(Allen)은 사회과 교실에서 다루는 수업의 내용은 시대를 거쳐 변하였지만, 사회과 교사들이 탐구해야 할 근본적인 주제인 시민적 자질 교육이라는 주제는 변화하지 않았으며, 이러한 시민적 자질을 효과적으로 달성하는 데 있어 필요한 교육과정의 틀로써 NCSS의 주제 스트랜드를 지지하고 있다(Massialas & Allen, 1996: 7-10).

---

3) http://www.doe.mass.edu/frameworks/current.html (자료 검색일: 2006. 9. 1)
4) http://www.ode.state.oh.us/academic__content__standards (자료 검색일: 2006. 9. 1)
5) 호주의 경우 각각의 주별 사회과 교육과정을 구성하는 스트랜드에 있어 미국 NCSS의 10가지 주제 스트랜드에서 추출한 것들이 많이 발견되는데, 자세한 내용은 조선미(1998)의 연구를 참고할 수 있다.

그리고 하워드(Howard, 1999)는 NCSS 사회과 표준안에 나타난 10개의 주제 스트랜드가 문제중심학습(Problem-Based Learning)에서 문제 해결을 어떻게 효과적으로 도울 수 있는지를 연구하였다. 즉 아동들이 추상적인 문제에 대하여 보다 구체적으로 접근할 수 있도록 하는데, 주제 스트랜드에서 파생되는 주요 질문들과 도표와 개념도 등의 시각적 표상이 적절하게 이용될 수 있다는 것이다 (Howard, 1999: 171-176).

사회과 교육의 본질적 목적과 시대·사회적 요구에 따라 개발된 10개의 주제 스트랜드는 사회과와 관련되는 인류학, 경제학, 지리학, 역사, 법, 철학, 정치학, 심리학, 사회학 등의 사회과학뿐만 아니라, 인문과학, 자연과학 등의 광범위한 학문들을 연결하는 지식의 핵(core)을 의미한다(Krey, 1995: 12-15 ; 최병모, 2003: 97에서 재인용). 즉 주제 스트랜드는 사회과 교육의 영역에 있는 개념, 일반화, 이슈, 문제, 원리 등을 종합할 수 있는 교육 내용조직의 핵심적인 요소로서 아래 〈표 Ⅳ-1〉과 같이 K-12학년 사회과 교육의 기본 틀로 작용한다(Hartoonian & Laughlim, 1997 ; 최병모, 2003: 97에서 재인용).

〈표 Ⅳ-1〉에서 나타난 바와 같이 10개의 주제 스트랜드[6]로는 ① 문화, ② 시간·영속성·변화, ③ 인간·장소·환경, ④ 개인의 발달과 정체성, ⑤ 개인·집단·제도, ⑥ 권력·권위·통치, ⑦ 생산·분배·소비, ⑧ 과학·기술·사회, ⑨ 지구적 연관성, ⑩ 시민적 이상과 실천이 있다(NCSS, 1994: 15, 21-30 ; Parker & Jarolimek, 2001 ; Savage & Armstrong, 2004: 19-25).

---

6) http://www.socialstudies.org/standards/strands (자료 검색일: 2006. 9. 1)
   Ten Thematic Strands in Social Studies: ① Culture, ② Time, Continuity, and Change, ③ People, Places, and Environment, ④ Individual Development and Identity, ⑤ Individuals, Groups, and Institutions, ⑥ Power, Authority, and Governance, ⑦ Production, Distribution, and Consumption, ⑧ Science, Technology, and Society, ⑨ Global Connections, ⑩ Civic Ideals and Practices.

〈표 Ⅳ-1〉 NCSS 사회과 표준안의 기본 틀

Scope	Sequence												
	K	1	2	3	4	5	6	7	8	9	10	11	12
주제 스트 랜드	← Ⅰ. 문화 →												
	← Ⅱ. 시간·영속성·변화 →												
	← Ⅲ. 인간·장소·환경 →												
	← Ⅳ. 개인의 발달과 정체성 →												
	← Ⅴ. 개인·집단·제도 →												
	← Ⅵ. 권력·권위·통치 →												
	← Ⅶ. 생산·분배·소비 →												
	← Ⅷ. 과학·기술·사회 →												
	← Ⅸ. 지구적 연관성 →												
	← Ⅹ. 시민적 이상과 실천 →												

이러한 주제 스트랜드가 우리나라에서 관심을 가지게 된 것은 차경수 등(1997)과 김일기 등(1998)의 사회과 통합교육과정에 대한 연구에서 비롯되었다. 차경수 등(1997)은 고등학교 공통 사회의 완전 통합 단원 구성 연구에서 스트랜드를 다음과 같은 과정을 거쳐 선정하여 우리나라에 처음으로 도입·소개 하였다. 이들은 사회과의 이념과 목표로부터 오는 스트랜드와 사회과 문헌(교육과정, 교과서, 학술 논문)에서 추출한 스트랜드의 두 단계로 나누어 검토한 뒤, 실천적 측면의 반성적 검토가 중심이 되어야 한다는 점에서 사회과 문헌 연구를 통한 과정에 중점을 두었다. 이러한 두 단계를 종합하여 우리나라의 실정에 맞는 8가지 스트랜드를 선정하였다(차경수·조도근·이진석, 1997: 42-56). 이들이 제시한 8가지 주제 스트랜드로는 ① 시간·영속성·변화, ② 인간·공간과 환경, ③ 권력과 시민적 참여, ④ 생산과 자원 배분, ⑤ 민주주의의 이념과 다원화 사회,

⑥ 문화·정체성, ⑦ 상호 의존과 국제 관계, ⑧ 정보 활용 등이다.

또한, 김일기 등(1998)은 7차 교육과정 개정시 초등 사회과의 내용 선정에 있어서 내용 구성의 기본 틀을 마련하기 위해 미국 사회과의 연구 성과인 '사회과 교육과정 표준' 즉 『Curriculum Standards for Social Studies: Expectations of Excellence』(NCSS, 1994)를 검토하여, 미국 사회과의 Curriculum Standards에서 채택한 10개의 주제를 우리나라의 문화와 시대적 요청을 감안하여 8개의 영역으로 재구성하여 제시한 바 있다. 당시 제시된 주제 스트랜드로는 ① 문화와 민족, ② 변화와 지속성, ③ 인간과 환경, ④ 개인과 사회, ⑤ 국민 생활과 정치, ⑥ 생산·분배·소비, ⑦ 과학·기술·사회, ⑧ 지구촌 사회 등이다(김일기 외, 1998: 35-38). 그러나 이것은 내용 구성의 기본 틀로서만 제시되었을 뿐 실제 7차 교육과정과 교과서에는 반영되지 못하였다. 이렇게 반영되지 못한 이유로는 최근의 교육과정 논의를 수용한 통합 지향성을 가진 미국사회과협의회의 스트랜드 중심 모형을 우리나라의 중등 개발팀은 중등 내부의 영역(역사·지리·일반사회) 갈등, 개발 기간의 제약을 비롯한 복잡한 사정으로 인해 배척하였기 때문이라고 이혁규(2001)는 제시하고 있다(조영달 편, 2001:135).

지금까지 살펴 본 주제 스트랜드에 대한 내용을 요약해서 제시하면 아래 〈표 IV-2〉와 같다.

〈표 Ⅳ-2〉 미국과 우리나라의 주제 스트랜드에 대한 분류 관점

구분	NCSS(1994)	차경수 외(1997)	김일기 외(1998)
적용 대상	K-12학년	고등학교	초등학교
선정 배경 및 과정	◦시대적·사회적 상황 변화에 대한 대처의 필요성뿐 아니라, 사회과의 본질적 목적인 시민적 자질을 육성하기 위하여 사회과 관련 학문들을 통합하려는 교육적 배경을 전제로 함. ◦사회과 교육의 영역인 개념, 일반화, 이슈, 문제, 원리 등을 종합할 수 있는 교육 내용조직의 핵심적인 요소로서 K-12학년 사회과 교육의 기본 틀로 작용하는 10개의 주제로 선정	◦사회과에서 중요한 목적으로 설정하는 사고력이나 문제 해결력, 가치관을 형성하기 위해 고등학교 공통사회의 완전 통합을 구성하여 제시함 ◦사회과의 이념과 목표로부터 오는 스트랜드와 사회과 문헌에서 추출한 스트랜드의 두 단계로 나누어 검토, 종합하여 8가지 스트랜드를 선정	◦7차 교육과정 개정에서 초등 사회과 내용 구성의 기본 틀을 마련하기 위함. ◦NCSS(1994)의 10개 주제를 한국의 문화와 시대적 요청을 감안하여 8개의 영역으로 재구성하여 선정하였으나 실제 교육과정에는 반영되지 못하였음.
선정한 주제 스트랜드	① 문화 ② 시간·영속성·변화 ③ 인간·장소·환경 ④ 개인의 발달과 정체성 ⑤ 개인·집단·제도 ⑥ 권력·권위·통치 ⑦ 생산·분배·소비 ⑧ 과학·기술·사회 ⑨ 지구적 연관성 ⑩ 시민적 이상과 실천	① 시간·영속성과 변화 ② 인간·공간과 환경 ③ 권력과 시민적 참여 ④ 생산과 자원 배분 ⑤ 민주주의의 이념과 다원화 사회 ⑥ 문화·정체성 ⑦ 상호 의존과 국제 관계 ⑧ 정보 활용	① 문화와 민족 ② 변화와 지속성 ③ 인간과 환경 ④ 개인과 사회 ⑤ 국민 생활과 정치 ⑥ 생산·분배·소비 ⑦ 과학·기술·사회 ⑧ 지구촌 사회

먼저, NCSS(1994)의 주제 스트랜드에 있어서, 선정 배경 및 과정으로는 당시 급변하는 시대, 사회적 상황의 변화로 고등 사고력에 대한 요구가 커짐에 따라 보다 능동적인 의미를 담은 시민성 개념들이 미국 내 각 주의 사회과 교육과정 문서상에 등장하게 되었다(최만식, 2001: 20). 이러한 시대적·사회적 상황 변화에 대한 대처의 필요성뿐 아니라, 사회과의 본질적 목적인 시민적 자질을 육성하기 위

하여 사회과 관련 학문들을 통합하려는 교육적 배경을 전제로 하여, 사회과 교육의 영역인 개념, 일반화, 이슈, 문제, 원리 등을 종합할 수 있는 교육 내용조직의 핵심적인 요소로서 K-12학년 사회과 교육의 기본 틀로 작용하게 된 것이다.

다음으로, 차경수 등(1997)은 사회과에서 중요한 목적으로 설정하는 사고력이나 문제 해결력, 가치관을 형성하기 위해 고등학교 공통사회의 완전 통합 구성방식으로는 사회과의 이념과 목표로부터 오는 스트랜드와 사회과 문헌에서 추출한 스트랜드의 두 단계로 나누어 검토하고, 이를 종합하여 8가지 스트랜드를 선정하여 제시하였다.

끝으로, 김일기 등(1998)은 7차 교육과정 개정에서 초등 사회과 내용 구성의 기본 틀을 마련하기 위해 NCSS(1994)의 10개 주제를 우리나라의 문화와 시대적 요청을 감안하여 8개의 영역으로 재구성하고, 이를 주제 스트랜드로 선정하여 제시하였다.

위에서 제시한 미국과 우리나라의 주제 스트랜드에 대해 아래 〈표 Ⅳ-3〉과 같은 분류 기준으로 공통점과 차이점을 살펴보면 다음과 같다.

〈표 Ⅳ-3〉 미국과 우리나라의 스트랜드에 대한 비교

구분	NCSS(1994) : K-12학년	차경수 외(1997) : 고등학교	김일기 외(1998) : 초등학교
공통 스트랜드	-문화, -시간·영속성·변화, -인간·장소·환경, -권력·권위와 정치, -생산·분배·소비, -지구적 연관성(지구촌 사회)		
관련 스트랜드	-과학·기술·사회		-과학·기술·사회
	-개인·집단·제도		-개인과 사회
	-개인의 발달과 정체성	-정체성	
독립 스트랜드	-시민적 이상과 실천	-민주주의의 이념과 다원화 사회 -정보 활용	

즉 ① 공통된 스트랜드는 문화, 시간·영속성·변화, 인간·장소·환경, 권력·권위와 정치, 생산·분배·소비, 지구적 연관성(지구촌)으로 나타났으며, ② 관련되는 스트랜드로는 과학·기술·사회, 개인·집단·제도(개인과 사회), 개인의 발달과 정체성이며, ③ 독립 스트랜드로는 미국의 NCSS(1994)에서는 시민적 이상과 실천을, 차경수 등(1997)은 민주주의의 이념과 다원화 사회, 정보 활용을 제시한 것으로 보아 각기 이들 항목이 지역적 상황과 시대적 특성을 반영하여 강조한 것으로 보인다.

지금까지의 분석을 토대로 본 장에서 주제 스트랜드의 추출과 선정에 있어서 숙의 과정은 다음과 같은 절차를 거쳤다. 선행 연구의 분석을 토대로 연구자의 관점에서 분석한 방법으로, 그것은 차경수 등(1997)의 방법에 의한 추출·선정의 과정을 따르면서 전문가 합의법을 활용하였다. 그 과정은 초등 사회과의 목표로부터 추출한 스트랜드와 초등 사회과 문헌(교육과정, 교사용 지도서, 교과서)에서 추출한 스트랜드의 두 단계로 나누어 검토하되, 실천적 측면에서 사회과 문헌 연구를 통한 과정에 중점을 두고, 두 단계를 종합하여 스트랜드를 추출·선정하였다. 이러한 선정 과정에 있어서는 현장 사회과 연구교사 3인, 사회과 전공 교수 2인, 교육과정 전공 교수 1인이 참여한 두 차례의 전문가 회의를 통하여 스트랜드의 추출 및 선정에 대한 검토를 거치면서, 일치하지 않은 부분은 추가로 델파이 기법(Delphi-Technique)을 통하여 최종 선정하였다.

그 내용은 김일기 등(1998, pp.126~141)의 학년별 단원별 내용 분석 및 상세화를 바탕으로 하였으며, 아래 〈표 Ⅳ-4〉의 '3~6학년 사회과 기본 개념군으로부터 주제 스트랜드의 추출'과 〈표 Ⅳ-5〉의 '사회과 주요 학습 주제에 따른 기본 개념과 스트랜드의 선정 예시'를 통해 제시하고 있다. 이러한 절차를 통하여 선정된 주제 스트랜드는 ① 공간과 환경, ② 변화와 지속성, ③ 문화와 민족,

④ 개인과 사회제도, ⑤ 시민 생활과 정치, ⑥ 생산·분배·소비, ⑦ 과학·기술·사회, ⑧ 지구촌 사회 등이다.

　여기서 주제 스트랜드의 추출과 선정에 대해 밝혀두고 싶은 점은 선행 연구에서나(차경수 등, 1997 ; 김일기 등, 1998) 본 연구에서의 주제 스트랜드를 추출하고 선정하는 과정과 미국의 NCSS(1994)에서 제시한 주제 스트랜드 방식 간에는 차이가 있다는 점이다. 그 차이점은 미국의 NCSS가 제시한 주제 스트랜드는 국가 수준에서의 하나의 준거로 사회과의 이념이나 목표 등에서 추출한 핵심적인 요소를 두고 이를 교육과정에 반영하여 구성한 것이지만, 우리나라의 현행 7차 교육과정에서는 국가 수준의 교육과정의 개정 작업으로 주제 스트랜드를 추출하여 이루어진 것이 아닌 상태이기 때문에, 이미 만들어진 교육과정을 '스트랜드'라는 준거로써 재구성한 점에서 그 근본적인 차이를 가진다고 할 수 있다.

　따라서 우리나라에서도 앞으로 국가 수준의 교육과정 개정 작업이 이루어질 때, 사회과의 이념과 목표로부터 주제 스트랜드를 추출하여 교육과정과 교과서를 구성하는 방식으로 전개할 수 있을 것이다. 하지만, 현재와 같이 국가 수준의 주제 스트랜드가 제시되지 않은 상태에서 그 대안으로는 선행 연구물들이 연구한 방식이나 여기서 도입한 방식과 같이 이미 만들어진 교육과정을 주제 스트랜드라는 준거로 교육과정을 통합하여 재구성하는 방법을 제시할 수 있다.

〈표 Ⅳ-4〉 3~6학년 사회과 기본 개념군으로부터 주제 스트랜드의 추출

학년	단원	주요 기본 개념	동일 개념군	스트랜드
3 학 년	(1)	지도, 지도 읽기, 그림 지도, 자연 환경, 인문 환경, 지리적 현상의 분포, 지역, 자연 환경, 계절, 인구 구성, 직업, 산업, 자원, 환경 이용,	계절, 교통, 국토 개발, 그림 지도, 기후, 기후와 생활, 도시화, 산업·산업화, 상호 의존 관계, 시장, 의식주, 인구 구성, 인문 환경, 자연 재해, 자연 환경, 자연 환경의 이용, 자원, 중심지, 지도 읽기, 지도, 지도화, 지리적 현상의 분포, 지역, 지형과 생활, 직업, 환경 문제, 환경 보전, 환경 이용	Ⅰ. 공간과 환경
	(2)	욕구, 의식주, 생산, 시장, 중심지, 생산자, 소비자, 유통, 교환, 교통, 중심지, 유통, 상호 의존 관계.		
	(3)	생활 도구, 쓰임과 변화, 도구의 발달, 생활의 변화, 지속성, 생활 모습, 조상들의 슬기, 교통, 통신, 변화, 교통·통신의 발달, 생활의 변화, 민속, 가정 행사, 변화, 지속, 문화, 전통		
	(4)	필요, 요구, 공공 기관, 주민 단체, 공동생활, 기관·단체들의 협력, 상호 의존, 고장의 발전,	개화, 교통, 교통·통신의 발달, 국난 극복, 근대화 운동, 도읍지, 독립, 문화 계승, 문화 보존, 문화 유산, 박물관, 변화, 분열, 생활 도구 쓰임과 변화, 발달, 생활 모습 및 양식, 생활의 변화, 선사 시대, 시간, 역사 지도, 역사적 사건, 역사적 인물, 연표, 왕조, 입지, 조상들의 생활과 슬기, 지속성, 통신, 통일	Ⅱ. 변화와 지속성
4 학 년	(1)	자연 환경, 인문 환경, 기후, 지도화, 자연 재해, 환경 문제, 지역, 산업, 자원, 생산, 지역 경제, 해외 진출, 공공재, 공익 증진, 생산, 직업 분화, 분업, 물자 교환, 화폐, 시장, 유통, 경제생활, 상호 의존.		
	(2)	지방 자치, 단체, 민주주의, 선거, 지방 의회, 행정 기관, 지역의 상징, 지역 사회 문제, 갈등, 문제 해결, 조정과 타협, 시청, 도청, 의견 조정, 합리적 의사결정, 지역, 요구, 기대, 지역의 미래상, 지역의 발전	가정 행사, 공동체 의식, 관습, 문화, 문화 계승, 문화 보존, 문화유산, 문화 전파, 민속, 민족, 민족 국가, 민족 문화, 민족 통일, 박물관, 생활 도구, 생활양식, 신앙, 실학, 예술, 전통, 종교	Ⅲ. 문화와 민족
	(3)	도읍지, 왕조, 입지, 생활, 변화, 조상들의 슬기, 박물관, 생활양식, 문화유산, 문화 보존, 문화 계승.		
	(4)	가족과 사회, 가족의 다양성, 변화, 역할, 지위, 공동생활, 희소성, 기회비용, 합리적 선택, 생산, 소득, 절약, 저축, 가정 경제	가족 제도의 변화, 가족과 사회, 가족의 역할, 가족의 형태, 공공선의 실현, 공동생활, 사회 개혁, 사회 변화, 신분 사회, 지위, 평등사상	Ⅳ. 개인과 사회제도

학년	단원	주요 기본 개념	동일 개념군	스트랜드
5학년	(1)	지형과 생활, 기후와 생활, 자연 환경의 이용, 의식주, 자연 재해, 도시화, 산업화, 환경 문제, 환경 보전, 국토 개발	갈등, 고장의 발전, 공공 기관, 공동 생활, 권리, 기관·단체들의 협력, 기대, 도청, 문제 해결, 민주 시민, 민주 정치, 민주주의, 상호 의존, 선거, 시민과 참여, 시청, 요구, 의견 조정, 의무, 인간 존엄, 인권, 정치, 조정과 타협, 주민 단체, 준법정신, 지방 의회, 지방 자치, 지방 자치 단체, 지역 사회 문제, 지역, 지역의 미래상, 지역의 발전, 지역의 상징, 필요, 합리적 의사결정, 행정 기관, 헌법	V. 시민 생활과 정치
5학년	(2)	도시화, 도시의 기능, 도시의 입지, 인구 문제, 도시 문제, 환경 문제, 촌락의 입지, 촌락의 기능, 지역 개발, 상호 의존		
5학년	(3)	경제 제도, 자유 시장 경제, 사유재산, 이윤 추구, 경제 활동의 자유, 자유 경쟁, 경제 성장, 경제 성장 요인, 경제 성장 과제, 정보 활용, 경쟁력, 기술 개발, 기술 진보, 생활 향상, 산업 발전		
5학년	(4)	생활 도구, 과학 기술, 전통, 민족, 관습, 공동체 의식, 신앙, 예술, 종교	가정 경제, 경제생활, 경제 성장 과제, 경제 성장 요인, 경제 성장, 경제 제도, 경제 활동의 자유, 공공재, 공익 증진, 교환, 기회비용, 물자 교환, 분업, 사유재산, 산업, 상호 의존, 생산, 생산자, 소득, 소비자, 시장, 욕구, 유통, 의식주, 이윤 추구, 자원, 자유 경쟁, 자유 시장 경제, 저축, 절약, 지역 경제, 직업 분화, 합리적 선택, 해외 진출, 화폐, 희소성	VI. 생산·분배·소비
6학년	(1)	선사 시대, 왕조, 통일, 분열, 민족 국가, 민족 문화, 문화 전파, 역사적 사건, 인물, 국난 극복		
6학년	(2)	신분 사회, 실학, 사회 변화, 사회 개혁, 평등사상, 예술, 종교, 근대화 운동, 개화, 독립, 민주주의, 경제 성장, 민족 통일		
6학년	(3)	정치, 민주 정치, 민주주의, 시민과 참여, 인권, 인간 존엄, 헌법, 권리, 의무, 준법정신, 민주 시민	경쟁력, 기술 개발, 기술 진보, 산업 발전, 생활 향상, 정보 활용	VII. 과학, 기술, 사회
6학년	(4)	지구촌, 교류, 교포, 민족, 지구촌화, 상호 의존, 지구촌 문제, 지구촌 문제 해결, 국제기구, 국제 협력, 민족, 남북 분단, 남북 교류, 협력, 통일, 평화 통일 의지	교류, 교포, 국제기구, 국제 협력, 남북 교류, 남북 분단, 민족, 상호 의존, 지구촌 문제 해결, 지구촌 문제, 지구촌, 지구촌화, 통일, 협력	VIII. 지구촌 사회

〈표 Ⅳ-5〉 사회과 주요 학습 주제에 따른 기본 개념과 스트랜드 선정 예시(3학년)

단원	주제 및 제재	주요 기본 개념	관련 스트랜드
(1) 고장의 모습과 생활	(가) 고장의 모습과 지도 ① 지도 요소와 지도 읽는 방법 ② 고장의 그림 지도 그리기 ③ 고장의 그림 지도 읽기	지도, 지도 읽기 그림 지도 자연 환경, 인문 환경	Ⅰ. 공간과 환경
	(나) 고장 사람들이 살아가는 모습 ① 고장의 지리적 현상의 위치와 분포 ② 고장의 변화하는 모습과 생활 모습 ③ 고장의 인구 구성과 직업 ④ 고장의 주요 산업	자연 환경, 인문 환경 지리적 현상의 분포 지역, 자연 환경, 계절 인구 구성, 직업 산업, 자원, 환경 이용	Ⅰ. 공간과 환경
(2) 고장 생활의 중심지	(가) 시장과 물자의 이동 ① 우리의 생활과 의식주 ② 시장 견학 ③ 시장에서 유통되는 물건의 유통 경로	욕구, 의식주 생산, 시장, 중심지 생산자, 소비자, 유통, 교환	Ⅵ. 생산·분배· 소비 (Ⅰ.공간과 환경)
	(나) 터미널과 교통 ① 기차역과 버스 터미널 ② 교통의 결절지 기능	교통, 중심지, 유통 상호 의존 관계	Ⅰ. 공간과 환경 (Ⅵ. 생산·분배· 소비)
(3) 고장 생활의 변화	(가) 생활 도구의 변화 ① 도구의 변화 ② 도구의 발달과 생활 변화 ③ 도구를 통해 알 수 있는 조상들의 삶	생활 도구, 쓰임과 변화 도구의 발달, 생활의 변화, 지속성 생활 모습, 조상들의 슬기	Ⅱ. 변화와 지속성
	(나) 교통·통신의 변화 ① 교통수단의 변화 ② 통신 방법의 변화 ③ 교통·통신의 발달에 따른 고장의 발전	교통, 변화 통신, 변화 교통·통신의 발달, 생활의 변화	Ⅱ. 변화와 지속성
	(다) 놀이 행사의 변화 ① 전해 오는 민속 ② 가정의례의 변화 ③ 고장의 행사와 문화 전통의 계승	민속 가정 행사, 변화, 지속 문화, 전통	Ⅲ. 문화와 민족
(4) 살기 좋은 고장	(가) 고장의 여러 기관과 단체 ① 고장에 있는 여러 기관 ② 고장의 단체	필요, 요구, 공공 기관 주민 단체, 공동생활	Ⅴ. 시민생활과 정치
	(나) 고장 사람들의 노력 ① 살기 좋은 고장을 위해 해야 할 일들 ② 살기 좋은 고장 만들기 ③ 우리 고장의 미래 모습	기관·단체들의 협력, 상호 의존 고장의 발전	Ⅴ. 시민생활과 정치

3) 주제 스트랜드의 특징과 구성 방략

사회과의 궁극적 목표는 민주 시민의 자질을 육성하는 것이며 이는 창의적이고 비판적으로 문제를 해결하고 의사를 결정할 수 있는 능력인 반성적 사고력을 함양하는 것이다. 이러한 반성적 사고력을 함양하기 위해서는 문제 사태(이슈)를 해결하기 위한 다양한 관점의 지식과 관련 기능들이 필요하다.

그리고 이러한 지식과 기능들의 적절한 연결을 통해 문제 사태를 종합적 안목으로 이해하여 해결할 수 있다. 여기에 스트랜드는 문제해결과정(반성적 탐구과정)에서 요구되는 지식뿐만 아니라, 기능적 요소까지 포괄하고 있으므로 스트랜드 방식의 통합이 필요한 것이다.

이러한 주제 스트랜드는 Wraga(1993)의 교육목표에 따른 두 가지 통합교육과정 유형 구분인 학문적 자질형과 시민적 자질형 중에서 후자에 가깝다. 그 까닭을 최병모(2003)는 "주제 스트랜드 중심 교육과정에서는 다양한 학문적 배경을 가진 주제 스트랜드를 중심으로 교육 내용을 조직함으로써 학문적 자질의 육성을 중시하지만, 궁극적으로는 지식, 기능, 가치, 태도가 실생활에 적용되어 시민적 참여와 행동으로 나타나게 하고, 시민적 자질로서의 합리적인 의사 결정력과 문제 해결력 등의 향상을 목적으로 하기 때문이다."고 밝히고 있다. 따라서 주제 스트랜드는 시대적·사회적 상황 변화에 대한 대처의 필요성뿐 아니라, 사회과의 본질적 목적인 시민적 자질을 육성하기 위하여 사회과 관련 학문들을 통합하려는 교육적 배경을 전제로 선정된 핵심적인 사회과 내용 조직요소라는 것을 알 수 있다.

그리고 스트랜드 간에 상호 관련성(통합성)이 있다는 점을 중요한 특징으로 들 수 있다. 예를 들어, '문화'를 이해하기 위해서 학생은 '시간, 영속성과 변화;

인간, 장소와 환경: 개인, 집단과 제도'를 이해할 필요가 있다는 것이다(NCSS, 1994: 15).

사회과 통합의 교육 내용은 학문적 지식 범위를 벗어난, 학습 경험(문제 해결력, 비판적 사고력과 같이 반성적 사고력 증진과 관련된 경험)이 되어야 한다. 그러면 학습 경험을 가능하게 하는 구체적인 내용 요소는 무엇으로 조직해야 하는가? 여기에는 주제 스트랜드가 하나의 대안으로 제시될 수 있다. 왜냐하면, 스트랜드를 중심으로 사회과를 통합할 때, 각각의 학문적인 벽을 허물어 보다 더 쉽게 통합을 할 수 있기 때문이다. 통합의 준거가 되는 것은 독립적인 학문의 지식체계가 아니라 사회과의 철학, 목적과 목표, 기본 방향 등에서 추출되어 나온 것이기 때문에 사회과 통합교육과정의 이상에 가장 가까운 내용 구성을 가능케 한다(김재형, 1998: 9). 따라서 시민 생활에 필요한 사고력이나 문제 해결력, 가치관을 형성하려는 것을 목적으로 하는 사회과에서 스트랜드 중심의 통합교육과정을 구성하는 것은 그 유용성이 크다(차경수, 2004: 90)고 할 수 있다.

사회생활을 이해하기 위해서 학생들은 역사와 지리를 알아야 하고, 시민으로서의 자질과 태도를 준비하고, 경제 체제가 어떻게 기능하는가를 이해해야만 한다. 교사들의 입장에서는 역사, 지리, 정치의 중요성이 분명하게 인식되지만, 학생들에게는 그렇게 분명하지 않을 수 있다. 따라서 학생들에게 사회과의 핵심 부분을 통합된 방식으로 가르치면 학생들은 이러한 영역 간의 상호 관련성을 통합적으로 학습할 수 있다. 이러한 점에서 스트랜드 중심의 통합 방식이 필요해진다. 각 스트랜드들은 함께 적용되어 상호 의존적임을 차경수 등(1997)은 다음과 같이 설명하고 있다.

예를 들면, 변화와 지속성 스트랜드는 대부분 시간에 걸친 지속성과 변화를 연구하는 역사와 매우 밀접한 관련이 있지만, 다른 더 많은 것과도 관련이 있다. 예를 들어 학생들은 '과거를 통치 영역과 체계가 어떻게 변화하였으며(지리와 정치), 경제적 이해가 사회제도에 어떤 영향을 끼쳤는가(경제와 사회), 개인과 문화는 어떻게 기능하고 발달되어 왔는가(심리학과 인류학)'를 탐구하게 된다. 따라서 스트랜드는 사회 교과를 구성하며 동시에 묶는 실(thread)이다(차경수·조도근·이진석, 1997: 41).

　본 장에서는 7차 교육과정 개정 당시 김일기 등(1998)이 미국 사회과의 연구 성과인 『Curriculum Standards for Social Studies : Expectations of Excellence』(NCSS, 1994)를 검토하여, 10개의 주제를 한국의 문화와 시대적 요청을 감안하여 8개의 영역으로 구성한 기본 틀을 토대로, 초등학교 사회과 교육과정, 교사용 지도서, 그리고 교과서에 나타난 개념을 추출하여 이를 일정한 내용 요소로 묶어 아래 〈표 Ⅳ-6〉과 같이 내용 선정을 위한 기본 틀로서의 주제 스트랜드로 구조화하였다. 이 자료를 본서에서 추구하는 주제 스트랜드 중심의 단원 재구성을 위한 내용 선정의 기본 틀로 활용한다.

〈표 Ⅳ-6〉 사회과 교육 내용 선정을 위한 기본 틀로서의 주제 스트랜드[7]

주제 스트랜드	내용 요소	개　념
Ⅰ. 공간과 환경	Ⅰ-1. 지리학의 방법과 이용	Ⅰ-1-1. 그림지도, 지도 Ⅰ-1-2. 지도의 특성 Ⅰ-1-3. 지도화 Ⅰ-1-4. 지도 읽기, 지도 이용
	Ⅰ-2. 자연 지리적 환경	Ⅰ-2-1. 기후 Ⅰ-2-2. 지형 Ⅰ-2-3. 자연 환경, 자연 환경의 이용 Ⅰ-2-4. 지리적 현상의 분포 Ⅰ-2-5. 계절
	Ⅰ-3. 인문 지리적 환경	Ⅰ-3-1. 인구의 구성, 분포, 직업 Ⅰ-3-2. 경제 활동의 입지와 분포 Ⅰ-3-3. 촌락과 도시의 입지, 분포, 기능 Ⅰ-3-4. 자연·인문 지리적 환경의 상호작용
	Ⅰ-4. 지역과 주민의 생활	Ⅰ-4-1. 지역의 개념, 범위 Ⅰ-4-2. 지역 구분 Ⅰ-4-3. 지역 개발
	Ⅰ-5. 인간과 환경의 상호작용	Ⅰ-5-1. 인간과 자연 지리적 환경의 관계 Ⅰ-5-2. 자연 재해와 극복 Ⅰ-5-3. 자원의 분포와 이용 Ⅰ-5-4. 국토 개발, 환경 보전 Ⅰ-5-5. 자연 지리적 환경의 변화와 환경 문제
Ⅱ. 변화와 지속성	Ⅱ-1. 시간, 변화, 지속성	Ⅱ-1-1. 시간 개념 및 연표 기능 Ⅱ-1-2. 변화, 지속
	Ⅱ-2. 역사적 사건	Ⅱ-2-1. 역사적 사건, 인물, 국난 극복
	Ⅱ-3. 역사적 자료의 활용	Ⅱ-3-1. 역사적 자료의 수집, 분석, 비판 Ⅱ-3-2. 역사적 자료의 활용
	Ⅱ-4. 역사적 사고	Ⅱ-4-1. 역사적 방법 Ⅱ-4-2. 역사적 관점, 역사 해석
Ⅲ. 문화와 민족	Ⅲ-1. 문화	Ⅲ-1-1. 문화 요소 Ⅲ-1-2. 전통
	Ⅲ-2. 문화변동	Ⅲ-2-1. 문화 지체 Ⅲ-2-2. 문화 이식, 전파
	Ⅲ-3. 민족	Ⅲ-3-1. 민족의식 Ⅲ-3-2. 민족 문화의 보편성 Ⅲ-3-3. 이문화의 이해

---

7) 7차 교육과정 개정 작업에서 논의된 내용(김일기 외, 1998: 36-38)을 본 연구의 관점에서 재구성한 것임.

주제 스트랜드	내용 요소	개　념
Ⅳ. 개인과 사회제도	Ⅳ-1. 역할	Ⅳ-1-1. 역할 이해 Ⅳ-1-2. 역할 활동
	Ⅳ-2. 집단과 그 영향	Ⅳ-2-1. 집단의 영향 Ⅳ-2-2. 집단 사이의 관계 Ⅳ-2-3. 집단과 그 구성
	Ⅳ-3. 사회제도와 그 영향	Ⅳ-3-1. 가족 제도 Ⅳ-3-2. 법, 정치, 종교 제도
	Ⅳ-4. 사회의 지속, 변화와 사회제도	Ⅳ-4-1. 사회의 유지 Ⅳ-4-2. 사회의 변화
	Ⅳ-5. 공공선과 사회제도	Ⅳ-5-1. 개인의 필요 Ⅳ-5-2. 공공선의 실현과 사회제도
Ⅴ. 시민생활과 정치	Ⅴ-1. 민주주의의 근본사상	Ⅴ-1-1. 개인의 존엄 Ⅴ-1-2. 자유, 평등, 정의 Ⅴ-1-3. 국민주권, 법치주의
	Ⅴ-2. 권리와 의무	Ⅴ-2-1. 권리 Ⅴ-2-2. 의무
	Ⅴ-3. 권력의 정당화	Ⅴ-3-1. 권력, 권위 Ⅴ-3-2. 권력과 권위의 부여, 정당성
	Ⅴ-4. 시민들의 바람과 공공 정책	Ⅴ-4-1. 시민의 바람, 여론 Ⅴ-4-2. 민주적 절차
	Ⅴ-5. 정부의 역할	Ⅴ-5-1. 사회 질서유지와 안전보장 Ⅴ-5-2. 갈등 조정
	Ⅴ-6. 집단내부의 일치성 확보	Ⅴ-6-1. 규칙, 법에 의한 일치성 확보 Ⅴ-6-2. 일치성 확보의 다양성
	Ⅴ-7. 집단 내 혹은 사이의 갈등	Ⅴ-7-1. 협력 Ⅴ-7-2. 갈등
	Ⅴ-8. 공익실현과 시민의 행동 방식	Ⅴ-8-1. 공익 Ⅴ-8-2. 시민의 행동방식
Ⅵ. 생산·분배·소비	Ⅵ-1. 희소성과 선택	Ⅵ-1-1. 욕구 Ⅵ-1-2. 자원 Ⅵ-1-3. 선택의 필요 Ⅵ-1-4. 기회비용
	Ⅵ-2. 생산 활동과 생산 증가	Ⅵ-2-1. 생산 Ⅵ-2-2. 재화와 용역 Ⅵ-2-3. 생산 요소 Ⅵ-2-4. 생산성 향상 Ⅵ-2-5. 공공재

주제 스트랜드	내용 요소	개 념
Ⅵ. 생산·분배·소비	Ⅵ-3. 시장과 교환	Ⅵ-3-1. 시장 Ⅵ-3-2. 교환 경제 Ⅵ-3-3. 시장과 화폐의 발달 Ⅵ-3-4. 가격 및 가격 결정 Ⅵ-3-5. 화폐의 기능
	Ⅵ-4. 전문화와 생산성, 상호 의존	Ⅵ-4-1. 전문화(직업 분화) Ⅵ-4-2. 생산 활동 Ⅵ-4-3. 상호 의존
	Ⅵ-5. 소득과 소비와 저축	Ⅵ-5-1. 소득과 소비, 가정경제 Ⅵ-5-2. 저축 Ⅵ-5-3. 금융기관
	Ⅵ-6. 지역경제 문제	Ⅵ-6-1. 경제 성장 Ⅵ-6-2. 지역의 가용 자원 Ⅵ-6-3. 지역경제 문제 Ⅵ-6-4. 지역경제 계획 Ⅵ-6-5. 지역경제 문제와 가치
Ⅶ. 과학, 기술, 사회	Ⅶ-1. 과학 기술과 인간 생활의 변화	Ⅶ-1-1. 과학 기술과 생활의 변화 Ⅶ-1-2. 과학 기술과 산업의 발달
	Ⅶ-2. 과학 기술의 개발·적용과 자연 지리적 환경의 변화	Ⅶ-2-1. 과학 기술의 발달과 자연환경의 변화 Ⅶ-2-2. 환경과 인간에 해로운 물질 Ⅶ-2-3. 과학 기술의 이용과 공공선
	Ⅶ-3. 과학 기술과 가치관	Ⅶ-3-1. 과학 기술과 사회적 가치, 신념 Ⅶ-3-2. 과학 기술과 생활향상
	Ⅶ-4. 과학 기술적용의 통제	Ⅶ-4-1. 자연환경보호와 기술통제 Ⅶ-4-2. 인권보호와 기술통제
Ⅷ. 지구촌 사회	Ⅷ-1. 지구촌과 지구가족	Ⅷ-1-1. 지구촌화 현상 Ⅷ-1-2. 지구촌의 다양성 Ⅷ-1-3. 지구촌의 상호의존성 Ⅷ-1-4. 교통·통신의 발달과 지구촌
	Ⅷ-2. 지구촌의 문제해결을 위한 노력	Ⅷ-2-1. 지구촌의 문제들 Ⅷ-2-2. 지구촌의 문제해결을 위한 노력 Ⅷ-2-3. 지구촌적 연대감의 중요성
	Ⅷ-3. 지구촌 시대와 우리	Ⅷ-3-1. 우리 생활의 국제화 Ⅷ-3-2. 우리 민족과 기업의 세계적 진출 Ⅷ-3-3. 지구촌에의 대응

본 장에서는 주제 스트랜드 중심의 사회과 내용을 통합적으로 재구성하기 위해 적용하게 될 주제 스트랜드는 앞서 밝혔듯이 ① 공간과 환경, ② 변화와 지

속성, ③ 문화와 민족, ④ 개인과 사회제도, ⑤ 시민 생활과 정치, ⑥ 생산·분배·소비, ⑦ 과학·기술·사회, ⑧ 지구촌 사회 등 8가지이며, 각 주제 스트랜드별 구체적인 내용은 아래와 같다. 이것은 앞의 〈표 Ⅳ-4〉와 〈표 Ⅳ-5〉에서 추출·선정한 주제 스트랜드를 토대로 구성한 〈표 Ⅳ-6〉의 사회과 교육 내용 선정을 위한 기본 틀에 따라 구성한 내용이다.

① 공간과 환경

'공간과 환경'에 대한 주제 학습에서는 학생들이 세계에 대한 공간 감각과 지리적 관점을 가질 수 있게 한다. 이 스트랜드의 학습을 통해 학생들은 현재, 과거 및 미래의 그들의 장소, 타인의 장소, 지구와의 관련성을 이해하는 개념적 도구들을 개발하게 된다.

공간과 환경에 대한 학습은 다음과 같은 내용들을 포함한다.

사물들은 어디에 위치해 있는가? 자연 지리적 환경과 인문 지리적 환경은 어떠한가? 지역은 인간들에게 어떤 의미를 주는가? 인간과 환경의 상호 관계는 어떠한가? 이런 변화들은 인간들에게 어떤 시사점을 주는가?

이 학습의 기초는 공간적 용어로서 세계를 이해하고, 지역과 장소는 학습의 기초적 단위가 된다. 또 자연·인문 지리적 환경 속에서 인간의 활동을 포함하여 지역적 개발에 대한 문제까지 검토하게 된다. 그리고 인간과 환경의 상호작용을 이해함으로써 인간의 생활방식이 환경에 어떤 영향을 미치며, 환경이 인간의 생활방식을 어떻게 변화시켰는지에 대하여 탐구한다.

② 변화와 지속성

'변화와 지속성'에 대한 주제 학습에서 인간들은 사물들이 과거에는 어떠했으며, 어떻게 변화하고 발전하였는지에 대해 탐구하도록 한다. 역사를 알고 이를 재구성하는 것은 학습자에게 역사적인 관점과 안목을 가지게 해 준다. 학생들은 그들이 가치 있게 평가하는 역사적 자료에 대해 이야기하고 그들에게 자연스러운 것이 과거에는 새로운 것이었다는 사실을 배우게 된다.

변화와 지속성의 학습은 다음과 같은 것들을 포함한다.

다양한 역사적 관점에서 나온 입장들을 이해하는가? 역사적 지식을 기반으로 사회적 이슈들을 검토할 수 있는가? 역사학자와 사회과학자적인 태도를 가지고 과거를 학습하고 자신의 나라와 다른 사회와의 관계를 탐구할 수 있는가?

초등학교 학생들은 순서와 시간의 감각을 계열화를 통하여 학습한다. 학생들은 역사에 대하여 개인마다 다른 관점을 가질 수 있다는 것과 인간의 결정과 결과 사이의 연관을 이해하기 시작한다.

③ 문화와 민족

'문화와 민족'의 주제 학습에서 학습자들은 이 스트랜드를 통하여 그들의 정체성을 형성하는 문화와 민족의 요소에 대하여 학습하게 된다. 수많은 민족들과 문화들이 서로 상존하는 사회에서 학생들은 자기와 다른 민족과 문화에서 생성된 다양한 입장들을 이해할 필요가 있으며 민족에 대한 이해와 문화의 다양성은 학생들로 하여금 자기가 속한 민족과 문화의 일원으로서 자기 자신을 이해할 수 있게 해 준다.

민족과 문화에 대한 학습은 다음과 같은 것들을 포함한다.

각 민족과 문화의 공통적 특징은 무엇인가? 문화는 어떤 유형으로 변화하는가? 민족 문화는 어떤 보편성을 지니고 있는가? 이질 문화는 자국의 문화에 어떻게 수용되는가?

초등학교 단계에서의 민족과 문화에 대한 학습은 우리 민족 문화의 특징을 파악한 다음 유사점과 차이점을 탐구하는 방식으로 접근할 수 있다. 다른 민족들도 우리 민족과 비슷한 점을 가지고 있으며, 차이점 또한 가지고 있다는 것을 이해함으로써 자연스럽게 다른 민족과 문화에 대한 학습으로 연결된다.

④ 개인과 사회제도

'개인과 사회제도'라는 주제 학습을 통하여 사람은 혼자서는 살아갈 수 없으며 공동체를 이루어 '사회'라는 울타리 속에서 더불어 살아가는 것을 학습하게 된다. 공동체는 한 개인의 욕구나 가치에 의해서만은 살아갈 수 없기 때문에 공동의 선을 추구하는 공공 제도를 필요로 하게 된다. 가족, 학교, 지역 사회, 종교 단체, 정부와 같은 사회제도들은 공동체 생활에서는 없어서는 안 될 역할을 한다. 즉 사회제도라는 것은 공동체의 목적과 사회적 가치를 달성하기 위하여 창조되었다고 할 수 있다. 그러나 이런 제도는 한 개인 속에서는 존재의 의미가 없으나 개인이 모인 공동체에서는 대단히 중요한 의미를 가지며, 인간사회의 욕구와 가치가 변함에 따라 사회제도들은 그에 맞게 변한다고 할 수 있다.

개인과 사회 제도에 대한 학습은 다음과 같은 것들을 포함한다.

각 개인은 어떤 역할을 맡고 있는가? 집단과 그 구성은 어떻게 이루어졌는가? 사회제도들이 어떻게 형성되었는가? 우리 사회에서 집단과 제도의 역할은 무엇인가? 개인의 필요와 사회제도는 어떻게 이루어지는가?

초등학교 단계에서 학생들은 자신의 생활과 사고에 영향을 주는 다양한 제도들에 대하여 학습할 수 있는 기회를 제공함으로써 민주사회의 활동적인 시민이 될 수 있다. 또한 변화하는 개인들과 집단의 요구에 반응하기 위해 만들어진 제도들을 탐구할 기회를 가지게 된다.

⑤ 시민생활과 정치

'시민생활과 정치'의 주제 학습에서는 민주주의, 권리와 의무, 권력과 권위, 정부 구조에 대한 역사적 발달을 이해하고 현재의 기능들을 이해하는 것이다.

민주주의에서 궁극적인 권력과 권위는 국민(시민)에게 있다. 개개인은 공공선을 위하여 자신의 권리를 효과적으로 사용하는 능력을 갖출 필요가 있다. 학생들은 정의, 질서, 책임감에 대하여 강한 흥미를 가지고 있다. 학생들은 시민으로서의 권리와 권력에 관하여 학습하고 다른 사람들과 권리를 어떻게 공평하게 분배할 수 있는지에 대하여 학습한다.

시민생활과 정치에 대한 학습은 다음과 같은 것들을 포함한다.

민주주의의 근본 사상은 무엇인가? 권리와 의무는 어떤 관계인가? 합법적인 권력이란 무엇인가? 권력은 어떻게 획득되고 사용되며 정당화되는가? 어떻게 정부가 만들어지고 구조화되고, 유지되고, 변화되는가? 개인의 권리는 다수의 통치 맥락에서 어떻게 보호되는가? 집단 내의 혹은 집단 간의 협력과 갈등은 어떻게 해결하는가? 공익을 위한 시민의 행동은 어떠하여야 하는가? 이러한 문제를 해결하는 과정에서 문제해결 기능과 의사결정 기능이 발달된다.

초등학교 단계에서는 다른 인간들과의 관계를 통하여 공평함과 질서 감각을 발달시킬 수 있다. 학생들은 특정한 상황에서의 권리와 책임들에 대해 점차적으로 폭넓게 이해하게 된다. 또한 학생들은 다양한 권력, 권위, 정부 수준에 적용하고 참여할 기회를 가지게 된다.

⑥ 생산·분배·소비

'생산·분배·소비'의 주제 학습에서는 한정된 자원을 어떻게 생산하고 분배함으로써 끝없는 욕구를 충족시킬 수 있는지를 학습하는 분야이다. 인간들은 제한된 자원과 이를 넘어서는 욕구를 가지고 있다. 일상적으로 우리는 충분하지 못한 자원을 어떻게 사용할 것인지에 대하여 선택을 하게 된다.

생산·분배·소비와 관련된 학습은 다음과 같은 것들을 포함한다.

자원은 한정되어 있고 인간의 욕구는 끝이 없을 때 어떤 결과가 일어날 수 있는가? 무엇이 생산되어야 하는가? 생산이 어떻게 조직되어야 하는가? 물품들과 서비스들이 어떻게 분배되어야 하는가? 시장은 어떻게 생겨났으며 화폐는 어떻게 발달하여 왔는가? 가정 경제에서 소득과 소비는 어떻게 이루어지는가? 지역 경제는 어떻게 성장하고 유지되는가? 생산 요소(토지, 노동, 자본)의 가장 효율적인 분배는 무엇인가? 이와 같은 문제에서 발생하는 자원의 불평등한 분배는 교환과 무역을 가져온다. 또한 경제정책 결정에서 정부의 역할은 시대와 장소를 거쳐 변화한다. 이런 결정들은 오늘날 그 범위가 범지구적이며 상호의존적인 세계 경제 하에서 경제적 의사결정에 대한 체계적인 학습을 하게 된다.

　초등학교 단계에서는 욕구와 필요 사이의 차이를 통해 이 학습을 시작한다. 그들은 다른 인간들의 경험을 자신들의 경제적 경험들과 비교하고 집단, 공동체, 국가, 그리고 세계에 관한 경제적 결정들의 폭넓은 결과들을 고려하여 경제적 결정들에 대하여 탐구하게 된다.

⑦ 과학, 기술, 사회

　'과학, 기술, 사회'의 주제 학습에서는 현대생활은 기술과 그것을 지탱하는 과학 없이는 불가능하다는 것을 알고, 과학과 기술은 우리 일상생활에 끊임없이 영향을 주고 있다는 것을 파악하게 한다. 과학과 기술의 발달로 인하여 우리가 먹는 음식과 음료수에서부터 교통수단, 여가활동, 대중매체 등에 이르기까지 많은 변화가 일어나고 있음을 경험한다. 과학과 기술이 급속히 발전함에 따라 시민으로서의 우리는 그것의 사용과 오용에 관하여 개인적·공공적으로 합리적인 선택을 할 필요성이 증대되고 있다.

　과학, 기술, 사회에 대한 학습은 다음과 같은 것들을 포함한다.

　과학 기술의 발달에 따라 생활은 어떻게 바뀌어 왔는가? 과학 기술의 발달과 자연 환경 간에는 어떤 관련이 있는가? 새로운 기술은 언제나 더 가치 있는 것인가? 어떻게 새로운 기술들이 사회적 변화를 낳는가? 어떻게 모든 인간들이 이익을 얻을 수 있도록 기술을 관리할 수 있는가? 빠르게 변화하는 사회에서 기본적인 가치와 신념들은 어떻게 보존할 수 있는가?

초등학교 단계에서는 일상생활들이 어떻게 기술과 관련 맺는지를 학습한다. 학생들은 배, 자동차, 기차, 비행기 같은 기본적 기술들이 어떻게 발전하여 왔으며, 우리의 물리적 환경을 변화시키기 위한 시설물, 댐, 관개수로와 같은 기술들을 어떻게 우리가 이용하여 왔는지를 학습한다. 또한 학생들은 마차, 등잔, 트랜지스터 라디오와 같은 기술들이 어떻게 역사를 바꾸어 왔는지를 사례학습을 통하여 알 수 있다.[8]

⑧ 지구촌 사회

'지구촌 사회'라는 주제 학습에서는 세계가 급속하게 변화하고 가까워짐에 따라 학생들이 범지구적인 상호의존의 현실을 인식하는 것이다. 한 국가가 해결할 수 없고 국제적 해결을 필요로 하는 문제들이 생겨나고 있다. 예를 들어 인권, 환경문제, 경제개발과 무역, 보건과 질병문제, 정치 안정 등이다. 우리의 생존을 위해서는 성숙한 국가적 상호협력을 필요로 한다.

이 주제 스트랜드에 대한 학습은 다음과 같은 것들을 포함한다.

지구촌화 현상은 무엇을 뜻하는가? 인류에 영향을 주는 공동의 쟁점은 무엇인가? 국가적인 차원을 넘어서는 사건은 무엇이 있는가? 지구촌의 문제들을 해결하기 위해서는 어떤 노력이 필요한가? 국가, 민족주의, 다문화주의 사이에는 어떤 긴장관계가 있는가? 앞으로 예견될 수 있는 지구적인 이슈는 무엇인가?

---

8) 이 분야의 예로, 이종일(1997)의 연구에서 "운송 수단"이라는 연대기를 학습 주제로 정한 뉴욕 주 올바니(Albany)시의 길더랜드 초등학교 3학년 후학기 학습 내용이 과학·기술·사회, 공간 개념과 발달 등을 상호 관련짓는 학습임을 설명함으로써 이해를 돕고 있다.

초등학교 단계에서는 다양한 멀티미디어 매체와 직접적인 경험들을 통하여 지구에서 일어나는 사건들을 인식하고 그 영향을 느낄 수 있으며, 국제관계와 관련된 기본적인 이슈들을 검토하고 이를 탐구하게 된다.

이와 같은 주제 스트랜드 중심의 통합 단원 구성은 다음과 같은 장점을 가지고 있다(최병모 외, 1999: 39 ; 전숙자, 2003: 109).

첫째, 주제 스트랜드는 기존의 특정한 사회과의 학문적 배경을 유지하기보다는 초학과적으로 합의된 사회과의 핵심적 내용을 연결하는 고리이기 때문에 교과 분과적인 사고를 막을 수 있다.

둘째, 지식의 폭증 현상에 대비해야 하며 사회과의 여러 다른 학문의 지식 영역들을 서로 관련시켜 학습함으로써 의미를 가진 학습이 가능하며, 사회과 완전 통합교육과정에 공헌할 수 있다.

셋째, 학습하는 방법과 기능을 주제 스트랜드의 주요 기준으로 설정함으로써 학습 동기를 북돋우고, 학습의 결과가 실천과 결부되게 한다.

넷째, 이러한 통합을 통해 학습자들은 비판적이고 창의적인 사고력 등의 고등 사고력을 확장시키고, 학습자들이 내용을 흥미롭게 학습할 수 있는 가능성을 증가시킨다.

이를 종합해보면 주제 스트랜드 중심의 통합 단원 구성은 교과 분과적인 사고를 벗어나 학습동기를 북돋우고 고등 사고력의 확장을 가능하게 해준다.

2. 주제 스트랜드 중심의 사회과 통합교육과정 재구성

스트랜드 중심의 사회과 교육과정을 구성하는 데 있어 가장 중요한 것은 주제 스트랜드를 선정하는 것이다. NCSS(1994)는 급변하는 21세기 시민으로서 성장할 오늘날 학생들은 인류가 경험하지 못한 지식의 폭발 속에서 생활하며 학습하고 있으므로 학교와 교사가 모든 것을 가르칠 수 없고, 또 학생들도 알아야 할 모두를 배울 수 없기 때문에 사회과의 효과적인 학습을 위해서는 주제 스트랜드의 활용을 통해 구상되어야 한다고 주장했다.

한편, 우리나라에서도 7차 교육과정 개정 작업 당시에 초등학교 사회과 교육 내용 선정을 위해, 8개의 주제 스트랜드를 선정하여 제시한 바 있다(김일기 외, 1998: 35). 그런데 7차 교육과정 개정 작업 중 초등 연구자(최병모·최용규 등)들은 미국의 NCSS모형을 토대로 우리의 실정에 맞게 변형하여 8개의 영역으로 조정하여, 분야별로 해당 영역의 핵심아이디어, 주제, 개념을 선정하고 각 학년별 내용을 구성하는 작업을 수행하였지만, 스트랜드 중심의 교육과정 구성 작업이 최종적인 사회과 교육과정에 큰 영향을 미치지 못하였고, 그 개정 작업은 6차 교육과정의 내용을 기초로 하여 문제점을 수정하는 전통적인 방식으로 회귀하게 된다(조영달 편, 2001: 135). 그 중요한 이유 중의 하나는 초등에서 제시한 스트랜드 중심 모형을 중등에서 받아들이지 않았기 때문이며, 이는 최근의 교육과정 논의를 수용하고 있고 통합 지향성을 가진 미국사회과협의회의 모형을 초등팀은 선호했던데 비하여 중등팀은 중등 내부의 영역(역사·지리·일반사회) 갈등, 개발 기간의 제약을 비롯한 복잡한 사정으로 인해 배척하였기 때문이라고 이혁규(2001)는 밝히고 있다(조영달 편, 2001:135).

이에 본서에서는 초·중등의 입장 차이 등의 이유로 교육과정 개정 시 반영되지 못한 이 스트랜드 중심의 교육과정 구성에 대해, 현 시점에서는 이미 국가 수준의 교육과정 틀에 의거하여 만들어진 교과서가 주어져 있는 상황인 점을 감안하여 교과서를 교육과정의 기본 정신과 목표·내용에 근거하여 재구성한다. 따라서 스트랜드라는 준거로 교육과정과 교과서를 분석하여 단원 수준에서 주제 스트랜드 중심으로 재구성을 한다. 즉 교육과정 및 교과서를 개정하거나 개발하는 수준이 아니라 교육과정 및 교과서의 내용을 단원 수준에서 주제 스트랜드 중심의 재구성 방식을 취하고자 한다.

1) 목표 설정

사회과 교육의 목표 설정은 사회과는 어떤 교과이며, 왜 가르치고 배워야 하는가의 이유를 규정하는 일이다. 이러한 사회과 교육의 목표가 세워져야 사회과를 통해 무엇을 어떻게 가르칠 것인가를 결정할 수 있기 때문에 목표 설정은 사회과 교육의 출발점으로 인식되어야 한다.

사회과 교육의 목표는 학문·철학적 요구, 국가·사회적 요구, 학습자 요구의 세 기저를 토대로 설정되어야 한다.

첫째, 세계화, 정보화 시대에 부응할 민주 시민의 자양 함양을 목표에 반영해야 한다. 사회과 교육을 통해 기르고자 하는 민주시민의 자질은 시대와 사회의 요구에 따라 다를 수 있고, 학문 영역에 따라 다른 관점을 가지고 볼 수 있으나, 시대와 사회의 요청에 대한 철학적 반성을 통해 바람직한 시민적 자질에 대한 합의를 도출해야 하고, 이를 사회과 목표에 일관 되게 반영해야 할 것이다.

둘째, 사회과 교육과정을 둘러싼 교과교육의 관점과 학문적 관점이 목표에 균형 있게 반영되어야 한다. 사회과를 시민성 함양을 궁극적 목적으로 한 통합적 교과로 보는 관점에서는 내용과 방법 면에서의 통합성을 강조하며, 교과 목표 및 학년 목표에서 이해의 측면보다는 방법 및 기능(특히 고등 사고력)의 습득이란 측면을 강조하여야 한다.

셋째, 사회과의 목표 설정에는 학습자의 흥미·관심·요구와 발달적 측면이 고려되어야 한다. 사회과는 궁극적으로 학습자의 사회적 성장과 발달을 돕는 교과인 만큼 학습자의 흥미, 관심 및 필요와 인지적, 정의적 발달의 측면이 목표 설정의 주된 근거가 되어야 한다.

(1) 사회과 목표의 구성

고등 사고력과 관련하여 통합 사회과 목표는 교과 목표와 학년 목표로 나누어 제시해 볼 수 있다.

교육 과정에 제시되는 목표들은 교과 목표, 학년 목표, 단원 목표의 순으로 위계화하여 나타낼 수 있다. 교과 목표보다 상위의 목표들인 학교 교육 목표, 초등학교 교육 목표는 학교 교육 기본법에 규정되어 있는바, 범교과적인 성격의 목표로 설정되는 교육 과정의 목표보다 장기적인 목표이다. 또, 단원 목표보다 하위인 목표로서 주제별 목표와 차시별 목표가 설정되어야 하지만, 이들 목표는 교육 과정에서 설정하기보다 단원 학습 지도 계획에서 설정하는 것이 적합하다.

(가) 교과 목표

교과목표는 앞 장의 〈표 Ⅲ-3〉에서도 밝혔듯이 현행 7차 목표에 사고 과정의 목표를 추가하여 제시할 수 있다. 이는 아래 〈표 Ⅳ-7〉과 같이 사회과 교육의 궁극적 목표를 진술한 종합 목표와 하위 12개항의 행동영역 목표, 즉 영역의 통합과 8개 스트랜드 영역의 지식 목표, 그리고 기능 목표, 사고 과정 목표, 가치·태도 목표를 각기 1개 항으로 구성하여 제시한다. 이를 정리해보면 〈표 Ⅳ-8〉에 나타난 주제 스트랜드의 구성에 따른 사회과 목표의 체계로 제시할 수 있다. 이는 앞의 〈표 Ⅲ-3〉에서 제시한 고등 사고력 함양을 위한 사회과 목표 설정의 예시를 보다 더 구체화한 것이라고 할 수 있다.

위에서 제시한 지식, 기능, 사고 과정, 가치·태도 목표에 대해 구체적으로 살펴보면 아래와 같다.

① 지식 목표

사회과 교육의 내용을 구성하는 내용의 학습을 통해 습득될 수 있는 지식·이해 목표를 1)~8)항으로 나누어 진술할 수 있다. 그 가운데 목표 1)항은 사회 현상과 구조의 이해를 위한 통합적 관점의 목표이며, 2)~9)항은 8개의 주제 스트랜드에 대응되는 목표이다.

② 기능 목표

사회과의 기능 목표는 시기에 따라 학자에 따라, 각기 다른 분류 체계가 적용되었고, 특히 사고력을 기능으로 이해하는 데 이견이 있어온 까닭에 기능 목표의 범주와 구성 요소를 파악하는 데에는 어려움이 따르고 있다.

그러나 사회과의 고등 사고력을 별도의 영역으로 설정하고 여기서는 사회과 사고 과정 목표의 구성 요소를 다음의 〈표 Ⅳ-7〉과 같이 설정하고, 이를 교과 목표의 제 9항으로 기술한다.

③ 사고 과정 목표

최근에 사회과에서 강조되는 고등 사고력의 함양에 대한 목표를 별도로 추가 설정하였다. 즉, 탐구력, 의사 결정력, 창의적 사고력, 비판적 사고력, 메타인지 등의 영역으로 설정한 다음 본 연구에서는 사회과 사고 과정 목표의 구성 요소를 위 〈표 Ⅳ-7〉과 같이 제시하였고, 이를 교과목표의 제 10항으로 기술하였다.

〈표 Ⅳ-7〉 사회과 목표의 구성 요소

행동 영역	항 목	목표 요소
지식	〈종합〉 1) 공간과 환경 2) 변화와 지속성 3) 문화와 민족 4) 개인과 사회제도 5) 시민 생활과 정치 6) 생산·분배·소비 7) 과학·기술·사회 8) 지구촌 사회	사실(지식) 개념 일반화
기능	9) 기능·능력	정보수집 및 활용 기능 집단 참여 기능
사고 과정	10) 고등 사고력	탐구력 의사 결정력 창의적 사고력 비판적 사고력 메타인지
가치·태도	11) 가치·태도	합리적인 가치 바람직한 태도

④ 가치·태도 목표

가치·태도 목표는 일반적으로 당 시대의 국가 사회적 요구에 비추어 본 바람직한 가치와 태도 및 합리적 가치와 태도로 구분하고 있으며, 이를 교과목표의 제 11항으로 기술하였다.

(나) 학년 목표

교과 목표와의 일관성·계열성을 고려하여 학년 목표 또한 지식, 기능, 사고 과정, 가치·태도 목표로 구성한다. 8개 항의 지식 목표는 각 학년에서 학습하게 될 내용 즉, 단원 내용과 연계하여 진술하여야 하며, 기능, 사고 과정, 그리고 가치·태도 목표에서는 특히 학습자의 성장 발달과 흥미 관심을 고려한 목표를 설정하여야 할 것이다.

이상의 교과 목표와 학년 목표는 아래 〈표 Ⅳ-8〉과 같이 정리하여 제시할 수 있다.

〈표 Ⅳ-8〉 주제 스트랜드 구성에 따른 사회과의 목표체계

교 과 목 표			학 년 목 표			
종합목표	행동영역 목표	내용영역	3	4	5	6
-개인의 발전 및 국가, 사회, 인류의 발전에 기여할 수 있는 민주 시민의 자질 육성 -우리 사회의 특징과 세계의 여러 모습 이해 -사회 현상에 관한 기초적 지식과 능력	지 식 ·인간과 환경간의 상호작용에 대한 이해 ·장소에 따른 인간 생활의 다양성과 차이점 파악	1) 공간과 환경	-고장의 자연환경과 자원의 활용 모습이해 -고장의 유통·교통기능의 지역형성 모습 파악	-지역의 자연환경과 생산 활동과의 관계이해 -지역 간의 상호의존관계 파악	-우리나라의 자연환경, 인구 및 국토개발 모습이해 -도시와 촌락의 특징 및 상호의존 관계 파악	(-세계 여러 나라가 지구촌화되어 가고 있는 모습과 우리나라와의 관계 이해)
	·우리나라의 역사적 전통과 문화의 특수성 파악	2) 변화와 지속성	-생산도구, 교통통신수단의 발달 이해 -전해오는 놀이와 행사에 담겨 있는 전통사상과 가치이해	-옛 도읍지를 통해 우리나라 역사의 큰 흐름 이해 -문화재의 중요성 파악	(-과학기술의 발달이 우리 겨레의 생활에 끼친 영향 파악)	-우리 민족의 성립, 발전, 변화 과정 이해 -근대 이후 우리 민족이 겪은 대외 항쟁의 모습 파악
	·인류생활의 발달과정과 각 시대의 문화적 특색파악	3) 문화와 민족	-고장의 민속놀이와 행사에 깃들어 있는 전통의 가치와 멋, 슬기를 파악	-박물관과 문화재를 통하여 우리 고장 선조들의 생활 모습과 문화 이해	-우리 겨레의 관습·의례·예술과 종교와의 관련성 파악	-조선 사회가 점차 새로운 사회·문화로 나아가게 된 요인을 실학자들의 앞선 생각과 서민들의 사회 개혁 의지의 관점에서 이해
	·사회생활을 위하여 해결해야 할 여러 문제 파악	4) 개인과 사회제도	·	-주위에서 볼 수 있는 여러 가정의 모습을 통하여 사회 변화에 따른 가정생활의 특징 이해	-농경 생활을 기초로 한 우리 민족의 공동체 의식이 현대 사회에서 가지는 의미이해	-민주 사회에서는 사람으로서의 권리가 매우 중요하다는 것을 인식

교 과 목 표			학 년 목 표			
종합목표	행동영역 목표	내용영역	3	4	5	6
-우리 사회의 특징과 세계의 여러 모습 이해 -사회 현상에 관한 기초적 지식과 능력	지 식 ·정치, 경제, 사회 현상에 대한 기본적 원리 이해	5) 시민 생활과 정치	-고장 생활 속에 나타나고 있는 사회 문제들을 확인. -이를 해결	-지역 사회의 주민들이 지역 사회의 문제를 해결해 가는 과정을 파악	(-지역의 문제 해결 등의 과정에서 민주적인 의사 결정이 필요함을 이해)	-일상생활과 정치는 밀접하게 관련되어 있다는 것을 이해 -헌법에 나타난 국민의 기본권과 민주 정치 조직의 기초 원리 이해
	집단, 공동체, 국가, 그리고 세계에 관한 경제적 고려	6) 생산 분배 소비	-교통과 유통 기능 이해 -시장에서 유통되 는 물자의 종류와 양 이유 파악	-주민들의 유통· 생산 활동의 모습 을 파악하여. 자연 환경과 주민 생활 모습과의 관계 이해	-우리나라의 경제 발전 모습과 정보화 시대의 변모하는 산업 활동 파악	(-국가의 부강과 국민의 복지를 위해 노력한 조상들의 경제 생활 이해)
	일상생활들 이 어떻게 과학·기술 과 관련 맺는지 이해	7) 과학 기술 사회	·	·	-과학 기술의 발달이 우리 겨레의 생활 문화에 끼친 영향을 파악 -생활 도구를 통하여 과학 기술의 발달 이해	(-우리 조상들의 문화재 속에 과학 기술의 우수성 파악)
	범지구적인 상호의존의 현실을 인식	8) 지구 촌 사회	·	·	·	-세계 여러 나라가 지구촌화하고 있는 모습과 우리나라와 세계 여러 나라와의 관계 이해

교 과 목 표		내용영역	학 년 목 표			
종합목표	행동영역목표		3	4	5	6
-다양한 정보의 활용 능력 -공동생활에서의 참여 능력 -기본 개념과 원리의 탐구 능력 -창의적이고 합리적인 문제 해결 능력 -개인의 발전 및 국가, 사회, 인류의 발전에 기여할 수 있는 민주 시민의 자질 육성	기능	9) 기능	-고장의 모습을 관찰, 견학, 조사하고, 지도, 연표, 그래프, 문헌, 영상 자료 등 다양한 자료를 활용하여 문제를 해결할 수 있는 기초적 능력	-여러 가지 자료로 지역 사회의 현상을 조사하여 지도, 연표, 그래프 등 다양한 방법으로 나타내기 -지역 사회의 문제를 합리적으로 해결할 수 있는 기초적 능력	-자연 환경과 산업 경제 활동에 관한 각종 지도와 도표 등을 바르게 읽고 작성 -갈등적인 여러 문제에 대해 합리적 결정을 할 수 있는 기초적 능력	-지도, 연표, 도표 등의 다양한 자료를 이용하여 정보를 수집·분석 -문제를 합리적으로 해결 -공동생활에 참여하여 다른 사람과 어울려 생활할 수 있는 기초적 능력
	-지식과 정보를 획득, 조직, 활용하는 능력 -사회참여능력					
	사고과정	10) 사고과정	-사회적 문제나 이슈 중심의 내용을 어떤 절차에 따라 해결해 나가는 능력 -합리적인 결정력	-절차에 따라 해결해 나가는 능력 -문제 상황에 직면하였을 때, 개인적·사회적 가치에 따라 합리적인 결정력, 가치 판단 능력	-절차에 따라 해결해 나가는 능력 -사회과학적 창의성으로 사회적 지식·태도, 사고 기능의 유연성, 독창성, 신기성	-절차에 따라 해결해 나가는 능력 -정보 조사 능력, 비판적 상황 분석 능력, 평가 능력 -사고의 과정과 결과에 대한 행동을 검토하는 것과 계획을 세우는 것
	·문제 해결을 위한 -탐구력 -의사결정력 -창조적 사고력 -비판적 사고력 -메타인지					
	가치태도	11) 가치·태도	-고장 생활에 관심을 가지고 고장의 발전에 이바지하려는 태도	-지역의 일상생활에서 다른 사람과 협력하는 민주적인 생활 태도를 습관화 -지역의 공동생활에 관심을 가지고 참여하려는 태도	-국토 환경을 소중히 여기고 보전하려는 마음과 경제 발전에 이바지하려는 태도 -겨레의 슬기와 멋에 대한 자긍심	-조상들의 업적과 문화재에 긍지 -일상생활 속에서 민주적인 태도를 습관화, 국가 발전에 기여, 세계 여러 나라사람들과 협력하며 살아가는 태도
	·사회의 문제에 대해 관심 가지기 ·민주국가 발전에 이바지하려는 태도 가지기					

현행 7차 교육과정에서는 단원 목표와의 중복성의 문제로 학년 목표를 국가 수준의 교육과정 문서에는 제시하지 않고 있으나, 지역과 학교의 실정에 맞춰 다양하게 설정하도록 유도하고 있다. 이에 따라 본 장에서는 학년별 내용에 나오는 단원의 목표를 학년성에 맞게 재구성하여 학년 목표로 제시하였음을 밝혀 둔다.[9]

2) 내용 선정 및 조직

사회과 교육과정 내용구성은 민주시민의 자질 육성과 인간 형성이라는 사회과의 목적과 개정의 방향에 따라 설정된 내용 및 조직의 원리를 결합하여 다음과 같은 전체 틀의 작성 원칙을 제시할 수 있다.

사회과에서 추구할 사회 인식 능력을 높이기 위하여 시간의식, 공간의식, 사회현상 및 문제의식을 균형적으로 반영하면서, 이를 나선형으로 누적, 발달시킨다. 이를 위해 학년별로 각 주제 스트랜드별 관련되는 핵심적인 개념과 아이디어, 기능, 가치·태도 등을 알맞게 선정·배열한다.

또한 사회과 교육의 통합성과 사회과학교육의 계통성간에 조화를 추구하면

---

9) 제7차 교육 과정에서는 학년 목표를 제시하지 않고 교과 목표와 단원 목표를 직접 연계시켜 제시하고 있기 때문에 학년 목표를 별도로 설정해 보아야 할 필요성이 남아 있다(현행 교육과정에서 학년 목표를 제시하지 않고 있는 가장 큰 이유는 학년 목표의 설정은 곧 단원 목표와의 중복성이 있게 되므로, 이를 교육 과정에 제시하지 않아도 필요한 경우에는 지역과 학교의 실정, 학생의 특성을 반영하여 다양하게 설정할 수 있다고 판단되기 때문이다. 그러므로 학년 목표는 학교 교육 과정 편성이나 교과교육 연구, 교재 연구 등을 통하여 다양하게 수정·보완될 여지를 남겨 둔 것이다). 학년 목표를 설정하기 위한 기본적 접근 방식으로는 교과 목표에 기반을 두고 위계화하는 방식과 단원 목표들에 기반을 두고 그 목표들을 종합하는 방식을 생각해 볼 수 있다. 여기서는 단원 목표들에 기반을 두고 이를 종합하는 방식으로 진술하고자 한다.

서, 사회과의 관련 학문의 기본개념을 구체적 사례와 문제를 중심으로 이해할 수 있도록 조직한다. 저학년에서는 생활경험 중심으로, 중간학년에서는 기초지식 및 기능과 문제 중심으로, 고학년에서는 심화된 지식 및 기능과 쟁점을 중심으로 하는 문제해결 및 의사결정의 경험을 축으로 내용을 구성한다.

사회과 내용 영역을 종합하여 사회 현상을 통합적으로 인식할 수 있는 대영역 중심의 주제를 '① 공간과 환경, ② 변화와 지속성, ③ 문화와 민족, ④ 개인과 사회제도, ⑤ 시민 생활과 정치, ⑥ 생산·분배·소비, ⑦ 과학·기술·사회, ⑧ 지구촌 사회'이라는 8개의 스트랜드 영역으로 설정하고 학습자의 발달정도에 맞추어 학년별 하위 주제를 설정하여 그것에 해당하는 내용들을 배열한다.

현행 7차 교육과정의 내용 체계와 본 연구에서 추구하는 사회과 교육 내용 선정을 위한 기본 틀로서의 8개 주제 스트랜드에 대한 내용 체계를 비교해 보면, 각기 아래의 〈표 Ⅳ-9〉의 '현행 교육과정 내용 체계'와 앞 1절에서 제시한 〈표 Ⅳ-6〉의 '내용 선정을 위한 주제 스트랜드'와 같다.

즉, 현행 7차 교육과정의 내용 체계인 인간과 공간, 인간과 시간, 인간과 사회의 학문 내용 영역의 체계를 본 장에서는 사회과 교육 내용 선정을 위한 기본 틀로서 주제 스트랜드에 대한 내용 체계로 제시하는 점이 특징이다. 이러한 특징을 살리기 위해서 〈표 Ⅳ-6〉의 '내용 선정을 위한 주제 스트랜드'를 토대로 아래 〈표 Ⅳ-10-1〉에서 〈표 Ⅳ-10-4〉와 같이 학년별 사회과 주요 학습 주제에 따른 기본 개념을 추출하고, 이를 토대로 앞의 〈표 Ⅳ-4〉와 같이 3~6학년 사회과 기본 개념군으로부터 초등학교 사회과 주제 스트랜드를 선정하였다.

〈표 Ⅳ-9〉 현행 7차 교육과정의 사회과 내용 체계[10]

영역 \ 학년	3학년	4학년	5학년	6학년
인간과 공간	■고장의 자연 환경과 인문 환경과의 관계 ·고장의 자연 환경 ·고장의 인문 환경 ■지도와 고장의 관찰 ·그림 지도 ·관찰과 조사 ■고장 사람들의 생활 ·인구 구성 ·직업 ·산업 ·지역 중심지로서의 시장 ·생산과 소비의 중심지 ·물자 유통의 중심지 ■교통의 중심지 ·역과 버스 터미널의 위치와 기능 ·고장 간의 연결	■우리 지역의 모습 ·지역의 자연 환경 ·지역의 인문 환경 ·계절과 생활 모습의 관계 ·우리 지역의 환경 문제 ■지역의 지도 그리기 ·지도의 요소와 표현 방법 ·지역 생활 모습의 지도화	■우리 국토의 모습 ·지형과 인간 생활 ·기후와 인간 생활 ■환경의 이용과 보존 ·자연 환경을 이용한 의식주 생활 ·환경 문제와 자연 재해 ·국토 개발 계획 ·환경 보존과 민주적 의사 결정 ■도시와 촌락 지역의 생활 ·도시의 분포와 유형 ·도시 문제 ·촌락의 입지와 기능 ·촌락과 도시의 상호 의존	■우리 겨레의 삶의 터전 ·한반도와 중국 등 북부의 지리적 환경 ■우리와 관계가 깊은 나라들 ·지구본과 세계 ·역사적, 경제적으로 관계 깊은 나라 ·우리 민족, 기업의 해외 진출 ■지구촌 ·지구촌의 상호 의존 ·지구촌의 문제들 (자원, 환경 등)
인간과 시간	■고장 생활의 변천 ·도구의 발달과 생활의 변화 ·교통·통신의 발달과 생활의 변화 ·가정의례의 변화 ■전통의 계승 ·민속놀이 ·고장의 문화 행사 ·전통 문화의 계승	■옛 도읍지와 나라들 ·연표와 역사 지도 ·우리나라 이름의 변천 ·옛 도읍지의 문화유산 ■박물관과 문화재 ·박물관의 기능 ·문화재의 뜻과 중요성	·문화 전통의 계승 ·생활 문화의 계승 ·과학 문화유산의 계승 ·예술, 종교, 문화의 계승	■민족 국가의 성장 ·민족의 형성 ·국가의 성장 ·국난의 극복 ·근대 국가 건설을 위한 노력 ■민족 문화의 발달 ·고대 문화의 발달 ·민족 문화의 해외 전파 ·서구 문화의 수용 ■근대 사회로 가는 길 ·실학과 근대정신 ·근대화를 위한 노력 ■현대의 한국 ·항일 독립 투쟁 ·민주주의의 발전 ·민족 통일의 과제

---

10) 7차 사회과 교육과정에서 제시된 내용을 정리한 것임(교육부, 1998 b: 246-248)

학년 영역	3학년	4학년	5학년	6학년
인간 과 사회	■시장과 물자 이동 ·의식주 ·상점의 종류 ·상품의 종류와 그 소비자 ·물품의 생산지와 소비지 ·물자 유통의 상호 의존 ■고장의 여러 기관과 단 체 ·주요 기관과 고장 생활 과의 관계 ·고장 발전을 위한 단체 의 활동 ■고장 사람들의 노력 ·살기 좋은 고장의 의미 ·고장 발전을 위한 협력 ·고장의 미래 모습	■지역의 자원과 생산 활동 ·자원과 생산의 관계 ·공공재와 주민 경제 ·지역 경제의 해외 진출 ■물자 유통과 상호 의존 ·생산의 분업화와 직업 분화 ·시장의 뜻 ·교환, 유통, 화폐 ·경제적 상호 의존 ■지방 자치와 주민 생활 ·지방 자치 단체 ·선거 ·우리 지역의 상징 ■지역 사회의 문제와 해결 ·지역 사회 문제 ·지역 사회 문제 해결 ■우리 지역의 앞날 ·조사 방법 ·지역의 미래 모습 설계 ■다양해지는 가정생활 ·가정의 여러 형태 ·바람직한 가정생활 ■취미와 여가 생활 ·취미·여가 생활의 종 류 ·여가 생활의 변화 ■가정의 살림살이 ·경제적 선택과 결정 ·생산과 가계 소득 ·합리적 소비	■우리나라의 경제 성장 ·경제 제도의 특성 ·산업의 종류 ·경제 성장의 추이 ·경제 성장의 요인 ·경제 성장의 과제 ■정보화 시대의 산업 활 동 ·정보와 경쟁력 ·기술 개발의 효과 ·기술 개발과 생활 향상 ·첨단 정보 산업	■우리나라의 민주 정치 ·일상생활과 정치 ·삼권 분립 ■민주 시민의 권리와 의 무 ·인권 ·선거 ·국민의 의무 ■지구촌 문제의 해결을 위한 노력 ·자원·환경·인구 문제 ·인종·민족 간의 갈등 ·지구촌 문제 해결을 위 한 기구들

〈표 Ⅳ-10-1〉 3학년의 주요 기본 개념에 따른 학습 주제별 관련 스트랜드

단원	주제 및 제재	주요 기본 개념	관련 스트랜드
(1) 고장의 모습과 생활	(가) 고장의 모습과 지도 ① 지도 요소와 지도 읽는 방법 ② 고장의 그림 지도 그리기 ③ 고장의 그림 지도 읽기	지도, 지도 읽기 그림 지도 자연 환경, 인문 환경	Ⅰ. 공간과 환경
	(나) 고장 사람들이 살아가는 모습 ① 고장의 지리적 현상의 위치와 분포 ② 고장의 변화하는 모습과 생활 모습 ③ 고장의 인구 구성과 직업 ④ 고장의 주요 산업	자연 환경, 인문 환경 지리적 현상의 분포 지역, 자연 환경, 계절 인구 구성, 직업 산업, 자원, 환경 이용	Ⅰ. 공간과 환경
(2) 고장 생활의 중심지	(가) 시장과 물자의 이동 ① 우리의 생활과 의식주 ② 시장 견학 ③ 시장에서 유통되는 물건의 유통 경로	욕구, 의식주 생산, 시장, 중심지 생산자, 소비자, 유통, 교환	Ⅵ. 생산·분배·소비 (Ⅰ. 공간과 환경)
	(나) 터미널과 교통 ① 기차역과 버스 터미널 ② 교통의 결절지 기능	교통, 중심지, 유통 상호 의존 관계	Ⅰ. 공간과 환경 (Ⅵ. 생산·분배· 소비)
(3) 고장 생활의 변화	(가) 생활 도구의 변화 ① 도구의 변화 ② 도구의 발달과 생활 변화 ③ 도구를 통해 알 수 있는 조상들의 삶	생활 도구, 쓰임과 변화 도구의 발달, 생활의 변화, 지속성 생활 모습, 조상들의 슬기	Ⅱ. 변화와 지속성
	(나) 교통·통신의 변화 ① 교통수단의 변화 ② 통신 방법의 변화 ③ 교통·통신의 발달에 따른 고장의 발전	교통, 변화 통신, 변화 교통·통신의 발달, 생활의 변화	Ⅱ. 변화와 지속성
	(다) 놀이 행사의 변화 ① 전해 오는 민속 ② 가정의례의 변화 ③ 고장의 행사와 문화 전통의 계승	민속 가정 행사, 변화, 지속 문화, 전통	Ⅲ. 문화와 민족
(4) 살기 좋은 고장	(가) 고장의 여러 기관과 단체 ① 고장에 있는 여러 기관 ② 고장의 단체	필요, 요구, 공공기관 주민 단체, 공동생활	Ⅴ. 시민생활 과 정치
	(나) 고장 사람들의 노력 ① 살기 좋은 고장을 위해 해야 할 일들 ② 살기 좋은 고장 만들기 ③ 우리 고장의 미래 모습	기관·단체들의 협력, 상호 의존 고장의 발전	Ⅴ. 시민생활 과 정치

〈표 Ⅳ-10-2〉 4학년의 주요 기본 개념에 따른 학습 주제별 관련 스트랜드

단원	주제 및 제재	주요 기본 개념	관련 스트랜드
(1) 우리가 사는 지역 사회	(가) 우리 지역의 모습 1 우리 지역의 환경에 관한 자료 2 우리 지역의 계절과 생활에 관한 자료 3 우리 지역의 지도 그리기 4 우리 지역의 자연 재해와 환경 문제	자연 환경, 인문 환경 기후 지도화, 지도의 특성 자연 재해, 환경 문제, 지역	Ⅰ. 공간과 환경
	(나) 지역의 자원과 생산 활동 1 우리 지역의 자원과 생산 2 지역 경제와 해외 진출 3 공익을 위한 생산 활동	산업, 자원, 생산 지역 경제, 해외 진출 공공재, 공익 증진	Ⅵ. 생산·분배·소비
	(다) 물자의 유통과 상호 의존 1 생산 활동과 분업화 2 물자의 유통과 시장 3 경제생활의 상호 의존	생산, 직업 분화, 분업 물자 교환, 화폐, 시장, 유통 경제 생활, 상호 의존	Ⅵ. 생산·분배·소비
(2) 주민 자치와 지역 사회의 발전	(가) 지방 자치와 주민 생활 1 지방 자치 단체 2 고장의 일꾼 뽑기 3 우리 지역의 상징	지방 자치, 단체 민주주의, 선거, 지방 의회, 행정 기관 지역의 상징	Ⅴ. 시민생활 과 정치
	(나) 지역 사회의 문제와 해결 1 지역 사회의 문제 2 서로 다른 해결책 3 서로 다른 해결책을 조정하는 과정	지역 사회 문제, 갈등 문제 해결, 조정과 타협 시청, 도청, 의견 조정, 합리 적 의사결정	Ⅴ. 시민생활 과 정치
	(다) 우리 지역의 앞날 1 주민들이 생각하는 우리 지역의 앞날 2 우리 지역의 앞날의 모습 3 지방자치단체에서 세운 지역의 발전 계획	지역, 요구, 기대 지역의 미래상 지역의 발전, 공공선의 실현	Ⅴ. 시민생활 과 정치
(3) 옛 도읍지와 문화재	(가) 옛 도읍지를 통해 본 나라들 1 옛 도읍지와 나라들 2 옛 도읍지의 문화 탐방	도읍지, 왕조, 입지, 역사 지 도, 연표, 시간, 변화, 조상들 의 생활과 슬기	Ⅱ. 변화와 지속성
	(나) 박물관과 문화재 1 박물관 2 우리 고장의 문화재	박물관, 생활양식, 문화유산, 문 화 보존, 문화 계승	Ⅱ. 변화와 지속성 (Ⅲ. 문화와 민족)
(4) 사회 변화와 가정생활	(가) 다양해지는 가정생활 1 가정의 형태와 그 변화 2 바람직한 가정생활	가족과 사회, 가족의 형태, 가족 제도의 변화, 가족의 역할, 지위, 공동생활	Ⅳ. 개인과 사회제도
	(나) 가정의 살림살이 1 생활 속의 수많은 선택 2 소득의 원천과 생산 3 합리적인 가계 운영	희소성, 기회비용, 합리적 선 택, 생산, 소득 절약, 저축, 가정 경제	Ⅵ. 생산·분배·소비

〈표 Ⅳ-10-3〉 5학년의 주요 기본 개념에 따른 학습 주제별 관련 스트랜드

단원	주제 및 제재	주요 기본 개념	관련 스트랜드
(1) 우리 국토의 모습	(가) 우리나라의 자연 환경과 생활 ① 지형과 인간 생활 ② 기후와 인간 생활 ③ 자연 환경을 이용한 의식주 생활	지형과 생활, 기후와 생활, 자연 환경의 이용, 의식주	Ⅰ. 공간과 환경
	(나) 환경 보전을 위한 노력 ① 우리나라의 자연 재해 ② 환경 문제와 환경보전 ③ 환경 보전과 민주적 의사 결정 ④ 국토 개발 계획	자연 재해, 도시화, 산업화, 환경 문제, 환경 보전, 국토 개발	Ⅰ. 공간과 환경
(2) 여러 지역의 생활	(가) 도시 지역의 생활 ① 우리나라의 도시화 ② 도시 가족의 사례연구 ③ 도시 문제의 성격	도시화, 도시의 기능, 도시의 입지, 인구 문제, 도시 문제, 환경 문제	Ⅰ. 공간과 환경 (Ⅳ. 개인과 사회 제도)
	(나) 촌락 지역의 생활 ① 우리나라 촌락의 입지와 기능 ② 우리나라 촌락의 생활 모습 ③ 촌락의 지역개발 사업	촌락의 입지, 촌락의 기능, 지역 개발, 상호 의존	Ⅰ. 공간과 환경
(3) 세계 속의 우리 경제	(가) 우리나라의 경제 성장 ① 우리나라 경제 제도의 특성 ② 우리 경제가 성장해 온 모습 ③ 경제를 발전시킨 원동력	경제 제도, 자유 시장 경제, 사유재산, 이윤 추구, 경제 활동의 자유, 자유 경쟁, 경 제 성장, 경제 성장 요인, 경 제 성장 과제	Ⅵ. 생산·분배·소비
	(나) 정보화 시대의 산업 활동 ① 정보와 경쟁력 ② 기술 개발과 그 효과 ③ 기술 진보와 생활 향상 ④ 세계를 선도하는 우리 기술과 산업	정보 활용, 경쟁력, 기술 개발, 기술 진보, 생활 향상, 산업 발전	Ⅶ. 과학·기술·사회 (Ⅵ. 생산·분배 ·소비)
(4) 우리 겨레의 생활 문화	(가) 생활 도구와 과학 기술 ① 의식주 생활 도구와 조상의 슬기 ② 우리 겨레의 과학 문화유산	생활 도구, 과학 기술	Ⅲ. 문화와 민족 (Ⅶ. 과학·기술· 사회)
	(나) 마을 제사와 종교 생활 ① 건국 이야기와 민족정신 ② 마을 제사와 두레 ③ 민속·예술과 종교	전통, 민족, 관습, 공동체 의식, 신앙, 예술, 종교	Ⅲ. 문화와 민족

〈표 Ⅳ-10-4〉 6학년의 주요 기본 개념에 따른 학습 주제별 관련 스트랜드

단원	주제 및 제재	주요 기본 개념	관련 스트랜드
(1) 우리 겨레 우리 나라	(가) 나라를 일으킨 조상들 ① 선사 시대의 주민 ② 하나로 뭉친 우리 겨레 ③ 민족 국가의 성장	선사 시대, 왕조, 통일, 분열, 민족 국가	Ⅱ. 변화와 지속성
	(나) 문화를 빛내고 외침을 물리친 조상들 ① 민족 문화의 발달 ② 국난의 극복	민족 문화, 문화 전파, 역사적 사건, 인물, 국난 극복	Ⅲ. 문화와 민족
(2) 새로운 사회, 문화로 가는 길	(가) 국가의 부강과 국민의 복지를 위해 노력한 조상들 ① 실학의 출현과 사회 변화 ② 사회 개혁을 위한 노력 ③ 예술·종교 면에서의 새로운 움직임	신분 사회, 실학, 사회 변화, 사회 개혁, 평등사상, 예술, 종교	Ⅳ. 개인과 사회 제도 (Ⅲ. 문화와 민족)
	(나) 자주와 독립을 위해 싸운 조상들 ① 근대화를 위한 자주적 노력 ② 항일 독립 전쟁 ③ 8·15 광복과 민주 국가 건설	근대화 운동, 개화, 독립, 민족 통일	Ⅱ. 변화와 지속성 (Ⅲ. 문화와 민족)
(3) 우리 나라 의 민주 정치	(가) 우리들의 생활과 정치 ① 일상생활과 정치 ② 나라 일을 나누어 맡은 3부	정치, 민주 정치, 민주주의, 시민과 참여	Ⅴ. 시민생활과 정치
	(나) 민주 시민의 권리와 준법정신 ① 사람으로서의 권리 ② 국민의 권리 ③ 국민의 의무	인권, 인간 존엄, 헌법, 권리, 의무, 준법정신, 민주 시민	Ⅴ. 시민생활과 정치
(4) 함께 살아가는 세계	(가) 우리와 관계 깊은 나라들 ① 역사적, 문화적, 지리적으로 우리와 관계 깊은 나라들 ② 무역 및 자원 교류로 우리와 관계 깊은 나라들 ③ 우리 교포가 많이 거주하고 있는 나라들	지구촌, 교류, 교포, 민족	Ⅷ. 지구촌 사회 (Ⅰ. 공간과 환경, Ⅲ. 문화와 민족)
	(나) 지구촌의 문제와 우리나라 ① 지구촌화 현상 ② 지구촌의 문제들 ③ 지구촌의 문제를 해결하기 위한 노력들	지구촌화, 상호 의존, 지구촌 문제, 지구촌 문제 해결, 국제기구, 국제 협력,	Ⅷ. 지구촌 사회
	(다) 통일과 민족의 앞날 ① 남북의 분단 ② 평화 통일로 가는 길	민족, 남북 분단, 남북 교류, 협력, 통일, 평화 통일 의지	Ⅲ. 문화와 민족

지금까지 살펴본 사회과의 주요 개념에 따른 주제별 관련 스트랜드를 토대로 현행 교육과정에 반영된 주제 스트랜드의 구성을 학년별로 정리해 보면 아래 〈표 Ⅳ-11〉과 같이 나타낼 수 있다.

〈표 Ⅳ-11〉 현행 교육과정에 대비시킨 학년별 주제 스트랜드의 구성

학년	주제 스트랜드의 구성
3	Ⅰ. 공간과 환경 Ⅱ. 변화와 지속성 Ⅲ. 문화와 민족 Ⅴ. 시민생활과 정치 Ⅵ. 생산·분배·소비
4	Ⅰ. 공간과 환경 Ⅱ. 변화와 지속성 Ⅲ. 문화와 민족 Ⅳ. 개인과 사회제도 Ⅴ. 시민생활과 정치 Ⅵ. 생산·분배·소비
5	Ⅰ. 공간과 환경 Ⅲ. 문화와 민족 Ⅳ. 개인과 사회제도 Ⅵ. 생산·분배·소비 Ⅶ. 과학·기술·사회
6	Ⅰ. 공간과 환경 Ⅱ. 변화와 지속성 Ⅲ. 문화와 민족 Ⅳ. 개인과 사회제도 Ⅴ. 시민생활과 정치 Ⅷ. 지구촌 사회

이를 분석해보면 아래 〈표 Ⅳ-12〉와 같이, 현행 7차 교육과정에서 8개의 주제 스트랜드가 전 학년에 걸쳐 반영되어 있으며, 각 학년에 따라 반영된 주제

스트랜드의 수는 대체로 5~6개를 차지하고 있다. 또한, 학년별 다소 차이를 보이고 있지만 주제 스트랜드별로 보면 과학·기술·사회 스트랜드(5학년)와 지구촌 사회 스트랜드(6학년)는 각각 한 학년에만 반영되고 있음을 알 수 있다.

〈표 Ⅳ-12〉 현행 교육과정에 대비시킨 주제 스트랜드의 구성 분석

스트랜드 ＼ 학년	3학년	4학년	5학년	6학년
Ⅰ. 공간과 환경	○	○	○	○
Ⅱ. 변화와 지속성	○	○		○
Ⅲ. 문화와 민족	○	○	○	○
Ⅳ. 개인과 사회제도		○	○	○
Ⅴ. 시민 생활과 정치	○	○		○
Ⅵ. 생산·분배·소비	○	○	○	
Ⅶ. 과학·기술·사회			○	
Ⅷ. 지구촌 사회				○

교실 수업의 학습 계획을 수립하기 위하여 분석하게 되는 단원은 교육과정 단원이 될 수도 있고, 교과서 단원이 될 수도 있다. 이러한 점에 있어서 "단원 재구성 뒤에는 단원 전개 계획을 수립하게 되는데, 이 때에는 교과서의 단원, 주제, 제재 등의 명칭이나 순서를 그대로 따르기보다는 실제 학습 내용에 더 적합한 주제와 문제를 선정하여 활동 중심의 학습이 이루어지도록 단원을 재구성하는 것이 좋다(교육부, 1998 b: 283)."고 하였다. 이러한 관점에 비추어 본 장에서는 초등학교 사회과 교육과정과 교과서의 내용을 중심으로 주제 스트랜드 중심의 통합적 단원 구성을 제시한다.

이와 같은 단원 구성의 절차는 다음 [그림 Ⅳ-1]과 같다.

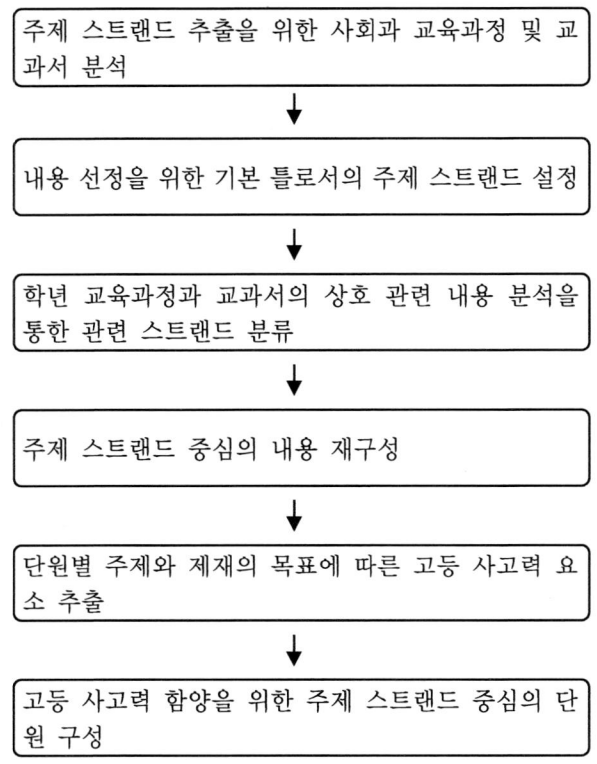

[그림 IV-1] 고등 사고력 함양을 위한 주제 스트랜드 중심의 단원 구성 절차

즉 교육과정과 교과서와의 상호 관련성을 파악하여 아래의 〈표 IV-13〉, 〈표 IV-14〉, 〈표 IV-15〉, 〈표 IV-16〉과 같이 공통적인 기본 개념을 추출하고, 이들을 동일한 스트랜드로 묶는 과정을 거친다. 이러한 분석을 기초로 하여 사고력 관련 주제 스트랜드 중심의 사회과 통합적 내용을 〈표 IV-17〉, 〈표 IV-18〉, 〈표 IV-19〉, 〈표 IV-20〉과 같이 재구성한다. 또한 이렇게 구성한 주제 스트랜드 중심의 통합적 내용에서 단원별 주제 및 제재에 따른 목표 요소의 분석을 통하여 사회과에서의 고등 사고력을 관련짓는 과정을 거치게 된다.

　이러한 단계를 정리해보면 다음과 같다. 즉 ① 주제 스트랜드 추출을 위한 사회과 교육과정 및 교과서 분석 → ② 내용 선정을 위한 기본 틀로서의 주제 스트랜드 설정 → ③ 학년 교육과정과 교과서의 상호 관련 내용 분석을 통한 관련 스트랜드 분류 → ④ 주제 스트랜드 중심의 내용 재구성 → ⑤ 단원별 주제와 제재의 목표에 따른 고등 사고력 요소 추출 → ⑥ 고등 사고력 함양을 위한 주제 스트랜드 중심의 단원 구성의 과정을 거친다. 이러한 일련의 과정들은 각각의 자료로 정리되어 아래에 〈표 Ⅳ-13〉에서부터 〈표 Ⅳ-16〉까지, 〈표 Ⅳ-17〉에서부터 〈표 Ⅳ-20〉까지, 그리고 〈표 Ⅳ-29〉에서부터 〈표 Ⅳ-34〉와 〈표 Ⅳ-36〉에서부터 〈표 Ⅳ-39〉까지 나타나고 있다.

〈표 Ⅳ-13〉 사회과 교육과정과 교과서간의 관련 내용 분석(3학년)

교육과정			교과서		기본 개념	관련 스트랜드
			3-1 학기	3-2 학기		
영역	내용	단원별·주제별 지도의 관점	단원명-주제명-제재명	단원명-주제명-제재명		
인간과 공간	■고장의 자연 환경과 인문 환경과의 관계 ·고장의 자연 환경 ·고장의 인문 환경	1. 고장의 모습과 생활 (1) 고장의 모습과 지도 ① 지도의 요소와 지도 읽는 법 ② 고장의 그림지도 그리기 ③ 고장의 그림지도 읽기 (2) 고장 사람들이 살아가는 모습 ① 고장의 지리적 현상의 위치와 분포	1. 우리 고장의 모습 (1) 학교 주변의 모습 ① 무엇이 보이나요 ② 그림지도로 나타내기 (2) 그림지도로 살펴본 고장의 모습 ① 우리 고장의 그림지도 ② 상점과 공장이 많은 곳		그림 지도 자연 환경 인문 환경 지리적 현상의 분포, 지역	Ⅰ. 공간과 환경
	■지도와 고장의 관찰 ·그림 지도 ·관찰과 조사	(1) 고장의 모습과 지도 ② 고장의 그림지도 그리기	(2) 그림지도로 살펴본 고장의 모습 ③ 산과 들이 보여요			Ⅰ. 공간과 환경
	■고장 사람들의 생활 ·인구 구성, ·직업 ·산업	(2) 고장 사람들이 살아가는 모습 ② 고장의 변화하는 모습과 생활모습 ③ 고장의 인구구성과 직업 ④ 고장의 주요산업	2. 우리 고장 사람들의 생활 모습 (1) 자연을 이용하는 생활 ① 자연을 이용하는 모습 ② 계절에 따라 달라지는 생활 (2) 고장 사람들이 하는 일 ① 부모님께서 하시는 일 ② 우리 고장에서 발달한 산업		인구 구성 자원, 산업, 환경의 이용	Ⅰ. 공간과 환경
	■지역 중심지로서의 시장 ·생산과 소비의 중심지 ·물자 유통의 중심지	2. 고장 생활의 중심지 (1) 시장과 물자이동 ③ 시장에서 유통되는 물건의 유통경로	3. 고장 생활의 중심지 (1) 시장과 우리 생활 ① 시장이 있는 곳		중심지, 시장, 지역의 형성, 물자 유통	Ⅰ. 공간과 환경
	■교통의 중심지 ·역과 버스 터미널의 위치와 기능 ·고장간의 연결	(2) 터미널과 교통 ① 기차역과 버스 터미널 ② 교통의 결절지의 기능	(2) 이어주는 길 ① 역과 터미널 ② 이웃 고장으로의 여행		중심지, 교통, 지역의 형성, 상호 의존	Ⅰ. 공간과 환경

교육과정			교과서		기본 개념	관련 스트랜드
			3-1 학기	3-2 학기		
영역	내용	단원별·주제별 지도의 관점	단원명-주제명-제재명	단원명-주제명-제재명		
인간과 시간	■고장 생활의 변천 ·도구의 발달과 생활의 변화 ·교통·통신의 발달과 생활의 변화 ·가정의례의 변화	3. 고장 생활의 변천 (1) 생활 도구의 변화 ① 도구의 변화 ② 도구의 발달과 생활의 변화 ③ 도구를 통해 알 수 있는 조상들의 삶 (2) 교통·통신의 변화 ① 교통수단의 변화 ② 통신 방법의 변화 ③ 교통·통신의 발달에 따른 고장의 발전		1. 고장 생활의 변화 (1) 생활도구의 발달 ① 편리해지는 집안일 ② 오늘날에도 쓰이는 맷돌 (2) 교통·통신의 발달 ① 마차와 자동차 ② 봉수와 컴퓨터 통신	생활도구 과학 기술의 발달. 생활의 변화. 지속성. 교통, 통신. 생활의 변화	Ⅱ. 변화와 지속성
	■전통의 계승 ·민속놀이 ·고장의 문화 행사 ·전통 문화의 계승	(3) 놀이와 행사의 변화 ① 전해오는 민속 ② 가정의례의 변화 ③ 고장의 행사와 문화 전통의 계승		2. 우리고장의 전통문화 (1) 전해오는 민속 ① 고장의 민속놀이 ② 할머니의 옛날이야기 (2) 가정과 고장의 행사 ① 가정의 여러 행사 ② 우리 고장의 전통 문화 축제	민속 변화 지속 전통	Ⅲ. 문화와 민족
인간과 사회	■시장과 물자 이동 ·의식주 ·상점의 종류 ·상품의 종류와 그 소비자 ·물품의 생산지와 소비지 ·물자 유통의 상호 의존	2. 고장 생활의 중심지 (1) 시장과 물자이동 ① 우리의 생활과 의식주 ② 시장 견학 ③ 시장에서 유통되는 물건의 유통경로	3. 고장 생활의 중심지 (1) 시장과 우리 생활 ① 시장이 있는 곳 ② 시장이 하는 일			Ⅵ. 생산·분배·소비
	■고장의 여러 기관과 단체 ·주요 기관과 고장 생활과의 관계 ·고장 발전을 위한 단체의 활동	4. 살기 좋은 고장을 위한 노력 (1) 고장의 여러 기관과 단체 ① 고장에 있는 여러 기관 ② 고장의 단체		3. 살기 좋은 우리고장 (1) 고장의 여러 기관과 단체 ① 무엇을 도와 드릴까요? ② 주민 단체들	필요, 요구, 공공 기관 주민 단체 공동생활	Ⅴ. 시민 생활과 정치
	■고장 사람들의 노력 ·살기 좋은 고장의 의미 ·고장 발전을 위한 협력 ·고장의 미래 모습	(2) 고장 사람들의 노력 ① 살기 좋은 고장을 위해 해야 할 일 ② 살기 좋은 고장 만들기 ③ 우리 고장의 미래모습		(2) 함께 노력하는 고장 사람들 ① 깨끗한 거리, 정다운 이웃 ② 2030년의 우리고장	협동 상호 의존 공동생활	Ⅴ. 시민 생활과 정치

〈표 Ⅳ-14〉 사회과 교육과정과 교과서간의 관련 내용 분석(4학년)

교육과정			교과서		기본개념	관련 스트랜드
			4-1 학기	4-2 학기		
영역	내용	단원별·주제별 지도 내용	단원명-주제명-제재명	단원명-주제명-제재명		
인간과 공간	■우리 지역의 모습 ·지역의 자연 환경 ·지역의 인문 환경 ·계절과 생활 모습의 관계 ·우리 지역의 환경 문제	1. 우리가 사는 지역사회 (1) 우리 지역의 모습 ① 우리 지역의 환경에 관한 자료 ② 우리 지역의 계절과 생활에 관한 자료 ④ 우리 지역의 자연재해와 환경문제	1. 우리 시·도의 모습 (1) 지도에 나타난 우리 시·도의 모습 ② 지도를 이용하여 배우자. (2) 우리 시·도의 자연 환경과 생활 ① 우리 시·도의 사계절 ② 자연 재해의 극복		자연환경 인문환경 기후 자연재해 환경문제 지역	Ⅰ. 공간과 환경
	(·역사적 환경)		(3) 우리 시·도의 달라진 모습 ① 어떻게 달라졌을까 ② 알고 떠나자		시간 연표 변화 문화재	Ⅱ. 변화와 지속성
	■지역의 지도 그리기 ·지도의 요소와 표현 방법 ·지역 생활 모습의 지도화	③우리 지역의 지도 그리기	(1) 지도에 나타난 우리 시·도의 모습 ① 지도를 알아보자. ② 지도를 이용하여 배우자.		지도화	Ⅰ. 공간과 환경
인간과 시간	■옛 도읍지와 나라들 ·연표와 역사 지도 ·우리나라 이름의 변천 ·옛 도읍지의 문화유산	3. 옛 도읍지와 문화재 (1) 옛 도읍지를 통해 본 나라들 ① 옛 도읍지와 나라들 ② 옛 도읍지의 문화탐방		1. 문화재와 박물관 (1) 옛 도읍지와 문화재 ① 연표와 역사지도 ② 옛 도읍지 여행	왕조 입지 변화 문화경관	Ⅱ. 변화와 지속성
	■박물관과 문화재 ·박물관의 기능 ·문화재의 뜻과 중요성	(2) 박물관과 문화재 ① 박물관 ② 우리 고장의 문화재		(2) 박물관 견학과 문화재 답사 ① 박물관 견학 ② 문화재 현장 학습 ③ 세계적인 우리 문화재	문화유산 박물관 문화보존 문화계승	Ⅱ. 변화와 지속성 (Ⅲ. 문화와 민족)

교육과정			교과서		기본개념	관련 스트랜드
			4-1 학기	4-2 학기		
영역	내용	단원별·주제별 지도 내용	단원명-주제명-제재명	단원명-주제명-제재명		
인간과 사회	■지역의 자원과 생산 활동 ·자원과 생산의 관계 ·지역 경제의 해외 진출 ·공공재와 주민 경제	1. 우리가 사는 지역 사회 (2) 지역의 자원과 생산 활동 ① 우리 지역의 자원과 생산 ② 지역 경제와 해외 진출 ③ 공익을 위한 생산 활동	2. 우리 시·도의 발전하는 경제 (1) 우리 시·도의 자원과 생산 활동 ① 자원을 이용하는 생산 활동 ② 세계로 열린 경제 ③ 공공시설을 내 것처럼		자원생산 지역경제 해외진출 공공재 공익증진	Ⅵ. 생산 · 분배 · 소비
	■물자 유통과 상호 의존 ·생산의 분업화와 직업 분화 ·시장의 뜻 ·교환, 유통, 화폐 ·경제적 상호 의존	(3) 물자의 유통과 상호의존 ① 생산 활동의 분업화 ② 물자의 유통과 시장 ③ 경제생활의 상호 의존	(2) 서로 돕는 경제생활 ① 나누어 맡은 생산 ② 경제 활동의 중심지 ③ 서로 도움을 주는 경제 활동		직업분화 물자교환 물자유통 상호의존	Ⅵ. 생산 · 분배 · 소비
	■지방 자치와 주민 생활 ·지방 자치 단체 ·선거 ·우리 지역의 상징	2. 주민 자치와 지역 사회의 발전 (1) 지방 자치와 주민생활 ① 지방 자치단체 ② 고장의 일꾼 뽑기 ③ 우리 지역의 상징	3. 새로워지는 우리 시·도 (1) 지방 자치와 주민 생활 ① 시·도청을 찾아서 ② 지역의 대표 뽑기 ③ 시·도의 상징		지방자치 민주주의 견제와 균형 지역상징	Ⅴ. 시민 생활 과 정치
	■지역 사회의 문제와 해결 ·지역 사회 문제 ·지역 사회 문제 해결	(2) 지역 사회의 문제와 해결 ① 지역사회의 문제 ② 서로 다른 해결책 ③ 서로 다른 해결책을 조정하는 과정	(2) 우리 시·도의 여러 가지 문제와 해결 ① 우리 시·도의 여러 가지 문제 ② 함께 해결하는 우리 시·도의 문제		지역사회 문제 조정과 타협	Ⅳ. 개인 과 사회 제도

교육과정			교과서		기본개념	관련 스트 랜드
			4-1 학기	4-2 학기		
영역	내용	단원별·주제별 지도 내용	단원명-주제명-제재명	단원명-주제명-제재명		
인 간 과 사 회	■우리 지역의 앞날 ·조사 방법 ·지역의 미래 모습 설계	(3) 우리 지역의 앞날 ① 주민들이 생각하는 우리 지역의 앞날 ② 우리 지역의 앞날의 모습 ③ 지방 자치 단체에서 세운 우리 지역 발전 계획	(3)우리 시·도의 미래 ① 시·도 주민의 희망 ② 우리 시·도의 미래 모습		요구 기대 지역 사회 발전	Ⅳ. 개인 과 사회 제도
	■다양해지는 가정생활 ·가정의 여러 형태 ·바람직한 가정생활	4. 사회 변화와 가정생활 (1) 다양해지는 가정생활 ① 가정의 형태와 그 변화 ② 바람직한 가정생활		2. 가정생활과 여가 생활 (1) 가정생활의 변화 ① 가정의 여러 형태 ② 서로 돕는 우리 가족	가족과 사회 가족 다양성 가족의 변화	Ⅲ. 문화 와 민족
	■가정의 살림살이 ·경제적 선택과 결정 ·생산과 가계 소득 ·합리적 소비	(2) 가정의 살림살이 ① 생활 속의 수많은 선택 ② 소득의 원천과 생산 ③ 합리적인 가계 운영		3. 가정의 경제생활 (1) 다양한 생산 활동과 가정의 소득 ① 가지고 싶은 것은 많지만 ② 가정의 소득을 얻기까지 (2) 알뜰한 살림살이 ① 가계부 ② 우리 집 예금통장	희소성 합리적 선택 생산과 소득 절약과 저축 가정 경제	Ⅵ. 생산 · 분배 · 소비
	■취미와 여가 생활 ·취미·여가 생활의 종류 ·여가 생활의 변화	(3) 취미와 여가 생활 ① 여러 가지 취미·여가 생활 ② 조상들의 취미·여가 생활 ③ 바람직한 취미·여가 생활		2. 가정생활과 여가 생활 2) 여가 생활의 변화 ①윷놀이와 컴퓨터 게임 ② 즐거운 주말	취미와 여가 전통 놀이 변화	Ⅲ. 문화 와 민족

〈표 Ⅳ-15〉 사회과 교육과정과 교과서간의 관련 내용 분석(5학년)

교육과정			교과서		기본개념	관련 스트랜드
			5-1 학기	5-2 학기		
영역	내용	단원별·주제별 지도 내용	단원명-주제명-제재명	단원명-주제명-제재명		
인간과 공간	■우리 국토의 모습 ·지형과 인간 생활 ·기후와 인간 생활	1. 우리 국토의 모습 (1) 우리나라의 자연환경과 생활 ① 지형과 인간생활 ② 기후와 인간생활	1. 우리나라의 자연환경과 생활 (1) 우리생활과 자연환경 ① 사람들은 어떤 곳에서 생활하고 있을까 ② 기후와 생활		지형과 생활, 기후와 생활, 자연환경의 이용	Ⅰ. 공간과 환경
	■환경의 이용과 보존 ·자연 환경을 이용한 의식주 생활	③자연환경을 이용한 의식주 생활	(2) 자연환경을 이용한 생활 ① 더위와 추위에 대비한 한복 ② 우리 조상들이 즐긴 음식 ③ 여러 가지 모양의 집		의식주, 자연재해, 도시화, 산업화,	Ⅰ. 공간과 환경
	·환경 문제와 자연 재해 ·국토 개발 계획 ·환경 보존과 민주적 의사결정	(2) 환경 보전을 위한 노력 ① 우리나라의 자연재해 ② 환경 문제와 환경 보전 ③ 환경 보전과 민주적 의사결정 ④ 국토개발 계획	3. 환경보전과 국토개발 (1) 자연재해와 환경문제 ①우리는 자연의 일부 ②자연재해 ③환경문제 (2) 환경과 더불어 살아가는 길 ① 환경문제의 합리적 해결 ② 환경을 생각하는 국토개발		환경 문제, 환경 보전, 국토 개발	
	■도시와 촌락 지역의 생활 ·도시의 분포와 유형 ·도시 문제 ·촌락의 입지와 기능 ·촌락과 도시의 상호 의존	2. 여러 지역의 생활 (1) 도시지역의 생활 ① 우리나라의 도시화 ② 도시가족의 사례연구 ③ 도시문제의 성격 (2) 촌락지역의 생활 ① 우리나라 촌락의 입지와 기능 ② 우리나라 촌락의 생활모습 ③ 촌락의 지역개발사업	2. 우리가 사는 지역 (1) 도시지역의 생활 ① 도시는 어떤 곳일까 ② 도시로 몰려들고 있어요 ③ 도시의 여러 문제를 어떻게 해결할까 (2) 촌락지역의 생활 ① 촌락의 어제와 오늘 ② 촌락에서 일어나는 일 ③ 촌락이 변화하고 있어요		도시화, 도시의 기능, 도시의 입지, 인구 문제, 도시 문제, 환경 문제, 촌락의 입지, 촌락의 기능, 지역 개발	Ⅰ. 공간과 환경 (Ⅳ. 개인과 사회 제도)

교육과정			교과서		기본개념	관련스트랜드
			5-1 학기	5-2 학기		
영역	내용	단원별·주제별 지도 내용	단원명-주제명-제재명	단원명-주제명-제재명		
인간과 시간	■문화 전통의 계승 ·생활 문화의 계승 ·과학 문화유산의 계승 ·예술. 종교. 문화의 계승	4. 우리 겨레의 생활문화 (1) 생활도구와 과학기술 ① 의식주 생활도구와 조상의 슬기 ② 우리 겨레의 과학문화유산 (2) 마을제사와 종교생활 ① 건국이야기와 민족정신 ② 마을제사와 두레 ③ 민속·예술과 종교		3.우리 겨레의 생활 문화 (1)조상들의 멋과 슬기 ① 조상들의 생활 도구 ② 과학 문화재 탐방 (2)민족을 통해 본 조상들의 삶 ① 건국 이야기에 담긴 뜻 ②마을 제사에 담긴 뜻 ③조상들의 종교 생활	생활 도구, 과학 기술 전통, 민족, 관습, 공동체 의식, 신앙, 예술, 종교	Ⅲ. 문화와 민족 (Ⅶ. 과학· 기술· 사회)
인간과 사회	■우리나라의 경제 성장 ·경제 제도의 특성 ·산업의 종류 ·경제 성장의 추이 ·경제 성장의 요인 ·경제 성장의 과제	3. 세계 속의 우리경제 (1) 우리나라의 경제성장 ① 우리나라 경제제도의 특성 ② 우리경제가 성장해온 모습 ③ 경제를 발전시킨 원동력		1. 우리나라의 경제 성장 (1)우리나라 경제생활의 특징 ① 자유와 경쟁 ② 우리 경제의 발자취 (2)세계로 뻗어 가는 우리 경제 ① 세계 속의 우리 경제 ② 우리 기업의 해외 진출	경제 제도, 자유 시장 경제, 사유 재산, 이윤 추구, 경제 활동의 자유, 자유 경쟁, 경제 성장	Ⅵ. 생산· 분배· 소비
	■정보화 시대의 산업 활동 ·정보와 경쟁력 ·기술 개발의 효과 ·기술 개발과 생활 향상 ·첨단 정보 산업	3. 세계 속의 우리경제 (2) 정보화시대의 산업 활동 ① 정보와 경쟁력 ② 기술개발과 그 효과 ③ 기술진보와 생활향상 ④ 세계를 선도하는 우리 기술과 산업		2. 정보화 시대의 생활과 산업 (1)정보화 시대의 생활 ① 달라져 가는 생활 모습 ② 더불어 사는 정보화 세상 (2) 첨단 기술과 산업의 발달 ① 첨단 기술과 생활의 변화 ② 첨단 기술을 활용하는 산업 ③ 우리가 만드는 미래의 산업	정보 활용, 경쟁력, 기술 개발, 기술 진보, 생활 향상, 산업 발전	Ⅶ. 과학· 기술· 사회 (Ⅵ. 생산· 분배· 소비)

〈표 Ⅳ-16〉 사회과 교육과정과 교과서간의 관련 내용 분석(6학년)

교육과정			교과서		기본개념	관련 스트랜드
			6-1 학기	6-2 학기		
영역	내용	단원별·주제별 지도 내용	단원명-주제명-제재명	단원명-주제명-제재명		
인간과 공간	■우리 겨레의 삶의 터전 ·한반도와 중국 등 북부의 지리적 환경		1. 우리 민족과 국가의 성립 (1)-①처음으로 세운 나라 고조선			Ⅰ. 공간과 환경
	■우리와 관계가 깊은 나라들 ·지구본과 세계 ·역사적, 경제적으로 관계 깊은 나라	4. 함께 살아가는 세계 (1) 우리와 관계가 깊은 나라들 ① 역사적, 문화적, 지리적으로 우리와 관계 깊은 나라들 ② 무역 및 자원 교류로 우리와 관계 깊은 나라들		2. 함께 살아가는 세계 (1) 변화하는 세계의 여러 나라 ① 세계를 한눈에 ② 우리와 관계 깊은 나라들 ③ 더 가까워지는 세계의 여러 나라	지구촌, 교류, 교포, 민족	Ⅷ. 지구촌 사회 (Ⅰ. 공간과 환경)
	·우리 민족, 기업의 해외 진출	③ 우리 교포가 많이 거주하고 있는 나라들		3. 새로운 세계에서 우리가 할 일 (1) 세계 속의 대한민국 ① 자랑스러운 우리 문화 ② 세계 속에 한국을 심는 사람들		(Ⅲ. 문화와 민족)
	■지구촌 ·지구촌의 상호 의존 ·지구촌의 문제들 (자원, 환경 등)	(2) 지구촌 문제와 우리나라 ① 지구촌화 현상 ② 지구촌의 문제들 ③ 지구촌의 문제를 해결하기 위한 노력들		2. 함께 살아가는 세계 (2) 지구촌 속의 우리나라 ① 인터넷으로 하나가 된 지구촌 ② 지구촌의 여러 문제	지구촌화, 상호 의존, 지구촌 문제 해결	Ⅷ. 지구촌 사회
인간과 사회	■우리나라의 민주 정치 ·일상생활과 정치 ·삼권 분립 ■민주 시민의 권리와 의무 ·인권 ·선거 ·국민의 의무 ■지구촌 문제의 해결을 위한 노력 ·자원·환경·인구 문제 ·인종·민족 간의 갈등 ·지구촌 문제해결을 위한 기구들	3. 우리나라의 민주 정치 (1) 우리들의 생활과 정치 ① 일상생활과 정치 ② 나라의 일을 나누어 맡은 3부 (2) 민주 시민의 권리와 준법정신 ① 사람으로서의 권리 ② 국민의 권리 ③ 국민의 의무 4-(2) 지구촌 문제와 우리나라 ② 지구촌의 문제들 ③ 지구촌의 문제를 해결하기 위한 노력들		1. 우리나라의 민주정치 (1) 우리 생활과 정치 ① 민주정치와 생활 ② 국민의 정치 참여 (2) 나라일 을 맡아하는 기관들 ① 국민의 대표 국회 ② 나라 살림 행정부 ③ 국민 권리 보호 법원 (3) 국민의 권리와 의무 ① 누려야 할 권리, 지켜 야 할 의무 ② 보호해야 할 인권 2. 함께 살아가는 세계 (2) 지구촌 속의 우리나라 ② 지구촌의 여러 문제	정치, 민주 정치, 민주 주의, 시민과 참여, 인권, 인간 존엄, 헌법, 권리, 의무, 준법 정신, 민주 시민 지구촌 문제해결, 국제협력	Ⅴ. 시민 생활과 정치 Ⅷ. 지구촌 사회

교육과정			교과서		기본개념	관련스트랜드
			6-1 학기	6-2 학기		
영역	내용	단원별·주제별 지도 내용	단원명-주제명-제재명	단원명-주제명-제재명		
인간과 시간	■민족 국가의 성장 ·민족의 형성 ·국가의 성장	1. 우리 겨레, 우리나라 (1) 나라를 일으킨 조상들 ① 선사시대의 주민 ② 하나로 뭉친 우리겨레 ③ 민족 국가의 성장	1. 우리 민족과 국가의 성립 (1) 하나로 뭉친 겨레 ① 고조선 ② 세 나라 ③ 통일 신라, 발해 (2) 민족을 다시 통일한 고려 ① 고려의 건국 (3) 유교를 정치의 근본으로 삼은 조선		선사시대, 왕조, 통일, 분열, 민족국가	Ⅱ. 변화와 지속성
	·국난의 극복	(2) 문화를 빛내고 외침을 물리친 조상들 ② 국난의 극복	① 정치 개혁으로 새로운 나라를 ③ 두 차례의 전란 극복			
	·근대 국가 건설을 위한 노력	2-(2)-① 근대화를 위한 자주적 노력	2-(2)-③ 대한 제국을 선포한 뜻은			
	■민족 문화의 발달 ·고대 문화의 발달 ·민족 문화의 해외 전파 ·서구 문화의 수용	(1) 나라를 일으킨 조상들 ① 선사시대의 주민 ② 하나로 뭉친 우리겨레 ③ 민족 국가의 성장 (2) 문화를 빛내고 외침을 물리친 조상들 ① 민족문화의 발달	(1) 하나로 뭉친 겨레 ① 고조선 ② 세 나라 ③ 통일 신라, 발해 1-(2)-② 역경을 이겨 내며 꽃 피운 고려 문화 1-(3)-③ 문화의 발달과 백성들의 생활 모습		민족문화, 문화전파	Ⅲ. 문화와 민족
	■근대 사회로 가는 길 ·실학과 근대 정신 ·근대화를 위한 노력	2. 새로운 사회, 문화로 가는 길 (1) 국가의 부강과 국민의 복지를 위해 노력한 조상들 ① 실학의 출현과 사회 변화 ③ 예술·종교면에서의 새로운 움직임 ② 사회 개혁을 위한 노력	2. 근대사회로 가는길 (1) 새로운 사회로의 움직임 ① 사회 변화를 위한 서민들의 노력 ② 잘사는 백성, 부강한 나라로 ③ 복을 빌고, 평등한 세상을 바라고 (2) 외세의 침략과 우리 민족의 대응 ① 척화비를 세운 까닭 ② 조선, 어디로 가야 하는가 ③ 대한 제국을 선포한 뜻은		신분사회, 실학, 사회변화, 사회개혁, 평등사상, 예술, 종교	Ⅳ. 개인과 사회제도 (Ⅲ. 문화와 민족)
	■현대의 한국 ·항일 독립 투쟁	(2) 자주와 독립을 위해 싸운 조상들 ① 근대화를 위한 자주적 노력 ② 항일 독립 전쟁	3. 대한민국의 발전 (1) 나라를 되찾기 위한 노력 ① 총과 펜을 들어 싸운 조상들 ② 대한 독립 만세, 한국 광복군 만세	3. 새로운 세계에서 우리가 할 일 (2) 통일과 민족의 앞날 ① 통일을 위한 우리의 노력 ② 통일 한국의 미래	근대화운동, 개화, 독립, 민족통일	Ⅱ. 변화와 지속성
	·민주주의의 발전	③ 8·15 광복과 민주 국가 건설	(2) 대한민국의 수립과 발전 ① 분단을 딛고 일어선 대한민국 ② 민주 시민이 승리하던 날들 ③ 한강의 기적에서 통일로		민족, 남북분단, 남북교류, 협력, 평화통일의지	Ⅲ. 문화와 민족
	·민족 통일의 과제	4-(3) 통일과 민족의 앞날 ① 남북의 분단 ② 평화 통일로 가는 길				

앞에서 제시한 고등 사고력 함양을 위한 주제 스트랜드 중심의 단원 구성 절차에 따라 스트랜드 중심의 사회과 통합적 재구성에 따른 관련 사고력을 아래 〈표 Ⅳ-17〉, 〈표 Ⅳ-18〉, 〈표 Ⅳ-19〉, 〈표 Ⅳ-20〉에서와 같이 제시한다.

이러한 고등 사고력의 관련 정도를 파악하기 위한 숙의 과정으로는 전문가 합의 기법을 활용하였다. 즉 현장 사회과 연구교사, 사회과 전공 교수, 그리고 교육과정 전공 교수 등이 참여한 전문가 회의를 통하여 주제 스트랜드에 대한 사고력의 관련 정도에 대한 검토를 거쳤으며, 서로 일치하지 않은 부분은 재차 델파이 기법(Delphi- Technique)의 형식을 부차적으로 활용하여 최종 선정한 것이다.

주제 스트랜드 중심의 사회과 통합적 재구성에 따른 관련 사고력 선정을 위한 협의 과정으로는 다음과 같다. 즉 전문가 집단 구성원으로는 현장 사회과 연구교사 3명, 사회과 교육 전공 교수 2명, 교육과정 전공 교수 1명 등 총 6명이 참여하였으며, 고등 사고력 관련 정도의 평가를 위한 설문지를 배부하고 두 차례의 전문가 회의를 가졌다.

그 검토 과정으로는 1차 회의 결과 각 영역에 대한 체계표와 선정 내용에 대한 협의 → 주제 스트랜드 항목과 목표 요소 설정 → 평가 설문지 작성 → 배부 → 수합 → 설문 응답 내용 분석 → 차이점에 대한 재차 설문 → 설문 결과를 2차로 검토하는 과정을 거쳤다. 이에 따른 세부적인 절차는 ① 관련 설문지를 연구 협력자 6명에게 배부 → ② 6명의 설문지를 수합·정리 → ③ 6명에게 타인의 1차 설문지를 회람 → ④ 2차 수정 의견 반영 → ⑤ 최종 선정의 절차를 가졌다.

이러한 과정을 통하여 나타난 주제 스트랜드 중심의 사회과 통합적 재구성에 따른 관련 사고력은 아래 〈표 Ⅳ-17〉에서 〈표 Ⅳ-20〉까지와 같으며, 여기서 고등 사고력의 관련 정도를 상, 중, 하(◎, ○, △)로 나타내었다.

164

〈표 Ⅳ-17〉 주제 스트랜드 중심의 사회과 통합적 재구성에 따른 관련 사고력(3학년)

주제 스트랜드	교과서 관련 단원명-주제명-제재명	목표 요소	탐구	의사	창조	비판	메타
Ⅰ. 공간과 환경	1. 우리 고장의 모습 (1) 학교 주변의 모습 ① 무엇이 보이나요	-4방위 알기, 학교 주변의 모습 관찰하고 그림 카드로 나타내기, 마을의 탐험 계획 세우기	◎				
	② 그림지도로 나타내기	-그림지도에 쓰이는 기호 알고 순서에 따라 그리기	○				
	(2) 그림지도로 살펴본 고장의 모습 ① 우리 고장의 그림지도	-고장의 그림 지도를 보고 그 특색 알기	○		○	○	
	② 상점과 공장이 많은 곳	-상점과 공장이 많은 곳의 특징 알기, 특색이 나타나는 이유			○	○	
	③ 산과 들이 보여요	-산과 들이 많은 곳의 특징, 우리 고장의 모습 나타내기	◎		○	○	
	2. 우리 고장 사람들의 생활 모습 (1) 자연을 이용하는 생활 ① 자연을 이용하는 모습	-고장 사람들의 자연 이용 모습, 옛날과 오늘날의 자연 이용 모습 비교하여 알기, 자료를 제시하며 설명하기	◎		○	◎	
	② 계절에 따라 달라지는 생활	-계절에 따른 의식주 모습, 미래의 생활 모습 상상해 보기	◎		◎	○	
	(2) 고장 사람들이 하는 일 ① 부모님께서 하시는 일	-다양한 방법으로 고장 사람들의 직업 조사하기, 조사한 내용을 통계표로 만들어 보고 이를 설명하기	○			○	△
	② 우리 고장에서 발달한 산업	-고장의 산업과 환경과의 관계 알기, 산업 현장 견학하기	◎		○	○	
	3-(2) 이어주는 길 ① 역과 터미널	-역과 터미널 등에 사람들이 많이 다니는 까닭, 이웃 고장과 교류가 이루어짐을 이해하기, 공공시설의 이용 자세	◎		○	○	
	② 이웃 고장으로의 여행	-이웃 고장 여행 계획 세우기, 고장간의 관계 파악하기	◎		○	○	
Ⅱ. 변화 와 지속성	1. 고장 생활의 변화 (1) 생활도구의 발달 ① 편리해지는 집안일	-옛날과 오늘날의 생활 모습의 차이 알기, 생활 도구의 변화에 따라 생활 모습이 달라지는 이유 알기, 생활 도구의 변화 모습을 여러 방법으로 조사하기	◎		◎	◎	△
	② 오늘날에도 쓰이는 맷돌	-옛 물건에 담긴 슬기 알기, 이를 발전 시킬 수 있는 방법	◎		○	◎	
	(2) 교통·통신의 발달 ① 마차와 자동차	-옛날과 오늘날의 교통수단에 관한 자료를 통해 변화 모습 알기, 교통수단의 발달이 생활에 미친 영향 알기	◎		○	◎	○
	② 봉수와 컴퓨터 통신	-옛날과 오늘날의 통신 수단의 변화, 통신 방법의 변화가 생활에 미친 영향, 미래 통신 생활 모습 상상하기	◎		○	◎	○

주제 스트랜드	교과서 관련 단원명-주제명-제재명	목표 요소	관련 사고력				
			탐구	의사	창조	비판	메타
Ⅲ. 문화 와 민족	2. 우리 고장의 전통문화 (1) 전해오는 민속 ① 고장의 민속놀이	-우리 고장에 전해오는 민속놀이의 종류, 민속놀이에 담긴 뜻, 민속놀이 경험하기	◎			○	
	② 할머니의 옛날이야기	-옛날부터 전해 내려오는 이야기, 노래를 통해 조상들의 생활 모습 알아내기	◎			○	
	(2) 가정과 고장의 행사 ① 가정의 여러 행사	-옛날과 오늘날의 결혼식, 장례 모습 비교하기, 미래의 모습 예측해 보기	◎		○	○	
	② 우리 고장의 전통 문화 축제	-우리 고장의 전통 문화 행사 조사하기, 축제를 여는 까닭 토의	○		○	○	△
Ⅴ. 시민 생활 과 정치	3. 살기 좋은 우리 고장 (1) 고장의 여러 기관과 단체 ① 무엇을 도와 드릴까요?	-공공 기관의 하는 일에 대해 조사하는 방법, 하는 일 정리, 자료를 제시하며 공공 기관의 필요성 이해하기	◎	○		○	
	② 주민 단체들	-고장의 주민 단체들 조사하기, 하는 일 조사하기	◎				
	(2) 함께 노력하는 고장 사람들 ① 깨끗한 거리, 정다운 이웃	-자료의 수집과 토의를 통하여 고장의 문제를 해결하는 방법 알기, 우리가 할 수 있는 일 찾아서 실천하기	◎	◎	○	◎	△
	② 2030년의 우리고장	-우리 고장 앞날의 모습에 대하여 상상한 내용을 여러 가지 방법으로 나타내기	◎		○	○	△
Ⅵ. 생산 · 분배 · 소비	3. 고장 생활의 중심지 (1) 시장과 우리 생활 ① 시장이 있는 곳	-의식주 생활에 꼭 필요한 것들 조사, 시장에서 파는 물건들의 생산지를 조사하여 고장 간의 상호 의존 관계 설명하기, 시장이 위치한 곳의 특징을 조사하여 중요한 까닭	◎		○	◎	○
	② 시장이 하는 일	-시장의 종류와 구실, 시장으로 모이는 사람들이 하는 일	◎		○	○	

〈표 Ⅳ-18〉 주제 스트랜드 중심의 사회과 통합적 재구성에 따른 관련 사고력(4학년)

주제 스트랜드	교과서 관련 단원명-주제명-제재명	목표 요소	관련 사고력				
			탐구	의사	창조	비판	메타
Ⅰ. 공간과환경	1. 우리 시·도의 모습 (1) 지도에 나타난 우리 시·도의 모습 ① 지도를 알아보자.	-지도의 기본 요소(방위·위치, 기호, 등고선, 축척), 지도를 이용한 시·도 모습의 특징, 지도를 통해 지역에 대한 관심 가지기	○				
	② 지도를 이용하여 배우자.	-시·도의 교통, 인구 분포, 관광지, 특산물 등의 모습 알기	◎		○	○	
	(2) 우리 시·도의 자연 환경과 생활 ① 우리 시·도의 사계절	-시·도의 사계절 모습, 계절과 생활 모습과의 관계 알기	◎		○		
	② 자연 재해의 극복	-자연 재해의 종류와 극복 사례, 자연 재해 극복 과정의 문제점, 자연 재해 예방 노력 태도 가지기	◎	○	○	○	
Ⅱ. 변화와지속성	1-(3)-우리 시·도의 달라진 모습 ① 어떻게 달라졌을까	-지역의 옛날과 오늘날의 변화 모습 비교, 지역의 변화 과정을 연표로 작성하기	◎			○	
	② 알고 떠나자	-지역의 유래를 알아내는 방법, 현장 학습 방법	◎				△
	1. 문화재와 박물관 (1) 옛 도읍지와 문화재 ① 연표와 역사지도	-연표와 역사 지도의 쓰임을 알고 읽기, 문화재에 대한 사실을 연표와 역사 지도로 나타내기	◎				△
	② 옛 도읍지 여행	-옛 도읍지의 자연 환경의 공통점, 남아있는 유물과 유적 말하기, 보호하려는 자세 가지기	◎	○		○	
Ⅲ. 문화와민족	(2) 박물관 견학과 문화재 답사 ① 박물관 견학	-박물관의 종류와 하는 일, 보고서 작성, 여러 가지 자료를 이용하여 박물관을 꾸미기, 문화재를 소중하게 여기고 잘 보존하려는 태도 가지기	◎	○		○	△
	② 문화재 현장 학습	-고장의 문화재를 여러 가지 방법으로 조사하고, 조사 결과를 발표하기	◎		○	○	△
	③ 세계적인 우리 문화재	-우리나라의 세계 문화유산을 조사·발표, 우리의 세계 문화유산에 담긴 우수성과 과학성, 보호·보존 자세	◎	○	○	◎	○
	2. 가정생활과 여가 생활 (2) 여가 생활의 변화 ① 윷놀이와 컴퓨터 게임	-조상들의 여가 생활에 대하여 조사·발표하기, 우리 조상들의 여가 생활을 기준을 세워 분류하기, 옛날과 오늘날의 여가 생활의 모습을 비교하여 그 차이점 말하기	◎	△	○	◎	○
	② 즐거운 주말	-바람직한 여가 생활, 우리 생활에 주는 도움 사례를 들어 제시, 자신에게 도움이 되는 여가 생활을 계획·실천하기	○	○	○	○	○
Ⅳ. 개인과사회제도	2. 가정생활과 여가 생활 (1) 가정생활의 변화 ① 가정의 여러 형태	-가정의 여러 형태에 대하여 설명, 오늘날의 가정생활 모습과 옛날의 가정생활 모습을 비교하여 말하기, 가정의 소중함을 알기	◎	△	○	◎	
	② 서로 돕는 우리 가족	-가족 구성원들이 하는 일, 옛날과 오늘날의 가족 구성원들이 하는 일을 비교하여 말하기, 행복한 가정을 만들기 위해 노력하는 태도 가지기	○	○	○	○	

주제 스트랜드	교과서 관련 단원명-주제명-제재명	목표 요소	탐구	의사	창조	비판	메타
V. 시민 생활 과 정치	3. 새로워지는 우리 시·도 (1) 지방 자치와 주민 생활 ① 시·도청을 찾아서	-시·도청에서 하는 일, 현장 및 과제 학습 보고서 작성 발표하기	◎		○	○	
	② 지역의 대표 뽑기	-지방 자치 선거의 방법, 시·도 의회에서 하는 일 알기	◎				
	③ 시·도의 상징	-우리 시·도의 상징물, 대표하는 것 조사하기	◎				
	(2) 우리 시·도의 여러 가지 문제와 해결 ① 우리 시·도의 여러 가지 문제	-생활 주변에서 발생하는 지역 사회 문제, 자치 단체와 주민과의 문제를 찾아 적극적으로 해결하려는 태도 가지기	◎	○	○	◎	
	② 함께 해결하는 우리 시·도의 문제	-주민이 함께 해결하는 지역 문제, 주민들 사이에 이해가 엇갈리는 지역 문제의 경우 양보와 타협의 해결 자세, 시민 단체가 하는 일	◎	○	○	◎	
	(3) 우리 시·도의 미래 ① 시·도 주민의 희망	-지역 주민들의 바람, 설문지를 만들어 파악하기, 주민들이 바라는 지역의 미래 모습	◎	○	○	◎	△
	② 우리 시·도의 미래 모습	-지역의 미래 모습 꾸미기, 지역의 미래 모습을 그림, 글 그림지도로 나타내기	○		○	◎	△
VI. 생산 · 분배 · 소비	2. 우리 시·도의 발전하는 경제 (1) 우리 시·도의 자원과 생산 활동 ① 자원을 이용하는 생산 활동	-지역의 특화 산업, 특화 산업과 자원과의 관계, 지역의 주요 산업에 이용되고 있는 자원 개발 모습의 자료 수집	◎		○		
	② 세계로 열린 경제	-해외 경제 협력 사례, 해외 진출 노력 찾기	○		○		
	③ 공공시설을 내 것처럼	-공공재의 개념과 종류 설명, 바른 이용 자세	○	○	○		△
	(2) 서로 돕는 경제생활 ① 나누어 맡은 생산	-분업의 개념과 직업의 다양화, 정보화 사회의 직업, 새로운 직업이 생기는 이유를 알고 직업의 소중함 느끼기	○	△	○	○	
	② 경제 활동의 중심지	-물물교환 놀이를 통한 화폐의 필요성, 지역 시장이 경제 활동에 끼치는 영향을 여러 가지 방법으로 발표하기	◎	△	○	○	
	③ 서로 도움을 주는 경제 활동	-물건 생산지의 자연적 산업적 특징 설명, 물건의 유통 과정과 방법, 경제생활에서 지역과 나라 간의 협력 사례 조사 정리하기	◎		△	○	
	3. 가정의 경제생활 (1) 다양한 생산 활동과 가정의 소득 ① 가지고 싶은 것은 많지만	-사람의 욕망은 무한한 데 비해 자원이나 가정의 수입은 한정, 물건을 살 때 선택 기준을 정하여 현명한 선택하기, 일상생활에서 현명한 선택이 필요한 까닭 설명하기	◎	◎	○	○	○
	② 가정의 소득을 얻기까지	-생산 활동의 의미를 알고 물건을 생산할 때 필요한 것을 찾기, 소득의 의미를 알고 가정의 소득원을 조사	◎			○	△
	(2) 알뜰한 살림살이 ① 가계부	-가계부를 이용하여 가계의 소득과 지출의 내용 알기, 용돈 기입장의 쓰임을 살펴보고 개인의 용돈 지출 내용을 분석하기, 가정의 소득이 한정되어 있을 때 현명한 지출 방법에 대한 자기의 견해를 밝히고 그 근거를 제시하기, 개인과 가정 살림의 합리적인 운영 방법 알기	○	◎	○	○	△
	② 우리 집 예금통장	-은행과 그 밖의 여러 가지 금융 기관들이 하는 일, 예금의 종류와 저축의 필요성 알기, 저축하는 방법을 알고, 실천 가능한 방법을 선택하기	○	○	○		

〈표 Ⅳ-19〉 주제 스트랜드 중심의 사회과 통합적 재구성에 따른 관련 사고력(5학년)

주제 스트 랜드	교과서 단원명-주제명-제재명	목표 요소	관련 사고력				
			탐구	의사	창조	비판	메타
Ⅰ. 공간 과 환경	1. 우리나라의 자연환경과 생활 (1) 우리생활과 자연환경 ① 사람들은 어떤 곳에서 생활하고 있을까	-산간, 평야, 해안, 분지 지역의 특징을 알고 자연 환경과 인간 생활의 관련성 이해, 자료를 모으고 분류하여 정리하기, 지형이 인간 생활에 미치는 영향 알기, 자연 환경을 슬기롭게 이용하려는 태도 가지기	◎			○	
	② 기후와 생활	-계절의 변화에 따른 사람들의 생활 모습 설명, 기후에 대한 정보를 여러 가지 자료로 찾아내기	◎		○	○	
	(2) 자연환경을 이용한 생활 ① 더위와 추위에 대비한 한복	-조상들의 의생활에서 더위와 추위를 이겨 내기에 적합한 모습 찾기, 옛날과 오늘날의 의생활을 비교해 보고, 한복을 발전시킬 수 있는 방법 찾기	◎	△	◎	○	
	② 우리 조상들이 즐긴 음식	-조상들이 계절에 따라 다른 음식을 즐겨 먹은 까닭 알기, 지방에 따라 김치 맛과 종류가 다름을 여러 가지 자료를 통해 알기, 전통 음식을 더욱 발달시킬 수 있는 방안	◎	△	◎	○	
	③ 여러 가지 모양의 집	-주생활의 모습이 기후와 지형에 따라 다른 까닭, 현장 학습의 방법을 알고 수행 후 결과를 다양하게 표현하기	◎	△	△	○	○
Ⅰ. 공간 과 환경 (Ⅳ. 개인 과 사회 제도)	2. 우리가 사는 지역 (1) 도시지역의 생활 ① 도시는 어떤 곳일까	-도시와 촌락의 생활 모습의 비교를 통해 도시의 특징 찾아내기, 도시의 발달 과정에서 드러나는 특징 파악하기, 도시의 여러 가지 기능 파악하기	◎				
	② 도시로 몰려들고 있어요	-우리나라 인구 이동의 특징, 조사 활동을 통해 도시로의 인구 집중 원인 알기	◎		○	○	
	③ 도시의 여러 문제를 어떻게 해결할까	-도시화 과정에서 드러나는 여러 가지 문제점을 다각적으로 파악, 자료를 활용하여 인구 집중에 의해 파생된 도시의 문제에 대한 해결 방안을 창의적으로 제시하기	◎		○	◎	
	(2) 촌락지역의 생활 ① 촌락의 어제와 오늘	-촌락 지역의 생활 모습에 관련된 사실, 현상, 특징 파악, 촌락 지역의 탐구 계획을 수립하여 실행하기.	◎			△	△
	② 촌락에서 일어나는 일	-촌락 지역의 문제점을 여러 가지 자료를 통해 파악, 촌락 문제와 도시 문제와의 상호 관련성 파악, 촌락 지역의 문제점을 알고 관심 가지기	◎			○	
	③ 촌락이 변화하고 있어요	-촌락의 발전 사례를 찾아 다양한 방법으로 발표하기, 촌락의 발전을 위해 할 수 있는 일, 발전시킬 방안 모색	○	○	◎		

주제 스트랜드	교과서 단원명-주제명-제재명	목표 요소	관련 사고력				
			탐구	의사	창조	비판	메타
I. 공간 과 환경	3. 환경 보전과 국토 개발 (1) 자연 재해와 환경 문제 ① 우리는 자연의 일부	-자연 환경과 우리 생활과의 관계 파악, 자연을 지키는 활동이 소중한 까닭 설명하기	◎			○	
	② 자연 재해	-여러 가지 자료를 활용하여 우리나라에서 발생하는 자연 재해를 계절별, 지역별로 분류, 조사하기, 자연 재해를 지혜롭게 극복한 사례 조사, 자연 재해를 대비하기 위한 노력 알기	◎		○	○	
	③ 환경 문제	-우리 주변의 환경 상태 조사, 세계에서 일어나는 환경 문제를 조사하고 이를 우리 생활과 관련지어 설명, 환경을 지키기 위해 우리가 할 수 있는 일을 찾아 실천하기	○	△	△	○	△
	(2) 환경과 더불어 살아가는 길 ① 환경 문제의 합리적 해결	-환경오염과 훼손을 방지해야 할 필요성을 설명, 환경 기초 시설 설치로 생기는 다툼에 대한 사례를 수집하여 그 원인 찾기, 환경 문제를 민주적으로 해결하려는 태도	◎	◎	○	○	○
	② 환경을 생각하는 국토개발	-국토 종합 개발 사업의 의의와 필요성, 지역 실정에 맞는 국토 개발 방법 제시, 국토 개발에 대해 미래 지향적이고 환경 친화적인 관심 가지기	◎	◎	○	○	
III. 문화 와 민족 (VII. 과학 · 기술 · 사회)	3. 우리 겨레의 생활 문화 (1)조상들의 멋과 슬기 ① 조상들의 생활 도구	-조상들이 사용한 생활 도구에 관한 자료 모으기, 생활 도구의 생김새나 쓰임새에서 과학적인 점과 슬기로움, 아름다움 찾기	◎			○	
	② 과학 문화재 탐방	-우리 조상들이 과학 문화재를 발명하여 사용한 까닭, 과학 문화재가 변해 온 모습, 과학 문화재를 만들어 사용한 까닭은 생활에 나타나는 문제의 해결과 관계가 깊다는 것을 찾아내기	◎		△	○	
	(2)민족을 통해 본 조상들의 삶 ① 건국 이야기에 담긴 뜻	-시대별 건국 이야기를 조사하고 공통점 찾기, 건국 이야기에 나타난 조상들의 생활과 민족정신 파악	◎			○	
	② 마을 제사에 담긴 뜻	-여러 형태의 마을 제사를 조사하고 그 의미 파악, 마을 제사를 통해 조상들의 생활 모습 파악	◎			○	
	③ 조상들의 종교 생활	-종교가 조상들의 관습, 의례, 예술에 끼친 영향, 종교가 생활 문화에 끼친 영향, 조상들의 전통 문화에 관심을 가지고 창조적으로 계승하려는 태도 가지기	◎		○	○	

주제 스트 랜드	교과서 단원명-주제명-제재명	목표 요소	관련 사고력 탐구	의사	창조	비판	메타
Ⅵ. 생산 · 분배 · 소비	1. 우리나라의 경제 성장 (1)우리나라 경제생활의 특징 ① 자유와 경쟁	-우리 경제생활의 특징, 자유와 경쟁의 여러 가지 사례, 자유와 경쟁의 이점 파악	◎			○	
	② 우리 경제의 발자취	-다양한 자료를 통하여 우리 경제의 발전 과정, 산업의 종류와 그 발달 과정, 최근에 겪게 된 경제적 시련, 경제 위기를 극복하기 위해 할 수 있는 일과 실천	◎	△	○	○	
	(2)세계로 뻗어 가는 우리 경제 ① 세계 속의 우리 경제	-자원이 부족한 나라가 살아가기 위해 무역과 기술이 필요함을 여러 가지 자료를 통해 파악, 여러 나라와의 무역을 도표와 그래프 등의 통계 자료를 보고 그 특징 파악, 수출 증대를 위해 노력할 점을 시사 자료를 통해 조사, 토의하기	◎			○	
	② 우리 기업의 해외 진출	-우리나라 기업이 해외로 진출한 사례, 우리 기업이 해외로 진출하기 위해서 어떤 산업과 기술 분야를 개발해야 할 것인지 예상, 경제 발전을 위하여 개인·기업·정부가 해야 할 일 파악과 실천	◎		○	○	
Ⅶ. 과학 · 기술 · 사회 (Ⅵ. 생산 · 분배 · 소비)	2. 정보화 시대의 생활과 산업 (1)정보화 시대의 생활 ① 달라져 가는 생활 모습	-정보가 개인과 기업에게 중요한 경쟁력이 됨을 이해, 초고속 정보 통신망을 만드는 까닭, 정보화가 우리 생활에 미친 영향	◎			○	△
	② 더불어 사는 정보화 세상	-정보를 함께 나누는 까닭, 바람직한 인터넷 예절, 인터넷 문화를 만들려는 자세	◎	△		○	
	(2) 첨단 기술과 산업의 발달 ① 첨단 기술과 생활의 변화	-생활 속에서 첨단 기술을 활용하는 모습, 생활에 주는 편리한 점과 영향, 첨단 기술로 인해 변화할 미래의 생활	○	○	◎	△	
	② 첨단 기술을 활용하는 산업	-농림·수산업과 제조업에서 첨단 기술을 활용하는 모습, 첨단 기술이 농림·수산업과 제조업에 주는 영향	◎			○	
	③ 우리가 만드는 미래의 산업	-여러 가지 자료를 통해 첨단 산업의 사례, 첨단 산업의 성장이 우리 생활과 산업에 주는 영향, 유전 공학에 대한 긍정·부정적인 면에 대해 생각해보고 자신의 주장하기	○	○	◎	○	

〈표 Ⅳ-20〉 주제 스트랜드 중심의 사회과 통합적 재구성에 따른 관련 사고력(6학년)

주제 스트랜드	교과서 단원명-주제명-제재명	목표 요소	관련 사고력				
			탐구	의사	창조	비판	메타
Ⅱ. 변화 와 지속성 Ⅲ. 문화 와 민족	1. 우리 민족과 국가의 성립 (1) 하나로 뭉친 겨레 ① 처음으로 세운 나라 고조선	-선사 시대 조상들의 생활 모습을 도구의 발달과 관련지어 설명. 단군의 건국이야기에 담긴 뜻. 고조선의 발전과 사회 모습	◎			◎	
	② 힘을 겨루며 성장한 세 나라	-연표나 역사 지도를 읽고 삼국의 발전 과정 파악. 삼국을 발전시키는 데 힘쓴 지도자들의 업적. 삼국의 문화적 특징을 비교하여 설명	◎			◎	
	③ 삼국을 통일한 신라, 고구려를 계승한 발해	-연표와 역사 지도 등의 자료를 이용하여 삼국 통일의 과정 정리. 발해의 성립 배경과 그 과정, 발해가 고구려를 계승한 국가임을 보여주는 증거를 제시하기	◎			◎	
	(2) 민족을 다시 통일한 고려 ① 고려의 건국으로 달라진 정치	-후삼국의 통일 과정을 알고 고려의 후삼국 통일의 의의 정리. 통일 신라에 비해 발전한 고려 사회의 모습 설명	◎			◎	
	② 역경을 이겨 내며 꽃피운 고려 문화	-고려가 북방 민족의 침략을 극복한 과정 . 침략을 막아 낼 수 있었던 힘의 원동력, 고려 문화의 특징, 고려 문화재에 나타난 조상들의 슬기를 배우려는 자세	◎		○	◎	
	(3) 유교를 정치의 근본으로 삼은 조선 ① 정치 개혁으로 새로운 나라를	-조선의 건국 후에 이루어진 여러 가지 정책, 여러 정책들이 백성의 생활에 미친 영향	◎		○	◎	
	② 문화의 발달과 백성들의 생활 모습	-훈민정음 창제가 백성들의 생활에 끼친 영향, 조선 전기 과학 기술의 발전이 백성들의 생활에 미친 영향. 양반과 상민들의 생활 모습 비교	◎			◎	
	③ 두 차례의 전란 극복	-임진왜란이 일어난 원인과 경과·이순신 장군의 활약상. 임진왜란 당시 의병과 승병의 활동 모습 조사. 임진왜란과 병자호란이 국내에 끼친 영향. 국난을 극복한 조상들의 모습을 통해 나라 사랑의 마음 본 받기	◎		○	◎	
Ⅳ. 개인 과 사회 제도 (Ⅲ. 문화 와 민족)	2. 근대사회로 가는 길 (1) 새로운 사회로의 움직임 ① 사회 변화 위한 서민들의 노력	-조선 후기 농업과 상업의 발달이 사회 변화에 미친 영향. 서민 문화에 나타난 서민들의 생각	◎			◎	
	② 잘사는 백성, 부강한 나라로	-실학의 뜻과 실학 운동이 일어난 배경, 실학자들의 주장, 근대화를 위한 우리 조상들의 노력에 긍지 가지기	◎		○	◎	
	③ 복을 빌고, 평등한 세상을 바라고	-조선 후기 민간 신앙이 성행한 이유를 당시의 상황과 관련지어 설명. 천주교와 동학의 유사점과 차이점, 천주교와 동학이 널리 받아들여졌던 까닭	◎		○	◎	
	(2) 외세의 침략과 우리 민족의 대응 ① 척화비를 세운 까닭	-흥선 대원군의 생애와 업적을 조사해 보고, 그의 개혁 정책 설명. 병인양요와 신미양요가 일어난 원인과 경과, 척화비를 세운 까닭	◎	○	○	◎	
	② 조선, 어디로 가야 하는가	-강화도 조약이 불평등 조약인 까닭, 갑신정변의 특징과 문제점. 동학 농민 운동과 갑오개혁의 내용·역사적 의의	◎		○	◎	
	③ 대한제국을 선포한 뜻은	-독립 협회의 활동과 대한 제국의 개혁 정책, 조선이 서양 문물을 받아들여 근대적 사회의 모습을 갖추어 나가는 과정	◎		○	◎	

주제 스트랜드	교과서 단원명·주제명·제재명	목표 요소	관련 사고력				
			탐구	의사	창조	비판	메타
Ⅱ. 변화 와 지속성	3. 대한민국의 발전 (1) 나라를 되찾기 위한 노력 ① 총과 펜을 들어 싸운 조상들	-을사조약 체결의 부당성, 을사조약 체결 후 전개된 의병 운동 내용, 민족의 혼과 얼을 찾기 위한 애국 계몽 운동	◎	△	○	◎	
	② 대한 독립 만세, 한국 광복군 만세	-을사 조약 이후 일제의 탄압과 우리 민족의 독립 운동, 대한민국 임시 정부의 수립 목적과 활동, 3·1 운동 이후의 독립 운동, 민족의 독립을 얻기 위해 싸운 조상들의 나라 사랑하는 마음을 본받으려는 태도 가지기	◎			◎	
Ⅲ. 문화 와 민족	(2) 대한민국의 수립과 발전 ① 분단을 딛고 일어선 대한민국	-대한민국 정부의 수립과 발전 과정에서 발생한 중요한 사건과 역사적 인물, 6·25 전쟁의 전개 과정과 그 결과	◎		○	◎	
	② 민주 시민이 승리하던 날들	-대한민국 정부의 수립 이후 우리나라 민주 정치의 성장 과정, 4·19 혁명, 5·18 민주화 운동, 6월 민주 항쟁 등 민주화 운동의 발생 원인과 전개 과정, 이후의 영향	◎			◎	
	③ 한강의 기적에서 통일로	-전후 경제 발전의 과정과 나아진 국민 생활의 모습, 경제 발전의 과정에서 석유 파동, 외환 위기 등의 어려움과 사회 문제, 통일을 위한 정부와 국민의 노력과 통일을 이루려는 마음 자세 가지기	◎		○	◎	
Ⅲ. 문화 와 민족	3. 새로운 세계에서 우리가 할 일 (1) 세계 속의 대한민국 ① 자랑스러운 우리 문화	-세계에 알려진 훌륭한 우리 문화를 조사·정리, 세계화의 가능성이 있는 우리 문화 조사·분석, 우리 문화를 세계화하기 위한 방안.	◎		◎	◎	
	② 세계 속에 한국을 심는 사람들	-해외에 진출하여 우리나라를 빛내고 있는 한국인, 한국인으로서 세계 속에서 일할 수 있는 자신감과 의지	○		△	○	
	(2) 통일과 민족의 앞날 ① 통일을 위한 우리의 노력	-분단 이후 현재까지의 남북 관계의 변화, 통일을 위한 노력, 남북통일의 당위성과 필요성, 남북통일을 위해 노력하는 자세	○		○	○	
	② 통일 한국의 미래	-분단국의 통일 사례를 조사해 보고 우리 민족의 통일 과정에 주는 시사점 찾기, 통일 이후 생활 모습의 변화상 예측, 통일에 대비하기 위해 할 수 있는 일을 찾아보고 이를 실천하려는 자세 가지기	○		○	○	
Ⅴ. 시민 생활 과 정치	1. 우리나라의 민주정치 (1) 우리 생활과 정치 ① 민주정치와 생활	-정치의 의미와 민주 정치의 과정, 대화와 타협을 통해 지역 간의 문제를 해결하는 과정, 의견의 대립이 있을 경우에 대화와 타협으로 해결하려는 자세	◎	△	○	◎	
	② 국민의 정치 참여	-민주 정체에서 국민의 적극적인 참여의 중요성, 오늘날 다양해진 국민의 정치 참여 모습, 시민 단체 활동의 중요성, 생활 주변의 문제에 관심을 가지고 그 해결을 위하여 적극적으로 참여하는 태도	○		△	◎	

주제 스트 랜드	교과서 단원명-주제명-제재명	목표 요소	관련 사고력				
			탐구	의사	창조	비판	메타
V. 시민 생활 과 정치	(2) 나랏일을 맡아하는 기관들 ① 국민의 대표 국회	-국회의원의 선출 과정, 국회에서 하는 일, 대표 선출의 중요성을 알고 올바른 기준에 의해 대표 를 뽑으려는 자세	◎	△		◎	
	② 나라 살림을 맡은 행정부	-행정부의 구성과 하는 일, 대통령·국무총리와 각 부에서 하는 일, 국무 회의의 구성과 하는 일, 모 의 국무 회의	○		△	◎	
	③ 국민 권리 보호 법원	-법원의 필요성, 조직과 하는 일, 민사 재판과 형 사 재판으로 나누기,, 공정한 재판을 위한 제도 설명	○		△	◎	
	(3) 국민의 권리와 의무 ① 누려야 할 권리, 지켜야 할 의무	-국민의 권리와 의무의 종류, 필요성, 국민의 기본 권에 관한 자료 찾기, 국민의 기본권 보장을 위한 국가의 노력 사례, 민주 사회의 구성원으로서 의 무를 다하려는 태도	○		△	◎	
	② 보호해야 할 인권	-인권을 지키기 위해 도움을 받아야 하는 사람들 이 겪는 어려움, 인권을 보호해야 하는 까닭, 인 권을 지키기 위한 노력, 인권의 소중함을 깨닫고 다른 사람의 인권을 존중하는 태도 가지기	○		△	◎	
Ⅷ. 지구촌 사회 (Ⅰ. 공간 과 환경)	2. 함께 살아가는 세계 (1) 변화하는 세계의 여러 나라 ① 세계를 한눈에	-5대양 6대주의 위치와 이름, 여러 가지 세계 지도 와 지구본의 쓰임, 세계 지도와 지구본을 이용하 여 세계 지형의 모습과 특징, 세계 여러 나라에 대한 관심	◎			○	△
	② 우리와 관계 깊은 나라들	-중국, 일본, 미국, 러시아와 우리나라와의 관계, 네 나라의 위치, 자연환경, 문화적 특징과 우리나 라와의 관계 변화, 각 나라에 대한 다양한 자료 수집 및 정리	◎			◎	
	③ 더 가까워지는 세계의 여러 나라	-우리와 자원 교류가 활발한 나라들, 경제적 협력 관계에 있는 나라들, 문화적 학술적으로 우리와 관련을 맺고 있는 나라들의 특징, 세계 여러 나라 에 대한 이해의 폭을 넓히고 국제 사회의 변화에 관심 가지기	◎			○	△
	(2) 지구촌 속의 우리나라 ① 인터넷으로 하나가 된 지구촌	-교통과 통신의 발달이 세계의 여러 나라에 끼치 는 영향, 지구촌의 의미, 교통·통신 및 과학·기 술의 발달이 가져올 앞으로의 지구촌의 생활 모 습 예측	◎		◎	◎	△
	② 지구촌의 여러 문제	-지구촌의 여러 가지 문제 중 사례 제시, 지구촌 문제의 원인과 실태, 지구촌 문제의 해결을 위한 노력, 지구촌 문제에 관심을 가지고, 해결에 참여 하려는 자세	◎		◎	◎	

위 표에 나타난 바와 같이 주제 스트랜드 중심의 단원 구성에서 고등 사고력의 관련 정도를 알아볼 수 있다. 즉 각 학습 주제의 목표 요소에 따라 사고력의 관련 정도를 상(◎), 중(○), 하(△)로 나타낸 것인데, 이것은 주제 스트랜드별 고등 사고력의 관련 정도를 나타낸 단원 구성으로서의 의의를 지닌다고 볼 수 있다.

3) 교수 · 학습 방법

사회과는 인간과 사회 및 세계에 대한 학습자의 이해와 참여 의식을 높이고, 사회 현상 및 사회 문제에 대한 탐구, 문제해결, 의사결정의 경험을 통해 고차적 사고력을 함양시키는 것을 교수 · 학습의 기본 원리로 삼는다.

고등 사고력은 특정한 하나의 정신 능력을 가리키는 것이 아니라 문제의식을 가지고 탐구하면서 창조적으로 문제를 해결하려고 하는 능력을 폭넓게 가리키는 것이므로 이러한 고등 사고력을 함양하기 위한 방법도 역시 특정한 방법만이 있을 수 없으며 다양하게 존재할 수 있다.

이 장에서는 그 중에서도 주제 스트랜드의 통합 방식을 활용한 교수 · 학습 방법의 전개를 통하여 주제와 문제 중심의 심층적, 통합적 지도가 될 것을 강조한다. 즉 교사는 교과서의 단원을 재구성하여 학생 자신에게 의미 있고 사회적으로 공유되며, 풍부한 개념과 일반화가 도출될 수 있는 주제와 문제를 다룸으로써, 의사 결정력, 문제 해결력 그리고 비판적 사고력과 같은 고등 사고력을 기르는 데 주안점을 두어야 한다. 고등 사고는 사회적으로 중요한 문제나 논쟁점, 새로운 지식, 그리고 개인 자신이나 개인 간의 갈등에 의해서 자극된다는 점이다. 사회과는 학습자 개개인들이 그들 자신의 문제이자 실생활 경험에서

도전적인 과제로 인지하는 주제와 문제를 통하여 학습자와 사회 현상에 대한 흥미와 관심을 넓히게 되고, 인간 생활과 사회 현상에 대한 원리를 이해하게 되며, 이를 실생활에 연계할 수 있도록 지도하는 방법이어야 할 것이다. 주제 혹은 문제 해결을 위한 교수·학습 활동은 수업에 앞서 너무 구체적으로 계획되기보다는 복잡하게 전개되는 교실 상호 작용 과정이 고려되어야 한다. 수업에 임하는 대략적인 틀로서는 문제제기 → 가치문제 확인 → 정의와 개념의 명확화 → 사실 확인과 경험적 증명 → 가치 갈등의 해결 → 비교 분석 → 대안 모색과 결과의 예측 → 선택 및 결론 등의 교수 단계가 고려될 수 있을 것이다. 그러나 수업 계획이 정형화되고, 너무 세분화될 때 주제나 문제는 피상적, 단편적, 기계적으로 다루어질 염려가 있다. 깊이 있고 통합적인 교수·학습 활동이 되기 위해서는 수업 상황에서의 적절한 대책이 수반되어야 한다.

어떤 주제나 문제, 어떤 학습자, 어떤 상황에서도 똑같이 좋은 효과를 보여주는 단일한 교수 방법은 존재하지 않는다. 순순히 교사의 강의에 의존하는 수업을 지양하고, 주제나 문제에 적합한 그리고 학습자들의 흥미와 관심이 고려된 다양한 교수·학습 활동을 전개하여야 할 것이다.

고등 사고력의 함양을 위해 탐구가 격려되고 존중되는 학습분위기를 조성하여야 한다. 탐구를 조장하는 교실은 개방적이고 허용적이어서 학습자들은 질문하고, 탐구의 산물인 판단에 영향을 미칠 수 있는 기회를 갖는다. 탐구의 공동체로서의 교실은 막연성을 허용하므로 학습자들은 옳고 그름이나 좋고 나쁨 사이에서 엄격한 구분을 짓기보다는 그 둘 사이의 어딘가에서 합리적 판단을 내리도록 결정된다. 그리고 탐구를 중시하는 교실은 인지적, 감정적, 사회적 상호 작용으로부터 간주관성 혹은 감정이입을 경험한다.

탐구의 공동체로서의 사고력이 풍부한 교실을 만들기 위해 교육과정 재구성과 같은 학습의 내용 양과 깊이를 조절할 수 있는 교사의 교육과정 운영 방식에 변화를 가져와야 할 것으로 본다. 이를 위해 주제 스트랜드 중심의 사회과 통합 단원 구성을 통한 교수·학습이 이루어지기를 요구하면서 아래에 사회과에서 활용되는 교수·학습 방법을 제시해보고 나아가 다음 절에서 단원 재구성의 예시를 제시한다.

(1) 사회과 교수·학습 방법의 분류

사회과의 교수·학습 방법을 여러 가지로 나누어 볼 수 있으나, 7차 교육과정의 사회과 교사용 지도서(교육인적자원부, 2006 b: 24-39)에서 제시한 유형을 참고해서 정리해 보면 아래 〈표 Ⅳ-21〉과 같이 분류해 볼 수 있다.

〈표 Ⅳ-21〉 사회과 교수·학습 방법의 분류

유 형	교수·학습 방법
① 조직 방법에 따라	일제 학습, 분단별 학습, 개별화 학습, 협동 학습
② 활동 방법에 따라	현장 학습, 구성 학습, 극화 학습, 시청각 학습, 토의 학습, 강의 학습, 조사 보고 학습
③ 사고력 신장에 따라	문제 해결 학습, 탐구 학습, 의사 결정 학습
④ 자료 이용에 따라	사료 학습, 인물 학습, 지도 학습, 시사 학습
⑤ 그 밖의 교수·학습	프로젝트 학습, 가치 학습

위의 표에서처럼 현행 7차 교육과정에서는 사회과의 사고력 신장에 따른 교수·학습 유형을 문제 해결 학습, 탐구 학습, 의사 결정 학습으로 제시하고 있다. 이들에 대한 교수·학습이론은 학자들마다의 견해로 다양하게 소개되고 있

지만, 실제 초등 교실 수업 현장에 알맞게 제시해 놓은 수업 모형 전략은 거의 없는 실정이다. 이장에서는 교실 수업에서 일반화하여 활용할 수 있는 수업 모형의 실제를 제시해 보려고 한다. 물론, 이 모형을 활용하는 교실 수업자는 재구성이 필요하다는 것을 전제로 한다.

(2) 사회과 사고력 신장 중심의 교수·학습 과정

현행 7차 교육과정에서 제시하고 있는 사고력 신장 중심의 사회과 교수·학습 유형으로는 문제 해결 학습, 탐구 학습, 그리고 의사 결정 학습을 들 수 있다. 여기서는 이들에 대해 그 의미와 특징, 그리고 전개 과정에 대해 살펴본 다음 이들 교수·학습 모형의 탐색을 통해 사고력 향상을 위한 효율적인 교수·학습 과정의 전략을 제시해 보기로 한다.

(가) 문제 해결 학습

문제 해결 학습이란 여러 가지 의미로 쓰이고 있다. 단어의 뜻으로 이 학습을 정의한다면, 학생들이 문제를 파악하고 그것을 해결해 나가는 학습은 모두 문제 해결 학습이라고 말할 수 있을 것이다(교육인적자원부, 2006 b: 29). 그러나 중요한 것은 문제 해결 학습의 '문제'가 무엇인가, 그것의 성격이 무엇인가 하는 것이다. 문제 해결 학습에서의 문제란 과학적 설명을 요하는 학문상의 문제가 아니라, 학생들이 일상생활에서 부딪치는 문제를 가리킨다. 예를 들어, 자연 재해(홍수, 태풍 등)는 학생들이 일상생활에서 흔히 볼 수 있는 현상이다. 그런데 우리 지역에서 자연 재해가 일어났을 때, 그것을 그냥 지나치는 것이 아니라, '왜 일어났는가, 다시는 자연 재해가 일어나지 않게 하려면 어떻게 해야 하는가, 우리의 안전을 지키기 위하여 어떻게 해야 하는가'하는 것 등에 관심을 가지고 그것을 소재로 하여 학습해 간다면, 그것은 문제 해결 학습이라고 할 수 있다.

이와 같이 문제 해결 학습에서는 학생들이 일상생활에서 부딪치는 문제를 다루기 때문에, 그 내용은 학문상의 개념이 아니라 학생들의 일상 사회생활이 된다.

① 문제 해결 학습의 모형 탐색

문제 해결학습은 주로 1950~1960년대 초기 사회과에서 많이 활용하던 학습이며, 그 과정은 Dewey의 반성적 사고과정을 활용하여 전개하게 된 것인바, 오영태(2000: 188)와 권오정·김영석(2004: 223-225), 교육인적자원부(2004: 30) 등이 아래와 같은 학습의 과정을 제시하고 있다.

〈표 Ⅳ-22〉 문제 해결 학습의 과정에 대한 견해

과정＼학자	Dewey(오영태, 2000)	권오정·김영석(2004)	교육인적자원부(2004)
도입	문제결정	문제의식, 공통문제 설정	문제에 직면
전개	문제해결 계획	공통문제를 추구하여 해결	활동 계획
	자료수집 및 조사연구		활동 전개
	검증활동의 전개		검증, 비판
정리	결과정리 및 발전	공통문제 추구 과정에서 새로이 생겨난 문제 확인	반성, 수정
			발전

② 문제 해결 학습의 전략

문제 해결 학습은 고차적인 사고력으로 나아가는 과정이기 때문에 초등학교 학생에게는 더욱 어렵다는 점을 고려하여, 위 〈표 Ⅳ-22〉에서 제시한 문제 해결 학습 모형을 분석하여 연구자의 시각으로 초등학교 현장에 맞게 재구성한 문제 해결 학습의 과정을 제시해 보면, 아래 〈표 Ⅳ-23〉과 같다. 즉, 학습의 과정은 문제 파악 → 문제 탐색 → 문제 해결 → 정리 평가 → 적용 발전의 단계를 거친다.

〈표 Ⅳ-23〉 문제 해결 학습 과정의 전략

학습 단계	학습 요소	주요 학습 내용 및 활동
문제 파악	·문제 상황 제시 ·문제의 확인	-학습 동기 유발, 전시 학습 상기 -상황(사례) 제시, 학습 문제 확인
문제 탐색	·학습 계획 세우기 ·개념(지식) 도입 ·문제해결 방법 찾기	-학습 계획 및 절차 확인 -개념(지식) 도입 -문제 해결 방법 탐색
문제 해결	·문제 해결 ·원리 학습	-문제 해결 전략의 적용 -학습 방법의 적용
정리 평가	·학습내용정리 ·전이 및 일반화	-학습내용정리 -전략의 정착 및 일반화
적용 발전	·다른 상황에 적용, 활용	-다른 상황에 적용 또는 활용하기

문제 해결 수업 모형을 적용하면서 각 수업과정에서 사고력 신장에 효율적인 교수·학습 전략을 제시해 보면 다음과 같다.

문제 파악 단계에서는 문제 상황을 제시하여 문제를 확인하는 단계로, 여기서 중요한 것은, 문제란 주로 학생들이 일상생활에서 경험하고 있는 것을 말한다. 문제에 직면한 학생들은 흥미와 필요에 따라 문제를 확인하고, 목적을 의식하게 한다. 이어서 학습 계획을 세우는데, 문제를 해결할 방법을 탐색하게 되고 이에 따라 활동을 조직하거나 학습 순서를 정한다. 다음은, 본격적인 문제 해결을 하는 단계인데, 여기서 학생들은 다양한 학습 활동을 하게 한다. 모둠 활동, 협의 활동, 창작 활동 등을 들 수 있다. 그리고는 문제를 통하여 알게 된 사실을 정리하고 일반화를 내리는 단계로 나아간다. 이렇게 정리한 사실과 일반화를 다른 상황에 적용하거나 활용할 수 있도록 하여 학습의 창의성을 높이도록 한다.

③ 문제 해결 학습의 교수·학습안(예시)-'공간과 환경' 주제 스트랜드

단 원	3. 고장 생활의 중심지		교과서	88~92쪽					
학습주제	역과 터미널에 사람이 많이 모이는 까닭 토의하기		차시	8 / 16					
대 상	3학년 O반 OO명 일시 200□년 O월 O일(수) O교시		장소	3 - O 교실					
학습목표	역과 터미널을 이용한 사례를 조사·정리하고, 사람들이 모이는 까닭을 알 수 있다.		사고력	탐구 ◎	의사	창의 ○	비판 ○	메타	

단계	학습요항	교 수 · 학 습 활 동	⓪:자료 ※:유의점 사고력:㉡,㉣,㉤
문제 파악 (5')	학습흥미 유발	■ 학습 흥미 및 문제의식 갖기 ○자료 ①의 제시로 학습 흥미 가지기 ▷우리 고장에서 사람들이 많이 모이는 곳은 어디일까? -시장, 버스터미널 등 ▷이런 곳에는 주로 어떤 사람들이 많이 모일까? -생활에 필요한 물건 구입, 여행 등 ▷제시하는 자료 ①에서는 어떤 모습을 볼 수 있는가? -차를 타려고 기다리는 모습 등	①시장, 버스터미 널, 기차역 주 변의 모습 사진. 영상자료
문제 탐색 (5')	문제확인	■ 학습문제 파악하기 ○자료와 관련지어 이번 시간의 학습 문제를 정하기 **역과 터미널에 사람들이 많이 모이는 까닭을 알아보자.**	②낱말 카드
	해결계획 세우기	■ 문제 해결 방법 협의하기 ○이 문제를 해결하기 위한 탐구 과제 파악하기 ▷문제를 해결하기 위한 활동 과제를 정해보자. ① 이용 경험 ← **역, 터미널** → ③ 왜, 사람들이 많이 모일까? ↓ ② 이용 모습	③카드 제시 자료 ※학습할 과제를 구조화하여 문제 해결 과정의 이 해를 돕는다.
문제 해결 (22')	과제 해결 방법 협의	○과제 해결 방법 협의하기 ▷모둠별 과제① 해결 → 과제② 해결→ 과제③은 ①, ②의 분석을 통하여 해결→ 전체 의견 나누기 → 정리하기	④ 여행 경험 조사표
	〈활동1〉 터미널 등을 이용한 경험 조사	■ 문제 해결하기 ○〈활동1〉 역, 터미널, 공항 등을 이용한 경험 조사하기 ▷이용한 경험을 조사하는 방법은 어떻게 할까? -모둠별 '여행 경험 조사표'를 만들어 보자. -반 친구들이나 가족들이 이용한 경험을 중심으로 여행 경험 조사 표를 작성한다.	

단계	학습요항	교 수 · 학 습 활 동	⓪:자료 ※:유의점 사고력:탐.비.창
		▷모둠별 조사한 내용으로 전체 통계를 내어 종합 정리를 해보자. -조사한 내용을 분석하고 해석을 해본다. -우리 반 친구들이 역이나 터미널을 이용한 경험을 정리하여 발표한다.	※모둠별 과제학습한 것을 본 학습에 활용한다. ⟨탐⟩. ⟨비⟩
	〈활동2〉 역, 터미널 등을 이용 하고 있는 모습 조사	○〈활동2〉 역, 터미널 등을 이용하고 있는 모습 조사하기 ▷우리 고장에는 조사할 교통 시설에는 어떤 것들이 있을까? -대구역·동대구역, 대구공항, 고속버스 터미널, 동·서·남·북부 정 류장 등 ▷모둠별로 조사해온 내용을 살펴보자. -모둠별 사람들이 역, 공항, 터미널 등을 이용하고 있는 모습을 정리해 본다. ▷이중 대표적인 것 몇 가지만 발표해보자. -정리한 내용을 전체 앞에 발표하면서 고장 사람들이 교통 시설을 이 용하는 모습을 알아본다.	⑤ 조사학습 자료(사진, 영상자료) ⟨탐⟩
	〈활동3〉 역, 터미널 등을 이용 하는 까닭 알아내기	○〈활동3〉 역, 터미널 등을 사람들이 많이 이용하는 까닭을 알아보기 ▷〈활동1·2〉를 통하여 고장 사람들이 역과 터미널을 많이 이용하는 까닭이 무엇인지를 찾아내게 한다. ○모둠별 토의를 통하여 그 까닭을 알아본다. -그 까닭은 다른 고장으로의 이동을 위해서이다. -고장과 고장을 연결하는 교통의 중심지이다. -다른 고장으로 여행을 가기 위해서이다. -한꺼번에 많은 사람들의 이동이 가능하기 때문이다. -자동차로 이동하는 것보다 비용이 훨씬 적게 들기 때문이다.	⑥ 발표 자료 및 제시 자료 ⟨탐⟩. ⟨비⟩ ⑦ 정리용 PPT자료
정리 평가 (5′)	정리	■ 학습 내용 정리하기 ○이번 시간 공부를 통하여 새롭게 알게 된 사실이나 느낌을 발표하기 ○학습 결과를 바탕으로 내용을 정리하기 기차역과 터미널에는 이웃 고장과의 왕래로 인하여 사람들이 많이 모인다.	⑧ PPT자료
적용 발전 (3′)	우리가 할 수 있는 일 차시 안내	■ 발전 학습 ○우리가 할 수 있는 일 알아보기 ▷우리 고장을 더욱 발전시키기 위해서 우리들이 힘쓸 수 있는 점을 찾아보자. -우리의 질서 의식 높이기, 우리 고장 사랑 운동 참여 등 ■ 차시 예고 ▷다음 시간에는 역과 터미널 주변의 특징과 이용자세에 대해서 살펴 보도록 하자.	⟨창⟩ ※요즘 우리 어린이 들의 생활에서 해 결할 수 있는 것 으로 생각해보는 계기를 마련한다.

	평 가 내 용	영역	방법	시기
평가 계획	-역과 터미널에 사람의 이동이 많은 까닭을 바르게 설명할 수 있는가?	지식 기능	문답, 서술 관찰 평가	수업 중
	-조사한 내용을 체계적으로 정리할 수 있는가?	기능 태도	관찰 평가 체크리스트	수업 중

(나) 탐구 학습

탐구란 어떤 사람이 지금까지의 그 사람의 방식으로 해결할 수 없는 새로운 사태를 만났을 때 그것에 호기심을 가지고 그것을 설명해 가는 과정을 말한다. 학습자 스스로 탐구하는 자주적 학습이 강조되고 자유롭게 조사하고 토의하는 분위기 조성이 필요하며, 가설을 중시하여 이를 증명하기 위한 사실적 지식의 획득과 처리하는 능력이 충분히 발휘되도록 하는 수업으로 반성적 사고 과정에 따른 탐구 과정과 탐구 능력을 중시한다.

① 탐구 학습의 모형 탐색

탐구 학습은 '제 3차 교육과정'에서 본격적으로 도입되었으며, 듀이(Dewey)는 탐구의 과정을 반성적 사고 과정(reflective thinking)으로 보고 그 단계를 발단 (suggestion), 지적 활동(intellectualization), 가설(hypothesis), 논증(reasoning), 가설의 검증(testing the hypothesis)으로 구분하여 제시하였다(한면희, 2001: 302). 한편, 마시알라스(Massialas)가 제시한 탐구과정으로는, 안내(orientation), 정의(definition), 가설(hypothesis), 탐색(exploration), 증거제시(evidencing), 일반화(generalization) 단계를 거친다(한면희, 2001: 303-304). 각 단계별로 주된 활동을 살펴보면, 안내의 단계에서는 학생이 문제에 직면하여 그것을 분석하고 문제의 의미를 파악하며, 정의의 단계에서는 문제와 관련된 용어, 개념 등의 의미를 명료하게 하며, 가설의 단계에서는 잠정적으로 문제 해결의 방향이나 결론을 제시하며,

탐색의 단계에서는 가설에 대한 연역이나 추론을 통하여 보다 명료하게 하며, 증거 제시의 단계에서는 학생들이 가설을 입증할 수 있는 자료를 수집, 검토, 분석하며, 일반화 단계에서는 증거에 입각하여 문제에 대한 가장 조리 있는 해결을 한다.

이를 바탕으로 한면희(2001: 304)는 반성적 사고에 기초를 둔 사회 지식의 탐구 수업의 과정을 문제인식, 가설, 탐색, 증거제시, 결론 및 일반화, 일반화의 적용 단계 등으로 제시하고 있다.

지금까지 살펴본 여러 학자들의 탐구 학습에 관한 과정들을 비교해서 정리해 보면 아래 〈표 Ⅳ-24〉와 같이 나타낼 수 있다.

〈표 Ⅳ-24〉 탐구 학습의 과정에 대한 견해

과정\학자	Massialas	Dewey	한면희
도입	안내(orientation) (정의 : definition)	발단(suggestion)	문제 인식
전개	가설(hypothesis)	지적 활동 (intellectualization)	가설
전개	탐색(exploration),	가설(hypothesis)	탐색
전개	증거제시(evidencing)	논증(reasoning)	증거제시
정리	일반화(generalization)	가설의 검증 (testing the hypothesis)	결론 및 일반화
정리	일반화(generalization)	가설의 검증 (testing the hypothesis)	일반화의 적용

② 탐구 학습의 전략

탐구 학습력, 역시 고등사고력을 기반으로 하기 때문에 초등학교 학생에게는 더욱 어렵다는 점을 고려하여, 여러 학자들의 탐구 학습 모형을 토대로 연구자의 시각으로 초등학교 현장에 알맞게 재구성한 탐구 학습의 단계는 다음 〈표 Ⅳ-25〉와 같다.

〈표 Ⅳ-25〉 탐구 학습 과정의 전략

학습 단계	학습 요소	주요 학습 내용 및 활동
문제 파악 (개념 정의)	· 문제 사태 제시 · 문제 사태에 의한 학습 문제 파악	-문제 사태 요약하기 -관련용어 및 개념의 정의 -문제의 의미 알기 -유사한 사태 찾아서 말하기 -모호한 개념의 의미와 속성 알기
가설 설정	· 학습문제의 잠정적 해결	-잠정적인 결론이나 해답을 추론하기 -문제해결의 방향을 잠정적으로 제시하기 -'만일 ~하다면 어떤 일이 일어날까'라는 발문에 '만일 ~하다면 ~할 것이다.'의 응답 처리
탐 색	· 학습 내용 방법의 해결 방안 논의	-가설에 비추어 해답, 결론을 보다 정교하게 추론하기 -가설에 비추어 문제해결의 방향을 명료하게 하기 -필요한 정보의 수집 방법(증거 수집 방법) 확언하기
가설 검증	· 사고과정에 의한 정보의 해결	-증거와 관련된 정보 수집 -수집된 정보의 정확성 검토 -증거 및 정보의 변역, 해석 분류 -가설과의 관계 확언하기
일반화	· 가설의 진위여부 파악	-증거와 가설간의 논리적 관계 검토, 평가 -가설의 긍정, 부정, 수정 -결론 및 일반화의 진술
적 용	· 생활에의 적용	-새로운 증거에 의하여 결론의 검증 보완 -원리를 적용하여 생활 문제 해결하기

　탐구 수업 모형의 수업 과정인 문제 파악(개념 정의), 가설, 탐색, 검증, 결론 및 일반화를 적용하면서 각 수업과정에서 사고력 신장에 효율적인 교수·학습 전략은 다음과 같다.

　첫째, 문제 파악 단계에서는 교과서의 삽화, 지도, 통계표, 예화 등의 자료 분석이나 교사의 설명에 따라 학생들의 경험을 상기하면서 학습 문제를 파악하도록 해야 한다. 학생들은 이 단계에서 문제를 인지해야 하며, 요약, 문제의 의미 알기, 유사한 점 찾아서 말하기 등의 활동을 전개한다.

그리고 개념 정의 과정에서는 모호한 개념이 무엇이지 확인하고 여러 대상을 분류하여 공통적인 속성을 찾아서 정의함으로써 창의적 사고를 신장시킬 수 있다. 개념 정의의 질은 학생들이 개념의 속성을 식별하는 동시에 정의를 내리는 여러 차례의 연습으로 형성된다. 그러므로 학생들이 개념을 정의, 분류하고, 특성을 구별해 내는 연습을 충분히 하도록 교수 전략을 세운다.

둘째, 제기된 문제에 대한 잠정적인 결론이나 해결책을 찾아보는 가설 설정 단계로, 이 과정에서는 분석, 유사 개념의 적용, 추론, 예측 등을 통하여 해결 방안을 모색하고, 인과 관계, 설명적 관계, 상관적 관계의 기술 등을 분명하게 표현함으로써 창의적인 사고를 촉진시킬 수 있다.

셋째, 가설의 함축적 의미를 정교화하는 탐색 단계로서, 가설을 타당한 것으로 만들기 위하여 추론해 가는 과정이다. 즉 개념 정의나 가설 설정이 귀납적인 데 비하여 탐색은 연역적이다. 탐색은 논리적 연역이나 암시를 통하여 더 신중하고 정교하게 설명되므로 사고의 유창성, 정교성 신장에 도움을 줄 수 있다. 교사는 학생들로 하여금 '만약 ～이 ～한다면 ～일 것이다'라는 논리적 사고를 할 수 있도록 도와준다.

넷째, 제기된 문제나 설정된 가설을 입증 또는 부정하는 증거 자료나 정보를 찾는 가설 검증 단계로, 이 단계에서는 증거의 소재 확인, 증거의 수집, 정리, 증거의 번역, 해석, 분류, 증거의 분석과 유사점, 차이점 찾기 등을 통하여 창의적 사고를 신장시킬 수 있다.

다섯째, 학생들은 학습의 정리를 위하여 사실을 요약하거나 원리나 법칙을 명료하게 제시하는 일반화 단계로, 이 단계에서는 증거와 가설 사이의 관계를 평가하고 그 결과를 제시하며 발견해 낸 원리를 새로운 상황에 적용하고 가설을 긍정 또는 부정함으로써 창의적 사고력을 길러 준다.

끝으로, 새로운 증거에 의하여 결론의 검증을 보완하거나, 원리를 적용하는 등 실생활 문제에서 해결해 나가야 한다.

③ 탐구 학습의 교수・학습안(예시)-'변화와 지속성' 주제 스트랜드

단원	1-(1) 옛 도읍지와 문화재 ② 옛 도읍지 여행	학년 학기	4-2학기	지도 교사	ㅇㅇㅇ
학습 주제	옛 도읍지의 자연 환경	차시	4/18	학습 모형	탐구 학습
학습 목표	옛 도읍지가 있던 곳의 자연 환경의 특징을 찾을 수 있다.				

단계 (시량)	학습 요항	교 수・학 습 활 동	□: 자료 ※: 유의점
문제 파악 (3')	동기 유발 학습 문제 파악	◉ 자료①을 보며 탐구 문제 예상하기 ◦이번 시간 탐구할 문제를 예상해서 발표하게 한다. - 도읍지가 된 까닭을 알아볼 것 같습니다. ◉ 학습 문제 확인하기 ┌─────────────────────────────────┐ │ 옛 도읍지가 있던 곳의 자연환경의 특징을 알아보자. │ └─────────────────────────────────┘	①PPT (서울과 평양의 모습)
가설 설정 (5')	도읍 지가 된 까닭 예상	◉ 가설 세우기 ◦서울과 평양이 그 시대의 도읍지가 된 까닭 알아보기 - 주변에 산이 있어 외적의 침입을 막을 수 있기 때문에 ◦학생들이 제기한 여러 의견 중에서 가설 설정하기 - 도읍지가 되려면, 외적의 침입을 막을 수 있는 안전한 곳에 위치하여야 할 것이다.	※브레인스토밍 으로 가설을 유도한다. ※잠정적 결론 발표
탐색 (4')	자료 탐색 방법 탐색	◉ 가설 해결을 위한 증거 자료와 방법 탐색하기 ◦적절한 자료의 종류 결정하기 - 자연 환경을 살펴보기 위해 사회과 부도를 보면 좋겠다. - 각 도읍지별 자연 환경의 특징을 조사해 보면 좋겠다. ◦가설 해결을 위한 방법 정하기 〈활동1〉 나라와 각 도읍지의 위치 알아보기 〈활동2〉 옛 도읍지의 자연 환경 조사하기	

단계 (시량)	학습 요항	교 수 · 학 습 활 동	□: 자료 ※: 유의점

가설
검증
(18')
	증거
	제시
	및
	검증
		◉ 활동1. 나라와 각 도읍지의 위치 알아보기
		◦ 자료②를 이용하여 각 도읍지의 위치 알아보기
		- 서울, 평양, 경주, 웅진, 개성, 국내성 등
		◉ 활동2. 옛 도읍지의 자연 환경 조사하기
		◦ 모둠별로 각 도읍지에 관련된 자료를 정리하여 발표하기
		• 1모둠: 서울
		- 주변에 북한산, 관악산, 남산 등이 있어 외적이 쉽게 쳐들어
		  올 수 없다.
		- 서울은 국토 중앙에 위치해 있고 한강이 흐르고 있어 육로,
		  뱃길 모두 편리하다.
		- 서울 근처에는 넓은 공간과 강이 흐르고 있어 농사를 짓기에
		  편리하다.
		• 2모둠: 평양
		- 도읍지 평양에는 대성산이 있어 대성산성을 만들고 외적의
		  침입을 막았다.
		- 평양 근처에는 대동강, 평야가 발달하였다.
		- 평양은 고조선이나 고구려의 중심부에 있다.
		• 3모둠: 웅진
		- 도읍지 웅진은 지금의 공주인데 공주에는 계룡산이 있다.
		- 공주에는 금강, 넓은 평야가 발달하였다.
		• 4모둠: 경주
		- 도읍지 경주는 토함산이 있어 외적의 침입을 막았다.
		- 경주에는 형산강, 평야가 발달하였다.
			②사회과부도,
			사회교과서,
			인터넷자료,
			각종 사진,
			지도
			③활동지
			※소집단 협력
			학습을 통해
			증거를 제시
			하고 검증하
			게 한다.

일반 화및 정리 (10')	학습 내용 정리 차시 예고	◉ 정리 및 적용하기 ◦ 가설에 대한 입증 자료를 근거로 알게 된 점 이야기하기 - 옛날의 도읍지는 외적을 방어하기에 유리한 위치에, 식량을 얻기 쉽고, 교통이 발달한 곳에 자리잡았다. ◉ 차시 예고하기 ◦ 옛 도읍지 조사 계획 세우기	

	평가 내용	영역	방법	시기
평가계획	·가설을 입증하기 위한 증거를 한 가지 이상 제시하여 말할 수 있는가?	지식 기능	학습지 발표	수업 중
	·모둠별 과제 해결을 위한 협동 학습에 적극 참여하고 자기 의견의 근거를 제시하며 말할 수 있는가?	가치 태도	발표 관찰	수업 중

과제 번호	4-2-1-②	탐구 학습지	제 4학년 0반 ( )
단원	1-(1)옛 도읍지와 문화재 ② 옛 도읍지 여행		(교) 12-14 (탐) 17-19
자료	옛 도읍지였던 곳의 지도	평양성과 웅진성 부근의 모습 을 나타낸 지도	고구려의 도읍지인 국내 성의 지도
문제 인지	♣ 위의 자료를 살펴보고, 탐구해보고 싶은 것이나 의문 나는 점을 적는다.		
가설	♣ 공부하고 싶은 것을 적고, 가설을 세워본다.		
탐색	♣ 위 가설을 증명할 수 있는 방법을 찾아본다.		
가설 증명	♣ 가설을 증명할 수 있는 자료를 찾아 적어 본다.		
일반화	♣ 세운 가설이 증명되었으면 정리하여 본다.		

(다) 의사 결정 학습

의사 결정이란 어떤 문제 상황에 직면하였을 때, 문제 해결을 위하여 최종적인 판단을 내리는 과정과 그에 따른 행위를 뜻한다(교육인적자원부, 2004: 48). 이것은 목적의 달성을 위하여 여러 가지 대안 중에서 특정 대안을 선택하는 과정이라고 할 수도 있다.

① 의사 결정 학습 모형 탐색

의사 결정 학습은 제6차 교육 과정에서부터 탐구 학습, 문제 해결 학습의 대안으로 새롭게 논의되기 시작한 이래 제7차 교육 과정에서는 합리적 판단력, 문제 해결과 함께 바람직한 시민이 갖추어야 할 자질로 규정하여 사회과 교육의 주요 목표로 등장하였다. 합리적 의사 결정력은 학습자가 평소 교과 활동과 사회생활에서 마주치는 개인적·사회적 문제를 대할 때, 반성적 탐구 과정을 통해 획득한 과학적 지식과 명료화된 가치를 바탕으로 이성적 의사 결정을 내리는 것을 뜻한다. 즉, 의사 결정력은 문제 해결책으로서 대안을 개발하고 선택하여 행동하는 능력으로 문제에 대한 대안이나 의사를 결정할 수 있는 고등 사고 능력이다.

따라서 의사 결정 학습이란 문제해결력, 비판적 사고력, 반성적 탐구능력과 같은 문제에 대한 대안이나 의사를 결정할 수 있는 일련의 학습과정을 의미한다.

의사 결정 학습 모형은 학자들에 따라 다음 〈표 Ⅳ-26〉과 같은 과정으로 제시하고 있다(Engle & Ochoa, 1988 ; 최병모 역. 1995: 39 ; 김만곤 외, 2002: 148-150).

〈표 Ⅳ-26〉 의사 결정 학습의 과정에 대한 견해

과정＼학자	Banks		Engle & Ochoa	김만곤 외
도입	결정할 문제 선택		문제 인식 및 정의	문제의 인식 및 명료화
전개	사회 탐구 (사회적 지식)	가치 탐구 (가치 명료화)	의사결정자의 목적 및 가치 확인	자료의 수집과 분석
			대안 탐색	가능한 대안의 제시
정리	의사결정		대안의 검토 및 선택	대안의 분석 및 평가
	지적인 사회 행위		행동 계획 수립 및 실행	대안의 결정
			평가	

② 의사 결정 학습의 전략

의사 결정 학습도 고등사고력을 기반으로 하기 때문에 초등학교 학생에게는 더욱 어렵다는 점을 고려하여, 여러 학자들의 의사 결정 모형을 분석하여 연구자의 시각으로 초등학교 현장에 알맞게 재구성한 의사 결정 학습의 단계는 다음과 같다.

〈표 Ⅳ-27〉 의사 결정 학습 과정의 전략

학습 단계	주요 학습 내용 및 활동
문제 파악	·결정을 해야 하는 모든 문제에 관심 가지기 ·문제의 성격과 의미 파악 ·용어의 정의, 문제의 특성 규명, 목표 확인, 목표 실현의 방법
자료의 수집과 분석	·문제의 현 상황이나 전망, 해결책 등에 관한 자료 수집 ·수집한 자료의 검토, 분석을 통하여 현재의 여러 상황이 이루어지게 된 요인이나 요인들 간의 관계를 탐구하고 예측
해결책 제시	·문제 해결의 방향을 다양하게 찾아서 브레인스토밍과 같은 활발한 토의 활동을 통해 창의적으로 문제 해결의 방향 제시
해결책의 분석과 평가	·학생들이 제시한 여러 해결책을 목표와 관련 시켜 실행 가능성, 비용, 장·단기적 목표에 비추어 본 실행 가능성, 가능한 결과 등의 측면에서 합당성 여부 평가
의사 결정	·여러 해결책 중에서 그 결과가 목표나 실행 가능성, 가치 등의 측면에서 합당한 것 찾기, 즉 지금까지 좋다고 생각해 온 것 중 앞으로도 계속되어야 할 것과 고쳐야 할 것 결정
적용 발전	·결정된 사항에 대한 계획과 준비하기 ·실제 상황에서 실천할 수 있는 일을 토의하기

의사 결정 학습 모형의 수업 과정인 문제 파악, 자료의 수집과 분석, 해결책 제시, 해결책의 분석과 평가, 의사 결정, 적용 발전의 과정을 통하여 사고력 신장에 효율적인 교수·학습 전략은 다음과 같다.

첫째, 문제 파악 단계에서는 결정을 해야 하는 모든 학습 문제에 관심을 가지고, 그 문제의 성격과 의미를 파악한다. 즉, 낯설거나 어려운 용어의 의미를 알아보고, 문제의 특성 규명하며, 목표를 확인, 목표 실현의 대체적 방법을 결정하게 한다.

둘째, 자료의 수집과 분석 단계에서는 문제의 현 상황이나 전망, 해결책 등에 관한 자료를 수집하며, 수집한 자료의 검토, 분석을 통하여 현재의 여러 상황이 이루어지게 된 요인이나 요인들 간의 관계를 탐구하고 예측하게 한다.

셋째, 해결책의 제시에서는 문제 해결의 방향을 다양하게 찾아서 제시를 하는 단계로 브레인스토밍과 같은 활발한 토의 활동을 통해 창의적으로 문제를 해결하도록 방향을 제시해 준다.

넷째, 해결책의 분석과 평가 단계에서는 학습자들이 제시한 여러 해결책을 목표와 관련 시켜 실행 가능성, 비용, 장·단기적 목표에 비추어 보아 실행 가능성, 가능한 결과 등의 측면에서 합당성 여부를 평가하게 한다.

다섯째, 의사 결정 단계에서는 여러 해결책 중에서 그 결과가 목표나 실행 가능성, 가치 등의 측면에서 합당한 것을 찾는다. 즉, 지금까지 좋다고 생각해 온 것 중 앞으로도 계속되어야 할 것과 고쳐야 할 것을 결정하며, 모든 사람을 위하여 가정 먼저 이루어져야 할 것을 찾고, 시행의 순서와 절차를 결정하도록 한다.

여섯째, 적용 발전 단계에서는 앞의 단계에서 의사결정 한 내용들을 실제 상황에서 실천할 수 있는 방법들을 찾아보게 하고, 실제로 행동으로 옮길 수 있도록 계획하고 준비하도록 한다.

③ 의사 결정 학습의 교수·학습안(예시)-'생산·분배·소비' 주제 스트랜드

단원	3-(1) 다양한 생산 활동과 가정의 소득	학기	4-2	지도 교사	○ ○ ○
학습 주제	소비의 합리적인 선택 기준	차시	4/14	학습 모형	의사결정학습 (육색사고모기법)
학습 목표	일상생활에서 선택을 잘 해야 하는 경우를 찾아보고, 현명한 선택이 필요한 까닭을 예를 들어 설명할 수 있다.				

단계	학습요항	교수·학습 활동	시간	□학습자료 ※유의점
문제 파악	동기 유발 학습 문제 확인 학습 순서 확인	◉ 선택의 고민에 선 상황을 제시하기 ▫ 고민거리를 찾아보기. ▫ 무슨 내용인지 파악해 보기. ▫ 자신의 비슷한 경험을 이야기하기. ◉ 학습문제 확인하기 일상생활에서 선택 기준에 따라 비교해 보고 현명한 선택을 해보자 ◉ 학습순서 확인하기 ▫ 일상생활에서 선택의 중요성 찾기 ▫ 현명한 선택을 하기 위한 기준 세워보기 ▫ 기준에 맞게 선택하기	5′	① 그림 자료- 주인공이 갈 등에 놓인 장면의 그림
자료 의 수집 분석	생활에서 선택의 중요성 파악하기 (전체 활동)	◉ 일상생활에서 선택의 중요성 찾기 ▫ 교통수단의 선택에 대한 문제 상황 파악하기 (흰색 모자) ▫ 교통수단에 대한 자신의 선택을 이야기하기 (빨간색 모자) -승용차, 열차를 선택하고 싶은 사람은? -고속버스, 비행기를 선택하고 싶은 사람은? ▫ 선택한 수단의 좋은 점 찾기(노란색 모자) -선택을 했을 때의 즐거움, 유익성 등을 찾는다. ▫ 선택한 수단의 문제 점 찾기(검정색 모자) -그 선택을 했을 때의 곤란함을 찾는다. -선택의 안 좋은 점, 주의할 점 등을 찾는다.	17′	② 학습지1 ③ 칠판에 붙일 수 있는 육색 사고모자 ※ 빨간 색 모자 관점은 자유 롭게 한다.

단계	학습요항	교수·학습 활동	시간	□학습자료 ※유의점
대안 제시	창의적인 문제 해결 방향	▫선택을 다시 결정하기(파란색 모자) -처음과 선택이 달라진 학생을 찾는다. -왜 처음과 선택을 달리 했는지 이유를 들어본다 ▫다른 방법을 찾아보기(초록색 모자) ·두 가지 모두를 만족시키는 방법은 없는가? ·기발한 생각은 없는가?		
대안 의 분석 평가	선택의 분석 (전체 활동)	◉ 위의 육색 사고 과정을 고려하여 기준에 따라 결정해 보기 ▫자신의 선택에 대해 이야기 해본다. -선택 기준: 시간, 비용, 안전성, 편리함 고려 ▫어디에 중점을 두어 결정할지 선택한다. -'나는 교통비가 많이 들더라도 시간과 편리성을 고려하여 자동차를 선택하겠다'	13'	※자기의 선택 기준에 따라 결정해 보도록 한다.
대안 결정	선택 기준 세우기 선택 결정하기 (개별 활동) 학습 활동 정리 하기	◉ 현명한 선택의 기준 세워보기 ▫여가 활동에서 선택 기준 세워보기 -갈등 상황에서 여가 선택 기준을 찾아본다. -친구는 어디에 중점을 두었는지 살펴본다. ▫육색 사고 과정을 고려해 비교 후 결정해 보기 ▫자신의 결정을 발표해 보기 -안전성을 고려하여 열차를 이용할 것이다. 등 ◉ 알게 된 점 발표하기 ▫기준을 세워 장·단점을 비교해 선택하면서 새롭게 알게 된 점 발표하기 ▫현명한 선택은 일상생활에서 어떤 도움을 주는지 발표하기	5'	④ 학습지2 ※여러 개의 선택 중에 하나를 선택해야 하는 경우에 각 방법의 즐거움과 유익성을 비교하여 그 차이가 가장 큰 것을 선택하도록 유도한다. ※각자의 가치에 따라 가치 기준이 다름을 인정한다.

■ 학습지 자료

학습지 1	합리적인 선택하기
	4학년 반 번 성명( )

〈문제상황〉

 현석이는 외할머니 생신을 맞이하여 부모님과 함께 외할머니 댁에 다녀오려고 한다. 외할머니 댁은 현석이네가 살고 있는 서울에서 멀리 떨어진 대구에 있다. 내가 현석이네 가족이라면 어떤 교통수단을 선택할 것인가?

〈교통수단 비교표〉

교통수단 / 선택 기준	승용차	열차	고속버스	비행기
걸리는 시간				
비용				
안전성				
편리함				

나의 선택은 바로 이거야!

① 선택한 교통수단은 ?	
② 어떤 기준에 중점을 두어 결정했나요?	
③ 왜 그렇게 결정했나요?	

학습지 2	합리적인 선택하기
	4학년 반 번 성명( )

〈문제상황〉

성민이는 이번 토요일 오후에 무엇을 해야 할지 고민하고 있다. 이번 주말에는 새로 산 시디롬으로 컴퓨터 게임을 실컷 해보고 싶었는데, 현경이가 동구 문화센터에서 상영하는 영화를 보러 가자고 전화를 걸어 왔고, 상민이는 축구를 하자고 했다.

〈여가 활동 비교표〉

자신이 선택한 기준을 세워보고 기준에 따라 순위를 정해 선택해보자

여가활동 선택 기준	영 화	축 구	컴퓨터 게임용 시디롬	선택
약속				
비용				
즐거움				
유익성				

나의 선택은 바로 이거야!

① 선택한 여가 활동은 ?	
② 어떤 기준에 중점을 두어 결정했나요?	
③ 왜 그렇게 결정했나요?	

(3) 사회과의 교수·학습 모형에 대한 논의

문제 해결, 탐구, 의사 결정의 관계를 살펴보면, 문제의 성격과 문제 해결의 과정에서의 강조점에 따라 구분될 수가 있다. 즉, 문제 해결은 아동의 문제로 내면화될 수 있는 생활상의 혹은 지역 사회의 문제에 대한 바른 답을 활동과 체험을 통해 찾아낸다. 탐구는 이론적 문제의 논리적·비판적 분석과 결과로서의 '지식의 생성'을 중시하며, 의사 결정력은 사실 탐구에 가치 탐구를 더하여 합리적인 문제 해결에 이르는 과정이라 할 수 있다.

아래 〈표 Ⅳ-28〉에서와 같이 이들 세 가지 모형, 즉 문제 해결, 탐구, 의사 결정은 공히 문제로부터 출발하여 문제 해결로 끝나는 일련의 주체적 사고 과정을 기반으로 하는 교수 학습 모형이다(최용규, 1995: 168). 따라서 이들 세 용어는 Dewy의 반성적 사고(reflective thinking) 과정에 기원한 동일한 형상의 서로 다른 이름으로 볼 수 있다. 이와 같이 서로 다른 형식과 절차상의 차이의 관점이 내재하고 있다고 해도, 이들 모형들이 서로 관련을 맺는 전체적 구조는 유사한 것으로 보아야 할 것이다. 왜냐하면 각각 문제 해결력, 탐구력, 그리고 의사 결정력과 같은 사회과적 고등 사고력을 그 지향점으로 삼고 있기 때문이다.

〈표 Ⅳ-28〉 사고력 신장 중심의 교수·학습 모형의 비교

단계	문제 해결 학습	탐구 학습	의사 결정 학습
도입	◦문제 결정	◦문제 파악(안내, 정의)	◦결정해야 할 문제
전개	◦문제해결 계획 ◦자료 수집·조사 ◦검증 활동 전개	◦가설 ◦탐색 ◦증거 제시	◦지식 탐구 (탐구학습) ◦가치 탐구 (가치명료화)
정리	◦결과 정리 및 발전	◦일반화	◦의사 결정의 실행
이론적 근거	Dewey의 반성적 사고	Massialas의 사회 탐구 학습 모형	Banks의 의사결정 모형

4) 평 가

사회과의 평가는 목표·내용·방법과의 일관성을 유지해야 한다. 즉 성취 기준으로서의 목표와 이를 바탕으로 한 내용을 학습한 과정과 결과를 평가해야 하므로 목표·내용·방법·평가가 동일선상에서 이루어져야 한다.

앞에서 제시한 〈표 Ⅳ-8〉의 주제 스트랜드 구성에 따른 사회과 목표의 성취 기준을 근거로 설정된 기준에 따라 평가할 수 있다. 성취 기준은 교육과정의 목표 혹은 내용으로 제시된 내용 기준과 수업의 결과로 나타나는 행동의 변화를 의미하는 행동 기준으로 구성되는데, 평가 기준 역시 이에 준하여 설정할 수 있다. 행동기준은 주로 학습 기능, 사고력의 신장과 가치·태도의 변화에 초점을 두도록 한다.

고등 사고력을 평가하기 위해서는 고등 사고력을 이루고 있는 탐구력, 의사결정력, 창조적 사고력, 비판적 사고력을 측정하여야 하는데, 이들은 각 단원의 학습 내용에 따라 문항을 작성하여 활용할 수 있다. 이광성(2003)은 한국교육개발원에서 개발된 검사 문제를 교사와 사회과 교육 전문가로 하여금 문항의 적절성을 검토 받아 사용한 예를 보여 주고 있다(이광성, 2003: 42-47).

본 연구에서도 탐구력에 대한 평가 문항으로는 주어진 자료나 표를 보고 이를 해석할 수 있는 능력을 평가할 수 있으며, 의사결정력으로는 문제 상황을 이해하는 문항의 수준에서부터 대안을 다양한 각도에서 생각하고 합리적이고 실천 가능한 대안 제시 능력을 평가하기 위한 문항에 이르기까지 구성하여 평가할 수 있다. 또한, 창조적 사고력과 관련된 평가 문항으로는 문제 상황이 주어졌을 때, 다양한 아이디어를 산출하고 문제 해결 능력이 있는지를 측정할 수 있으며, 비판적 사고력 검사로는 타당하고 충분한 근거를 들어 의견을 주장·평가하고 문제의 본질에 적합한 평가 준거를 사용하는지를 파악하여 평가할 수 있다.

3. 고등 사고력 함양을 위한 주제 스트랜드 중심의 단원 재구성

앞에서 제시한 바와 같이 본 연구에서는 8개의 주제 스트랜드, 즉 Ⅰ. 공간과 환경, Ⅱ. 변화와 지속성, Ⅲ. 문화와 민족, Ⅳ. 개인과 사회 제도, Ⅴ. 시민 생활과 정치, Ⅵ. 생산·분배·소비, Ⅶ. 과학·기술·사회, Ⅷ. 지구촌 사회 등을 토대로 앞의 〈표 Ⅳ-17〉·〈표 Ⅳ-18〉·〈표 Ⅳ-19〉·〈표 Ⅳ-20〉과 같은 '주제 스트랜드 중심의 사회과 통합적 재구성'을 제안하였다.

현행 7차 교육과정의 체계인 〈표 Ⅳ-13〉·〈표 Ⅳ-14〉·〈표 Ⅳ-15〉·〈표 Ⅳ-16〉과 같은 인간과 공간, 인간과 시간, 인간과 사회로 구분한 학문 내용 영역의 학습에서의 문제점으로는 권오정·김영석(2004)에 의하면, 7차 사회과 교육과정이 탐구 중심을 강조하는 열린 교과서 체계로 도입되었다고는 하나 학습주제의 숫자는 줄지 않은 채 사례학습과 탐구활동을 강조하다 보니 학습량이 과다해지는 문제가 발생했는가 하면, 텍스트의 양은 늘지 않은 상태에서 사례의 숫자만 증가하여 깊이 있고 체계적인 학습을 하기가 오히려 어려워졌다는 점을 지적하고 있다(권오정·김영석, 2004: 196). 또한 내용 구성상의 문제점으로는 각각의 단원들이 다루고 있는 내용 영역들은 6차의 그것과 크게 다르지 않으며, 오히려 6차의 내용체계에서는 공간을 축으로 하여 시간을 가미하는 등 내용체계의 일관성을 갖추기 위해 노력한 반면, 현행 7차의 경우는 지리·역사·일반 사회의 내용들이 각각 독립적으로 배열되어 있어서 시퀀스상의 흐름이 6차에 비해 흐트러지는 문제점을 나타내고 있다(권오정·김영석, 2004: 196)고 지적하였다. 또한, 김왕근(2000)은 학교 현장에서 느끼는 사회과 교육에 대해 내용량이 너무 많다는 지적을 하고 있다.

이러한 문제점을 해결하기 위한 방안으로 본 연구에서는 〈표 Ⅳ-17〉·〈표 Ⅳ-18〉·〈표 Ⅳ-19〉·〈표 Ⅳ-20〉과 같은 사고력 함양과 관련지은 '주제 스트랜드' 중심의 통합적 재구성 방식을 제시하였다. 이러한 재구성 방식을 토대로 기존의 단원 구성 방식에서 벗어난 '고등 사고력과 관련된 주제 스트랜드 중심의 통합적 단원 구성'을 각 학년별로 아래 〈표 Ⅳ-30〉·〈표 Ⅳ-33〉와 〈표 Ⅳ-37〉·〈표 Ⅳ-39〉와 같이 제시할 수 있다. 이러한 주제 스트랜드 중심의 단원 학습은 기존의 비체계적인 내용 구성과 내용량의 중복이라는 문제점을 극복할 수 있는 방식이다. 즉 학기간의 내용 중복성을 피하게 되고 내용량의 축소를 가져오는 체계적인 학습이 가능해진다. 이는 교육 내용의 적정화로 흥미 있고 심도 있는 학습으로 이어져 적은 내용으로 깊이 있는 학습을 할 수 있게 된다. 나아가 이러한 체제는 고등 사고력 배양의 경험을 풍부하고 다양하게 제공할 수 있다. 이를 구체적으로 살펴보면 아래와 같다.

〈표 Ⅳ-29〉 현행 학문 영역 중심의 3학년 사회과 단원 구성

학기	영역	학습 내용
3-1	인간과 공간	1. 우리 고장의 모습 (1) 학교 주변의 모습 (2) 그림지도로 살펴본 고장의 모습
	인간과 사회	2. 우리 고장 사람들의 생활 모습 (1) 자연을 이용하는 생활 (2) 고장 사람들이 하는 일
	인간과 사회	3. 고장 생활의 중심지 (1) 시장과 우리 생활 (2) 이어주는 길
3-2	인간과 시간	1. 고장 생활의 변화 (1) 생활도구의 발달 (2) 교통·통신의 발달
	인간과 사회	2. 우리 고장의 전통문화 (1) 전해오는 민속 (2) 가정과 고장의 행사
	인간과 사회	3. 살기 좋은 우리 고장 (1) 고장의 여러 기관과 단체 (2) 함께 노력하는 고장 사람들

〈표 Ⅳ-30〉 주제 스트랜드 중심의 통합적 구성(3학년)

학기	주제	학습 내용
3-1	Ⅰ. 공간과 환경	1. 우리 고장의 모습 (1) 학교 주변과 고장의 모습 (2) 자연을 이용하는 생활 (3) 고장 사람들이 하는 일
	Ⅱ. 변화와 지속성	2. 고장 생활의 변천 (1) 생활도구의 발달 (2) 교통·통신의 발달
3-2	Ⅲ. 문화와 민족	3. 우리 고장의 전통문화 (1) 전해오는 민속 (2) 가정과 고장의 행사
	Ⅴ. 시민 생활과 정치	4. 살기 좋은 우리 고장 (1) 고장의 여러 기관과 단체 (2) 함께 노력하는 고장 사람들
	Ⅵ. 생산·분배·소비	5. 고장 생활의 중심지 (1) 시장과 우리 생활

주제 스트랜드 중심의 사회과 통합단원 구성에 있어서 3학년의 경우, 위 〈표 Ⅳ-30〉에서 제시한 것과 같이 1학기의 학습은 주로 "공간과 환경", "변화와 지속성"의 스트랜드 중심의 주제 학습을 전개하도록 단원을 구성한다. 그리고 2학기의 학습은 "문화와 민족", "시민 생활과 정치", "생산·분배·소비" 스트랜드 중심의 주제 학습을 하도록 단원을 구성하는 방식이다.

이러한 스트랜드 방식이 기존 단원 구성과의 차이점으로는 다음과 같다.

3학년 1학기에서 3단원의 "고장 생활의 중심지"-"(1) 시장과 우리 생활"의 학습 내용은 Ⅵ-생산·분배·소비 스트랜드에서 다루고, "(2) 이어주는 길(6차시)"은 동일한 목표 요소를 띠는 1단원의 "우리 고장의 모습"에서-"(3) 고장 사람들이 하는 일"에 흡수하여 Ⅰ-공간과 환경 스트랜드의 "1-(3) 고장 사람들이 하는 일"에서 다룸으로써 주제의 수와 그 내용량을 줄여서 구성할 수 있다. 결과적으로 보아 현행 6단원 12개 주제에서 5단원 10주제의 스트랜드 중심으로 통합되어 학습의 의미 있는 연계성과 내용량의 감소를 가져올 수 있도록 구성하는 것이다.

그리고 이러한 주제 스트랜드 중심의 단원 구성에 있어서는 주제 스트랜드별 고등 사고력을 관련지을 수 있으며, 아래 〈표 Ⅳ-31〉과 같이 각 학습 내용별 관련되는 사고력을 선정하여 제시할 수 있다. 이는 앞에서도 밝혔듯이 주제별 학습 내용의 목표 요소에 따른 관련 사고력을 나타낸 것이다. 따라서 3학년 사회과 단원 구성에 있어서 주제 스트랜드별 고등 사고력의 관련 정도를 나타낸 단원 구성으로서의 의의를 지닌다고 볼 수 있다.

예를 들면, Ⅱ-'변화와 지속성'의 스트랜드에서 "2-(1) 생활도구의 발달"이라는 주제에서는 탐구력(◎), 창조적 사고력(◎), 비판적 사고력(◎), 메타인지(△)와 관련된 사고력 중심으로 학습하게 되며, "2-(2) 교통·통신의 발달"이라는 주제에서는 탐구력(◎), 창조적 사고력(○), 비판적 사고력(◎), 메타인지(○)와 관련된 사고력 중심으로 학습하게 된다. 또한, Ⅴ-시민 생활과 정치 스트랜드의 "4-(2) 함께 노력하는 고장 사람들"이라는 주제에서는 탐구력(◎), 의사 결정력(○), 창조적 사고력(○), 비판적 사고력(○), 메타인지(△)와 관련되는 학습을 할 수 있다는 것이다.

〈표 Ⅳ-31〉 고등 사고력과 관련된 주제 스트랜드 중심의 사회과 단원 구성(3학년)

1차 주제 스트랜드별 분류

주제 스트랜드	교과서 (관련 단원명-주제명-제재명)
Ⅰ. 공간과 환경	1. 우리 고장의 모습 (1) 학교 주변의 모습 ① 무엇이 보이나요 ② 그림지도로 나타내기 (2) 그림지도로 살펴본 고장의 모습 ① 우리 고장의 그림지도 ② 상점과 공장이 많은 곳 ③ 산과 들이 보여요 2. 우리 고장 사람들의 생활 모습 (1) 자연을 이용하는 생활 ① 자연을 이용하는 모습 ② 계절에 따라 달라지는 생활 (2) 고장 사람들이 하는 일 ① 부모님께서 하시는 일 ② 우리 고장에서 발달한 산업 3-(2) 이어주는 길 ① 역과 터미널 ② 이웃 고장으로의 여행
Ⅱ. 변화와 지속성	1. 고장 생활의 변화 (1) 생활도구의 발달 ① 편리해지는 집안일 ② 오늘날에도 쓰이는 맷돌 (2) 교통·통신의 발달 ① 마차와 자동차 ② 봉수와 컴퓨터 통신
Ⅲ. 문화와 민족	2. 고장의 전통문화 (1) 전해오는 민속 ① 고장의 민속놀이 ② 할머니의 옛날이야기 (2) 가정과 고장의 행사 ① 가정의 여러 행사 ② 우리 고장의 전통 문화 축제
Ⅴ. 시민 생활과 정치	3. 살기 좋은 우리 고장 (1) 고장의 여러 기관과 단체 ① 무엇을 도와 드릴까요? ② 주민 단체들 (2) 함께 노력하는 고장 사람들 ① 깨끗한 거리, 정다운 이웃 ② 2030년의 우리고장
Ⅵ. 생산·분배·소비	3. 고장 생활의 중심지 (1) 시장과 우리 생활 ① 시장이 있는 곳 ② 시장이 하는 일

⇒

2차 주제 스트랜드별 단원 구성

주제 스트랜드	교과서 (관련 단원명-주제명-제재명)	탐구	의사	창조	비판	메타
Ⅰ. 공간과 환경	**1. 우리 고장의 모습** **(1) 학교 주변과 고장의 모습** ① 무엇이 보이나요	◎				
	② 그림지도로 나타내기	○				
	③ 우리 고장의 그림지도			○	○	
	④ 상점과 공장이 많은 곳	◎		○		
	⑤ 산과 들이 보여요	◎		○		
	(2) 자연을 이용하는 생활 ① 자연을 이용하는 모습	◎		◎		
	② 계절에 따라 달라지는 생활	◎		◎		
	(3) 고장 사람들이 하는 일 ① 부모님께서 하시는 일	◎		◎		△
	② 우리 고장에서 발달한 산업	◎		○		
	③ 역과 터미널	◎		○		
	④ 이웃 고장으로의 여행	◎		○		
Ⅱ. 변화와 지속성	**2. 고장 생활의 변천** **(1) 생활도구의 발달** ① 편리해지는 집안일	◎		◎	○	△
	② 오늘날에도 쓰이는 맷돌	◎		◎		
	(2) 교통·통신의 발달 ① 마차와 자동차	◎		◎		○
	② 봉수와 컴퓨터 통신	◎		○	○	
Ⅲ. 문화와 민족	**3. 우리 고장의 전통문화** **(1) 전해오는 민속** ① 고장의 민속놀이	◎			○	
	② 할머니의 옛날이야기	◎		○		
	(2) 가정과 고장의 행사 ① 가정의 여러 행사	◎		○	○	
	② 우리 고장의 전통 문화 축제	○		○	○	△
Ⅴ. 시민 생활과 정치	**4. 살기 좋은 우리 고장** **(1) 고장의 여러 기관과 단체** ① 무엇을 도와 드릴까요?	◎	○		○	
	② 주민 단체들	◎				
	(2) 함께 노력하는 고장 사람들 ① 깨끗한 거리, 정다운 이웃	◎	◎	○	◎	△
	② 2030년의 우리고장	◎		○		△
Ⅵ. 생산·분배·소비	**5. 고장 생활의 중심지** **(1) 시장과 우리 생활** ① 시장이 있는 곳	◎		○	◎	
	② 시장이 하는 일	◎		○	○	

〈표 Ⅳ-32〉 현행 학문 영역 중심의 4학년 사회과 단원 구성

학기	영역	학습 내용
4-1	인간과 공간	1. 우리 시·도의 모습 (1) 지도에 나타난 우리 시·도의 모습 (2) 우리 시·도의 자연 환경과 생활 (3) 우리 시·도의 달라진 모습
	인간과 사회	2. 우리 시·도의 발전하는 경제 (1) 우리 시·도의 자원과 생산 활동 (2) 서로 돕는 경제생활
	인간과 사회	3. 새로워지는 우리 시·도 (1) 지방 자치와 주민 생활 (2) 우리 시·도의 여러 가지 문제와 해결 (3) 우리 시·도의 미래
4-2	인간과 시간	1. 문화재와 박물관 (1) 옛 도읍지와 문화재 (2) 박물관 견학과 문화재 답사
	인간과 사회	2. 가정생활과 여가 생활 (1) 가정생활의 변화 (2) 여가 생활의 변화
	인간과 사회	3. 가정의 경제생활 (1) 다양한 생산 활동과 가정의 소득 (2) 알뜰한 살림살이

　　4학년의 경우도 위 〈표 Ⅳ-32〉와 같은 현행 학문 영역 중심의 4학년 사회과 단원 구성에서 아래 〈표 Ⅳ-33〉에서 제시한 것과 같이, 1학기에는 "공간과 환경", "변화와 지속성", "문화와 민족", "개인과 사회제도" 스트랜드 중심의 단원 구성을 하고, 2학기의 학습 내용으로는 "시민 생활과 정치", "생산·분배·소비" 스트랜드 중심의 주제 학습을 하도록 하는 단원 구성 방법을 들 수 있다. 이에 대해서는 아래 〈표 Ⅳ-34〉 고등 사고력과 관련된 주제 스트랜드 중심

의 사회과 단원 구성(4학년)에서 자세히 나타내고 있다.

이러한 단원 구성에 있어서 교육과정 분석이 필수적이라고 할 수 있는데, 현행 4학년 단원 구성의 문제점으로는 아래와 같이 두 가지 정도를 지적할 수 있다.

〈표 Ⅳ-33〉 주제 스트랜드 중심의 통합적 구성(4학년)

학기	주제	학습 내용
4-1	Ⅰ. 공간과 환경	1. 우리 시·도의 모습과 생활 (1) 지도에 나타난 우리 지역의 모습 (2) 우리 지역의 자연 환경과 생활
	Ⅱ. 변화와 지속성	2. 문화재와 박물관 (1) 우리 지역의 달라진 모습 (2) 옛 도읍지와 문화재 답사
	Ⅲ. 문화와 민족(Ⅳ.개인과 사회제도)	3. 가정생활과 여가 생활 (1) 여가 생활의 변화 (2) 가정생활의 변화
4-2	Ⅴ. 시민 생활과 정치	4. 새로워지는 우리 시·도 (1) 지방 자치와 주민 생활 (2) 우리 지역의 여러 가지 문제와 해결 (3) 우리 지역의 미래
	Ⅵ. 생산·분배·소비	5. 가정의 경제와 우리 시·도의 경제생활 (1) 다양한 생산 활동과 가정의 소득 (2) 우리 지역의 자원과 생산 활동 (3) 서로 돕는 경제생활

첫째, 1학기에 '시·도의 경제'를 학습하고 나서 2학기에 '가정 경제'를 학습하는 방식을 취하고 있는데, 이는 계열성과 내용 수준의 난이도에서 벗어난 구성 방식이라는 점이다. 즉 사회과에서 학습 내용의 구성 방식인 환경 확대법(권오정·김영석, 2004: 116)에 의하면 학습의 범위는 "나와 가정 → 이웃 → 고장 → 지역사회 → 국가 → 세계"로 점차 확대되어 나가는 학습의 범위를 두고 있다. 따라서

보다 더 효과적인 단원 구성이 되려면, 기존의 4학년 1학기의 "2. 우리 시·도의 발전하는 경제"(지역 경제)와 2학기의 "3. 가정의 경제생활"(가정 경제)이라는 단원의 학습 순서를 하나의 "생산·분배·소비"라는 스트랜드 중심의 단원으로 통합하여, "가정의 경제"를 먼저 학습한 다음 시·도 "지역의 경제"로 학습해 나가도록 단원을 구성하여야 한다. 이렇게 구성함으로써 학습자들에게 있어서 내용의 계열성과 수준의 난이도 문제를 극복할 수 있는 효과적인 단원 구성이 될 수 있다.

둘째, 4학년 1학기의 1단원에서 학습하는 "(3) 우리 시·도의 달라진 모습"이라는 학습 주제에서 우리 지역의 문화재에 대한 이해를 바탕으로 문화재 현장 학습이 다루어지는데, 2학기의 1단원에서 학습하는 "(2) 박물관 견학과 문화재 답사"에서 우리 지역의 문화재 학습이 중복하여 나타나고 있다. 이러한 중복은 학습량의 증가만 가져올 뿐이다. 이를 효과적으로 구성하려면, 1학기의 "1-(3) 우리 시·도의 달라진 모습"의 주제와 2학기의 "1-(2) 박물관 견학과 문화재 답사"라는 주제를 "변화와 지속성"이라는 스트랜드로 통합하여 "2. 문화재와 박물관"이라는 주제 단원으로 재구성함으로써 중복된 학습량을 줄여서 구성한다. 이러한 구성 방식은 사회과 교실 수업에서 우리가 바라는 학습 내용의 적정화를 기하는 동시에 깊이 있는 주제 학습이 가능해지도록 구성할 수 있다. (자세한 내용은 〈부록 1〉: 245-270을 참고)

이러한 주제 스트랜드 중심의 단원 구성이 지니는 효과를 요약해서 정리해 보면 아래 〈표 Ⅳ-35〉와 같이 나타낼 수 있다.[11]

---

11) 이러한 분석은 3~4학년의 내용에 있어서 스트랜드 중심의 내용 구성에 따른 효과에 한하여 제시한다.

〈표 Ⅳ-34〉 고등 사고력과 관련된 주제 스트랜드 중심의 사회과 단원 구성(4학년)

1차 주제 스트랜드별 분류		2차 주제 스트랜드별 단원 구성						
주제 스트 랜드	교과서 관련 단원명-주제명-제재명	주제 스트 랜드	교과서 관련 단원명-주제명-제재명	탐구	의사	창조	비판	메타
Ⅰ. 공간 과 환경	1. 우리 시·도의 모습 (1) 지도에 나타난 우리 　　시·도의 모습 ①지도를 알아보자.	Ⅰ. 공간 과 환경	1. 우리 시·도의 모습 (1) 지도에 나타난 우리 　　시·도의 모습 ①지도를 알아보자.	○				
	②지도를 이용하여 배우자.		②지도를 이용하여 배우자.	◎		○	○	
	(2) 우리 시·도의 자연 　　환경과 생활 ①우리 시·도의 사계절		(2) 우리 시·도의 자연 환경과 　　생활 ①우리 시·도의 사계절	◎		○	○	
	②자연 재해의 극복		②자연 재해의 극복	◎	○	○	○	○
Ⅱ. 변화 와 지속성	1-(3)-우리 시·도의 달라진 모습 ①어떻게 달라졌을까	Ⅱ. 변화 와 지속성 (Ⅲ. 문화 와 민족)	2. 문화재와 박물관 (1) 우리 시·도의 달라진 모습 ①어떻게 달라졌을까	◎			○	
	②알고 떠나자		②알고 떠나자	◎		○	○	△
	1. 문화재와 박물관 (1) 옛 도읍지와 문화재 ①연표와 역사지도		(2) 옛 도읍지와 문화재 답사 ①연표와 역사지도	◎		○	○	△
	②옛 도읍지 여행		②옛 도읍지 여행	◎	○	○	○	
Ⅲ. 문화 와 민족	(2) 박물관 견학과 문화재 　　답사 ①박물관 견학		③박물관 견학	◎	○	○	○	△
	②문화재 현장 학습		④문화재 현장 학습	◎		○	○	△
	③세계적인 우리 문화재		⑤세계적인 우리 문화재	◎	○	○	◎	○
	2. 가정생활과 여가 생활 (2) 여가 생활의 변화 ①윷놀이와 컴퓨터 게임	Ⅲ. 문화 와 민족	3. 가정생활과 여가 생활 (1) 여가 생활의 변화 ①윷놀이와 컴퓨터 게임	◎	△	○	◎	○
	②즐거운 주말		②즐거운 주말	○	○	○	○	○
Ⅳ. 개인 과 사회 제도	2. 가정생활과 여가 생활 (1) 가정생활의 변화 ①가정의 여러 형태	Ⅳ. 개인 과 사회 제도	(2) 가정생활의 변화 ①가정의 여러 형태	◎	△	○	◎	
	②서로 돕는 우리 가족		②서로 돕는 우리 가족	○	○	○	○	

1차 주제 스트랜드별 분류

주제 스트랜드	교과서 관련 단원명-주제명-제재명
V. 시민생활과정치	3. 새로워지는 우리 시·도
	(1) 지방 자치와 주민 생활
	①시·도청을 찾아서
	②지역의 대표 뽑기
	③시·도의 상징
	(2) 우리 시·도의 여러 가지 문제와 해결
	①우리 시·도의 여러 가지 문제
	②함께 해결하는 우리 시·도의 문제
	(3) 우리 시·도의 미래
	①시·도 주민의 희망
	②우리 시·도의 미래 모습
VI. 생산·분배·소비	2. 우리 시·도의 발전하는 경제
	(1) 우리 시·도의 자원과 생산 활동
	①자원을 이용하는 생산 활동
	②세계로 열린 경제
	③공공시설을 내 것처럼
	(2) 서로 돕는 경제생활
	①나누어 맡은 생산
	②경제 활동의 중심지
	③서로 도움을 주는 경제 활동
	3. 가정의 경제생활
	(1) 다양한 생산 활동과 가정의 소득
	①가지고 싶은 것은 많지만
	②가정의 소득을 얻기까지
	(2) 알뜰한 살림살이
	①가계부
	②우리 집 예금통장

⇒

2차 주제 스트랜드별 재구성

주제 스트랜드	교과서 관련 단원명-주제명-제재명	탐구	의사	창조	비판	메타
V. 시민생활과정치	4. 새로워지는 우리 시·도					
	(1) 지방 자치와 주민 생활					
	①시·도청을 찾아서	◎		○	○	
	②지역의 대표 뽑기	◎				
	③시·도의 상징	◎				
	(2) 우리 시·도의 여러 가지 문제와 해결					
	①우리 시·도의 여러 가지 문제	◎	○	○	◎	
	②함께 해결하는 우리 시·도의 문제	◎	○	○	○	
	(3) 우리 시·도의 미래					
	①시·도 주민의 희망	◎	○	○	◎	△
	②우리 시·도의 미래 모습		○	○	◎	△
VI. 생산·분배·소비	5. 가정의 경제와 우리 시·도의 발전하는 경제					
	(2) 우리 시·도의 자원과 생산 활동					
	①자원을 이용하는 생산 활동	◎		○	○	
	②세계로 열린 경제	○				
	③공공시설을 내 것처럼	○	○	○	○	△
	(3) 서로 돕는 경제생활					
	①나누어 맡은 생산	○	△	○	○	
	②경제 활동의 중심지	◎	△	○	○	
	③서로 도움을 주는 경제 활동	◎		△	○	
	(1) 다양한 생산 활동과 가정의 소득					
	①가지고 싶은 것은 많지만	◎	◎	○	○	○
	②가정의 소득을 얻기까지	◎			○	△
	③가계부	○	◎	○	○	△
	④우리 집 예금통장	○	○		○	

〈표 Ⅳ-35〉 주제 스트랜드 중심의 단원 구성에 따른 효과

학년	현행 단원 중심의 학습	주제 스트랜드 중심의 단원 구성
3	3. 고장 생활의 중심지 (1) 시장과 우리 생활 (2) 이어주는 길 -서로 다른 주제들의 내용으로 한 단원을 구성하고 있음	-1학기에서 3단원의 "고장 생활의 중심지"-"(1) 시장과 우리 생활"의 학습 내용은 Ⅵ-생산·분배·소비 스트랜드에서 다루고, "(2) 이어주는 길(6차시)"은 동일한 목표 요소를 띠는 1단원의 "우리 고장의 모습"에서-"(3) 고장 사람들이 하는 일"에 흡수하여 Ⅰ-공간과 환경 스트랜드의 "1-(3) 고장 사람들이 하는 일"에서 다룸으로써 주제의 수와 그 내용량을 줄여서 구성할 수 있다. -현행 6단원 12개 주제에서 5단원 10주제의 스트랜드 중심으로 통합되어 학습의 의미 있는 연계성과 내용량의 감소를 가져올 수 있도록 구성할 수 있다.
4	2. 우리 시·도의 발전하는 경제 3. 가정의 경제생활 -1학기에 시·도의 경제를 학습하고, 2학기에서 가정 경제를 학습하는 순이어서 계열성과 내용 수준의 난이도에서 벗어난 구성 방식을 취하고 있음	-효과적인 단원 구성이 되려면, 기존의 4학년 1학기의 "2. 우리 시·도의 발전하는 경제"(지역 경제)와 2학기의 "3. 가정의 경제생활"(가정 경제)이라는 단원의 학습 순서를 하나의 "생산·분배·소비"라는 스트랜드 중심의 단원으로 통합하여, "가정의 경제"를 먼저 학습 한 다음 시·도 "지역의 경제"로 학습해 나가도록 단원을 구성하여야 한다. -이러한 구성 방식은 학습자들에게 있어서 내용의 계열성과 수준의 난이도 문제를 극복할 수 있는 효과적인 단원 구성이 될 수 있다.
	·1학기: 1-(3) 우리 시·도의 달라진 모습 ·2학기: 1-(2) 박물관 견학과 문화재 답사 -우리 지역의 문화재 학습이 중복 제시되는 것은 학습량의 증가만 가져올 뿐임	-1학기의 "1-(3) 우리 시·도의 달라진 모습"의 주제와 2학기의 "1-(2) 박물관 견학과 문화재 답사"라는 주제를 "변화와 지속성" 스트랜드의 "2. 문화재와 박물관"이라는 주제 단원으로 통합하여 중복된 학습량을 줄여서 구성한다. -이렇게 구성함으로써 내용량의 축소와 깊이 있는 주제 학습이 가능해지도록 할 수 있다.
주제 스트랜드 구성의 특징	-동일한 목표 요소를 가지는 주제에 흡수하여 내용량을 축소시킴 -동일한 스트랜드 요소를 하나의 단원 및 주제로 축소하여 통합 구성 -환경 확대법에 맞게 단원 구성을 하여 내용 수준의 난이도와 계열성을 고려 -학년별 학습 단원과 주제의 수를 줄임(3학년: 6단원 12개 주제→5단원 10개 주제, 4학년: 6단원 14개 주제→5단원 12개 주제) -스트랜드 중심의 단원으로 재구성하여 중복된 학습량을 줄이고 깊이 있는 주제 학습이 되도록 구성하는 것이 효과적임 -주제 스트랜드별 고등 사고력을 관련지어 학습할 수 있음	

즉 이러한 스트랜드 중심의 구성은 기존의 비체계적인 내용 구성과 내용량의 중복이라는 문제점을 극복할 수 있는 방식이다. 즉 학기간의 내용 중복성을 피하게 되고 내용량의 축소를 가져오는 체계적인 학습이 가능해진다. 이는 교육 내용의 적정화로 흥미 있고 심도 있는 학습으로 이어져 적은 내용으로 깊이 있는 학습을 할 수 있게 된다. 나아가 이러한 체제는 고등 사고력 배양의 경험을 풍부하고 다양하게 제공할 수 있다.

5, 6학년의 경우도 3, 4학년의 단원 구성과 동일한 방식으로 아래 〈표 Ⅳ-37〉, 〈표 Ⅳ-39〉와 같은 주제 스트랜드 중심의 통합 방식으로 구성할 수 있다.

〈표 Ⅳ-36〉 현행 학문 영역 중심의 5학년 사회과 단원 구성

학기	영역	학습 내용
5-1	인간과 공간	1. 우리나라의 자연환경과 생활 　(1) 우리생활과 자연환경 　(2) 자연환경을 이용한 생활
	인간과 공간	2. 우리가 사는 지역 　(1) 도시지역의 생활 　(2) 촌락지역의 생활
	인간과 공간	3. 환경 보전과 국토 개발 　(1) 자연 재해와 환경 문제 　(2) 환경과 더불어 살아가는 길
5-2	인간과 사회	1. 우리나라의 경제 성장 　(1) 우리나라 경제생활의 특징 　(2) 세계로 뻗어 가는 우리 경제
	인간과 사회	2. 정보화 시대의 생활과 산업 　(1) 정보화 시대의 생활 　(2) 첨단 기술과 산업의 발달
	인간과 시간	3. 우리 겨레의 생활 문화 　(1) 조상들의 멋과 슬기 　(2) 민족을 통해 본 조상들의 삶

〈표 Ⅳ-37〉 고등 사고력과 관련된 주제 스트랜드 중심의 사회과 단원 구성(5학년)

학기	주제	학습 내용	관련 사고력				
			탐구	의사	창조	비판	메타
5-1	Ⅰ. 공간과 환경	1. 우리나라의 자연환경과 생활 (1) 우리생활과 자연환경 (2) 자연환경을 이용한 생활	◎	△	◎	○	○
	Ⅰ. 공간과 환경 (Ⅳ. 개인과 사회 제도)	2. 우리가 사는 지역 (1) 도시지역의 생활 (2) 촌락지역의 생활	◎	△	○	◎	△
	Ⅰ. 공간과 환경	3. 환경 보전과 국토 개발 (1) 자연 재해와 환경 문제 (2) 환경과 더불어 살아가는 길	◎	◎	○	○	○
5-2	Ⅲ. 문화와 민족 (Ⅶ. 과학·기 술·사회)	4. 우리 겨레의 생활 문화 (1) 조상들의 멋과 슬기 (2) 민족을 통해 본 조상들의 삶	◎		○	○	
	Ⅵ. 생산·분배·소비	5. 우리나라의 경제 성장 (1) 우리나라 경제생활의 특징 (2) 세계로 뻗어 가는 우리 경제	◎	△	○	○	
	Ⅶ. 과학·기술·사회 (Ⅵ. 생산·분 배·소비)	6. 정보화 시대의 생활과 산업 (1) 정보화 시대의 생활 (2) 첨단 기술과 산업의 발달	◎	○	◎	○	△

〈표 Ⅳ-38〉 현행 학문 영역 중심의 6학년 사회과 단원 구성

학기	영역	학습 내용
6-1	인간과 시간	1. 우리 민족과 국가의 성립 (1) 하나로 뭉친 겨레 (2) 민족을 다시 통일한 고려 (3) 유교를 정치의 근본으로 삼은 조선
	인간과 시간	2. 근대사회로 가는 길 (1) 새로운 사회로의 움직임 (2) 외세의 침략과 우리 민족의 대응
	인간과 시간	3. 대한민국의 발전 (1) 나라를 되찾기 위한 노력 (2) 대한민국의 수립과 발전
6-2	인간과 사회	1. 우리나라의 민주 정치 (1) 우리 생활과 정치 (2) 나랏일을 맡아하는 기관들 (3) 국민의 권리와 의무
	인간과 공간	2. 함께 살아가는 세계 (1) 변화하는 세계의 여러 나라 (2) 지구촌 속의 우리나라
	인간과 공간 시간	3. 새로운 세계에서 우리가 할 일 (1) 세계 속의 대한민국 (2) 통일과 민족의 앞날

〈표 Ⅳ-39〉 고등 사고력과 관련된 주제 스트랜드 중심의 사회과 단원 구성(6학년)

학기	주제	학습 내용	관련 사고력				
			탐구	의사	창조	비판	메타
6-1	Ⅱ. 변화와 지속성 (Ⅲ. 문화와 민족)	1. 우리 민족과 국가의 성립 (1) 하나로 뭉친 겨레 (2) 민족을 다시 통일한 고려 (3) 유교를 정치의 근본으로 삼은 조선	◎		○	◎	
	Ⅳ. 개인과 사회 제도 (Ⅲ. 문화와 민족)	2. 근대사회로 가는 길 (1) 새로운 사회로의 움직임 (2) 외세의 침략과 우리 민족의 대응	◎	○	○	◎	
	Ⅱ. 변화와 지속성 (Ⅲ. 문화와 민족)	3. 대한민국의 발전 (1) 나라를 되찾기 위한 노력 (2) 대한민국의 수립과 발전	◎	△	○	◎	
6-2	Ⅲ. 문화와 민족	4. 새로운 세계에서 우리가 할 일 (1) 세계 속의 대한민국 (2) 통일과 민족의 앞날	◎		◎	◎	
	Ⅴ. 시민 생활과 정치	5. 우리나라의 민주정치 (1) 우리 생활과 정치 (2) 나라일 을 맡아하는 기관들 (3) 국민의 권리와 의무	◎	△	○	◎	
	Ⅷ. 지구촌 사회 (Ⅰ. 공간과 환경)	6. 함께 살아가는 세계 (1) 변화하는 세계의 여러 나라 (2) 지구촌 속의 우리나라	◎		◎	◎	△

이처럼 주제 스트랜드 중심의 통합 구성 방식은 교실 사회과 학습의 중요한 문제로 지적되어 온 '양의 과다'와 '내용 수준의 고난도'(김왕근, 2000: 42)가 해소되도록 구성할 수 있으며, 나아가 '많은 내용을 피상적으로 가르치는 것'보

다는 '적은 내용을 깊이 있게 가르치는 사고력 중심의 학습'으로 바뀔 수 있다. 예를 들어, 4학년 사회과 학습에 있어서 "대구의 모습과 생활", "문화재와 박물관", "여가 생활", "가정 경제와 지역 경제"와 같은 주제로 주 단위 내지 월 단위, 또는 학기 단위의 주제 스트랜드 중심의 학습이 이루어질 수 있도록 구성할 수 있다. 이러한 구성은 학습량의 감소를 가져올 뿐만 아니라, 학습 흥미의 지속성을 가져다줌으로써 자연스럽게 깊이 있는 학습과 체계적인 사고력 중심의 학습이 가능해질 수 있다. 이와 같은 '주제 스트랜드' 중심의 통합적 구성 학습은 우리가 바라는 진정한 통합의 형태로 사고력 함양을 위한 체계적인 하나의 프로그램화 방안이 될 수 있다.

4. 논 의

본 연구에서는 사회과에서 최근에 들어 강조되는 고등 사고력에 대한 의미를 밝혀보고, 이러한 고등 사고력을 함양할 수 있는 교육과정 개발 모형을 정립한 다음, 이에 따른 고등 사고력 중심의 사회과 통합교육과정의 구성 체계를 수립해 보았다. 또한 이를 바탕으로 고등 사고력을 함양할 수 있는 교육과정의 구성 방략으로 현재로서 사회과 통합의 이상적인 준거로 고려될 수 있는 주제 스트랜드 중심의 통합교육과정 구성을 제안하였다. 이러한 연구 과정을 단계별로 정리해 보면 아래와 같다.

첫째, 고등 사고력의 의미와 사회과에서의 고등 사고력 함양을 위한 교육과정 개발 모형을 정립하였다.

둘째, 고등 사고력 함양을 위한 사회과 통합교육과정 구성의 분석을 통하여 고등 사고력 중심의 사회과 통합교육과정 구성의 체계인 주제 스트랜드 방식의 구성을 제시하였다.

셋째, 사회과 교육과정과 교과서에 대한 주제 스트랜드 방식의 통합을 위한 분석을 통하여 고등 사고력 함양을 위한 사회과 통합교육과정 구성 방략을 제시하였다.

넷째, 위와 같은 과정의 자료들을 통합하여 고등 사고력 함양을 위한 주제 스트랜드 중심의 단원 재구성 방식을 제안하였다.

이러한 연구 과정을 통하여 본 연구에 대한 논의와 유의점을 제시해 보면 다음과 같다.

사회과 통합 교육과정을 구성하는 방략에 대한 기저로 통합교육과정 구성 방략의 근거, 사회과 통합에서 주제 스트랜드의 도입과 의미, 그리고 주제 스트랜드의 특징과 구성 방략을 제시하였다. NCSS(1994)의 주제 스트랜드는 사회과 교육의 영역에 있는 개념, 일반화, 이슈, 문제, 원리 등을 종합할 수 있는 교육 내용 조직의 핵심적인 요소로서 K-12학년 사회과 교육의 기본 틀로 작용하는 것이지만, 우리나라에서는 이러한 틀의 도입에 대한 연구가 시도되는 단계이다. 그렇기에 아직까지는 체계적인 틀의 형성이 이루어지지 않은 방식에 지나지 않을 수도 있다. 따라서 이에 대한 체계적인 구성 방략의 수립이 필요한 것으로 보고, 본 연구에서는 아래와 같은 분석을 하게 된 것이다.

고등 사고력 함양을 위한 사회과 통합교육과정 구성 방략으로서 주제 스트랜드 방식의 통합을 제안하기 위해 두 가지의 분석 즉, 주제 스트랜드와 고등 사고력에 대한 분석이 필요하였다.

먼저 주제 스트랜드에 대해서는 NCSS(1994)에서 제안한 주제 스트랜드를 우리나라의 실정에 맞게 분석하였으며, 이어서 고등 사고력에 대해서는 주제 스트랜드 중심의 사회과 통합적 재구성에 따른 관련 사고력을 분석하였다. 이러한 분석의 타당도를 높이기 위해 전문가들의 설문지를 통한 델파이 기법(Delphi-Technique)을 활용하였다. 하지만 주제 스트랜드와 고등 사고력에 대한 분석의 틀은 연구자의 관점에서 분석하기 위한 틀을 활용한 것으로의 한계를 지닌다고 볼 수 있다. 즉 NCSS(1994)에서 제안한 스트랜드를 참고로 하여, 이를 선행 연구(차경수 등, 1997)와 우리나라의 실정에 맞춰 7차 교육과정 개정 당시 도입하려 했던 8개의 주제 스트랜드(김일기 외, 1998)를 토대로 분석한 것이다. 그 과정은 초등 사회과의 목표로부터 추출한 스트랜드와 초등 사회과 문헌(교육과정, 교사용 지도서, 교과서)에서 추출한 스트랜드의 두 단계로 나누어 검토하되, 실천적 측면에서 사회과 문헌 연구를 통한 과정에 중점을 두고, 두 단계를 종합하여 스트랜드를 추출·선정하였다.

또한, 사회과 학습 내용에 대한 고등 사고력의 관련 정도를 파악하기 위하여 역시 설문지를 통하여 분석하는 과정을 거쳤다. 이러한 선정 과정에서 현장 사회과 연구교사, 사회과 전공 교수, 그리고 교육과정 전공 교수 등의 제한된 인원이 참여한 전문가 회의를 통하여 스트랜드의 추출 및 선정에 대한 검토를 거치는 델파이 기법을 활용하였다. 하지만, 그 대상은 소수의 교과 전문가들에 제한하였으며, 설문지에 대한 분석도 두 차례의 전문가 회의에 한정하였다. 즉 연구의 타당도를 높이기 위해 전문가를 대상으로 한 설문지의 분석과 협의의 과정을 활용하였지만, 그 대상은 여러 가지 여건상 소수에 한정할 수밖에 없었으며, 협의의 과정도 두 차례뿐이었다. 이러한 점이 본 연구가 가지는 한계이자 후속 연구에 대한 자료가 될 것이다. 앞으로 국가 수준에서의 교육과정의 개정이나 단위 학교의 교육과정 재구성 작업이 이루어질 경우, 위와 같은 절차를 참고하여 보다 더 폭넓은 대상을 확보한 연구 절차와 의견 수렴 과정이 뒤따라야 할 것으로 본다.

그리고 본 연구에서 도입한 주제 중심의 교육과정통합 모형은 목표 설정 단계에서부터 내용 선정 및 조직, 교수·학습 방법, 평가에 이르기까지 각 단계는 상호 역동적이며 보완적인 관계로 순환의 과정을 거치게 되는 것이 이상적인 형태이지만, 본 연구에서는 연구의 관점을 분명히 하기 위해 이들 과정 중 특히 목표 설정과 내용 선정·조직의 단계에 주된 초점을 두는 것에 한정하였다. 따라서 내용 측면의 접근 방식인 교육과정의 내용 구성에 대한 관점을 전제로 하였으며, 사회과 통합교육과정 구성으로는 현행 교육과정과 교과서의 분석을 통하여 주제 스트랜드라는 내용 조직의 틀을 준거로 교육과정 및 교과서의 단원 수준에 한정하여 재구성을 하였다.

또한, 주제 스트랜드 중심의 통합적 내용 조직이 고등 사고력 함양에 경험적 효과를 미친다는 사실을 입증하는 데 초점이 있기보다는 주제 스트랜드의 통합 방법이 고등 사고력 함양에 기여할 수 있다는 가능성을 선행 연구의 분석을 통하여 본 장에서 논리적으로 전개하려 하였으며, 여기서 제시하는 스트랜드 중심의 통합 방식은 사회과의 통합교육과정 구성을 위한 효과적인 한 방법으로 유효한 준거이지 그것이 일반적인 준거가 될 수는 없을 것이다. 따라서 이 연구를 기초로 하여 더 발전적인 후속 연구가 기대된다.

한편, 기존 단원의 내용 구성에서 본 연구의 방법인 '주제 스트랜드' 중심으로의 단원 재구성을 하는 이유로는 크게 세 가지로 생각해볼 수 있다. 즉 ① 내용 계열성의 중복을 극복할 수 있다는 점, ② 학습 내용량의 축소를 가져올 수 있다는 점, ③ 학습 내용의 중복 극복과 축소로 인해 깊이 있는 학습이 가능하다는 점을 들 수가 있다. 이는 학습 내용의 범위가 점차적으로 확대되어 가야 함에도 그렇지 못한 구성 방식으로 인해 학습의 난이도와 계열성에서 벗어난 단원 구성, 그리고 같은 학년의 교육과정 내용이면서 1학기의 내용이 2학기에 중복되어 제시되는 내용 구성이 있어(예를 들면, 4-1학기의 문화재 단원) 이러한 문제점을 극복하여 단원 재구성을 하면 계열성이 갖추어지면서 내용량도 조정되어 그 만큼의 시간을 더 확보할 수 있게 되고, 이를 적은 양으로도 심층적으로 학습할 수 있는 기회가 주어진다는 점에서 이 주제 스트랜드 통합이 지니는 장점이라고 할 수 있다. 하지만, 이러한 주제 스트랜드를 선정하는 준거와 관점에 따라 차이가 있을 수 있으므로 본 연구에서 활용된 주제 스트랜드가 어느 누구에게나 또는 어느 학년에서나 공통적으로 적용하기에는 다소간의 어려움이 있을 것으로 생각된다. 이것은 학생의 실태와 학교, 그리고 지역사회의 실정을 고려한 재구성이라는 측면과도 상통한다고 볼 수 있기 때문이다. 그러나 지금까지 교육과정 구성 방식에 더하여 통합적인 주제 스트랜드 방식의 구성이라는 점과 사고력 함양이라는 관점으로 연구가 미흡한 단계에서의 그 시작점으로 보고 앞으로 이에 대한 폭넓은 연구가 필요할 것으로 본다.

1980년대부터 사회과의 통합의 필요성과 중요성에 대한 논의가 계속하여 이어져 왔지만, 큰 진전을 거두지 못하고 있는 실정이다. 그나마 초등학교에서는 7차 교육과정에서 완전 통합의 구성을 추구하고 있지만 실제 교과서는 형식적인 통합만이 이루어졌을 뿐이며 여전히 분과적인 경향이 남아 있다(최병모, 2000: 26). 그러기에 사회과 통합교육과정을 구성하는 일이 매우 어렵고, 교사들이 실제로 가르치기가 어렵다는 현실적인 한계를 지니고 있다. 따라서 본서에서 추구하는 주제 스트랜드 중심의 통합에 대한 논의는 그러한 어려움을 어느 정도 해소해 줄 수 있을 것이라는 점에서 의미가 있다고 본다.

제5장

결론: 요약 및 제언

사고력 교육의 강조는 교과 교육에서 어제오늘의 이야기가 아니다. 학문 중심 교육과정의 맥락에서 보면 고등 정신 기능의 강조는 전통적 지식교육에 대한 하나의 강력한 대안이 될 수 있다는 점에서 이 분야의 연구는 앞으로 더욱 활성화되어야 한다고 본다. 특히 최근 사회과에서 강조하는 고등 사고력의 함양을 위한 교육과정 통합의 방안을 탐구하기 위하여 교육과정 구성의 입장에서 사회과 교육의 문제를 해결하는 하나의 방안으로 사고력을 함양하기에 적합한 교육과정 통합에 초점을 두었다.

고등 사고력 함양을 위한 교육과정 개발의 일반적인 의미와 방향의 모형으로는 아이스너(Eisner, 1979)의 분류에 의한 '인지과정 발달의 입장'을 따랐다. 또한, 교육과정 개발 모형으로는 한국교육개발원의 사고력 개발 관련 모형과 브루너(Bruner, 1960)의 교육과정 통합 모형을 토대로, 주제 중심 교육과정 설계 모형과 순환적 교육과정개발 모형이 지니는 장점을 결합시킨 '주제 중심의 교육과정통합 모형'을 정립한 다음 이 모형에 따라 본 연구 과제를 수행하였다.

본 연구를 요약하여 보면, 사회과에서 사고력 개발의 의미와 통합교육과정 구성의 기저를 논한 다음 고등 사고력의 학습을 위한 사회과 통합교육과정 구성의 방향과 원리를 설정하고, 구성 요소와 체계로 목표 설정, 내용 선정 및 조직, 교수·학습 방법, 평가 영역으로 나누어 제시하였다. 이어서, 고등 사고력 함양을 위한 사회과 통합교육과정 구성의 방략을 위해, 그 기저와 통합의 방법으로는 주제 스트랜드 중심의 사회과 통합교육과정 재구성을 논하였으며 고등 사고력 함양을 위한 주제 스트랜드 중심의 단원 재구성 방식을 제시하였다.

고등 사고력 함양을 위해서는 일반적으로 교수·학습 방법 측면에서의 접근이 있을 수 있으나, 본 연구에서는 사고력 함양을 위한 내용 측면의 접근 방식인 사회과 교육과정의 내용 구성에 대한 관점으로 접근하였다. 그러한 교육과정의 구성 방식으로는 주제 스트랜드 중심의 통합 방법을 제시하였으며, 이러한 주제 스트랜드 중심의 통합이 고등 사고력 함양에 경험적 효과를 미친다는 사실을 입증하는 데 초점이 있기보다는 주제 스트랜드 중심의 단원 재구성 방식이 고등 사고력 함양에 기여할 수 있다는 가능성을 선행 연구물의 검토와 교육과정 및 교과서의 분석을 통하여 논리적으로 입증하려고 하였다.

이러한 연구 목적에 따라 연구 결과를 근거로 결론을 내리면 다음과 같다.

첫째, 사회과에서의 고등 사고력은 "학습자가 새로운 사회적 문제 상황에 직면했을 때, 그 해결을 위하여 단순한 암기나 이전의 정보, 기존의 행하던 방법에서가 아닌 새로운 사고, 즉 비판적 사고를 가지고 창의적으로 문제를 해결하려는 정신 작용"이다. 이러한 창의적인 정신 작용으로는 탐구력·의사결정력·창의적 사고력·비판적 사고력·메타인지 등을 포함한다. 이러한 분류에 따르면 사회과에서의 고등 사고력은 사회과학적 탐구 능력, 개인적·사회적 가치에 기초한 결정력, 사회적 지식의 유연성과 독창성, 사회적 상황 분석과 평가 능력, 사회적 마인드 등의 점검 능력 등이 강조되어야 할 필요가 있다.

둘째, 사회과 통합교육과정의 구성에 있어 내용 조직에 따른 통합 방법으로써 현실적으로 가장 이상적인 방법은 단순한 개념이나 주제 중심의 통합 방법보다는 개념·주제·문제·이슈·일반화·법칙·가치 등을 모두 종합할 수 있는 핵심적인 요소이며, 준거 역할을 하는 주제 스트랜드(thematic strands) 중심의 방법이다. 왜냐하면 스트랜드는 사회과 교육의 철학, 목표, 기본 방향 등에서 추출한 것으로 사회과의 궁극적 목적인 시민성을 함양하기 위한 목표와 과제를 수행하는 데 기여하는 핵심적인 요소이기 때문이며, 이와 같은 스트랜드 중심으로 사회과를 통합할 때, 각각의 학문적인 벽을 쉽게 넘어서서 통합을 할 수 있다.

셋째, 사회과에서 고등 사고력의 함양을 위한 효과적인 교육과정 구성 방안으로는 주제 스트랜드 중심의 통합적 재구성 방식으로서, 본 연구에서 주제 스트랜드로는 사회과 목표와 문헌으로부터 추출하여 선정한 ① 공간과 환경, ② 변화와 지속성, ③ 문화와 민족, ④ 개인과 사회 제도, ⑤ 시민 생활과 정치, ⑥ 생산·분배·소비, ⑦ 과학·기술·사회, ⑧ 지구촌 사회 등 8가지를 제시하였다.

넷째, 주제 스트랜드 추출을 토대로 교육과정과 교과서의 내용을 분석하여 주제 스트랜드 중심의 사회과 통합적 재구성에 따른 관련 사고력을 밝히고, 나아가 주제 스트랜드 중심의 단원 구성을 제시하였다. 현행 7차 교육과정의 내용은 교과 분과적인 독립적 배열로 탐구 활동을 강조하다 보니 학습량과 그 내용이 과다한 문제를 지니게 되었다. 이러한 문제를 해결하기 위한 교육과정 구성 방안으로 여기서는 주제 스트랜드 중심의 통합적 구성 방식을 제안하였다.

이러한 주제 스트랜드 중심의 단원 학습은 기존의 비체계적인 내용 구성과 내용량의 중복이라는 문제점을 극복할 수 있는 방식으로 같은 학년의 학습 내용 내에서도 학기 간의 내용 중복성을 극복할 수 있고 내용량의 축소를 가져오는 체계적인 학습이 가능해진다. 이는 교육 내용의 적정화로 자연히 흥미 있고 심도 있는 학습으로 이어져 적은 내용으로 깊이 있는 학습을 할 수 있게 된다. 이러한 체제는 고등 사고력 함양의 경험을 풍부히 하고 다양하게 제공할 수 있다. 이는 우리가 바라는 진정한 통합의 형태로 사고력 함양을 위한 교육과정통합 방식에 있어서 하나의 프로그램화가 가능한 방안이다.

본서의 요약을 바탕으로 몇 가지 제언을 하면 다음과 같다.

첫째, 우리나라 사회과 통합교육과정에 있어서 국민공통기본과정인 3~10학년까지의 내용에 대한 통합을 시도해볼 필요가 있다. 즉, 초등학교에서의 통합을 토대로 중·고등학교에서도 통합의 가능성을 찾아보아야 할 것이다. 현재 중학교 수준과 고등학교 수준에서도 각기 스트랜드 중심의 교육과정 통합과 단원 구성에 관한 몇몇 연구들이 이루어지고 있다. 이를 연계한 초·중·고 전체 사회과의 통합화 방안이 필요하다고 본다.

둘째, 주제 스트랜드 중심의 통합교육과정에 대한 단원의 학습을 통하여 고등 사고력의 신장 정도를 측정할 수 있는 평가에 대한 연구와 이에 따른 문항의 개발이 이루어져야 할 것이다. 이는 본 연구의 후속 과제로서 고등 사고력의 향상 정도를 경험적으로 입증할 수 있는 주제 스트랜드별 평가 문항의 개발을 들 수 있겠다.

셋째, 사회과 통합의 형태를 지금과 같은 미국의 주제 스트랜드에 근거한 방식에서 벗어나 우리나라 실정에 맞는 주제 요소의 성격을 가지는 국가 수준의 지침으로서 스트랜드에 대한 연구와 이를 준거로 각 시·도 교육청의 지침 교육과정이나 지역 교육청 단위의 장학자료로서 스트랜드에 대한 단원 구성의 개발이 필요할 것으로 본다. 이러한 연구는 우리나라 사회과 교육의 새로운 통합을 여는 하나의 전환점이 될 수 있으며, 이를 통해 학교 현장에서는 사회과 교육과정 통합 운영에 한층 더 효과적일 수 있을 것이다.

넷째, 이 연구를 통하여 앞으로의 교육과정 개정에 시사 자료가 되기를 바라며, 향후 교육과정 개정 시 이러한 주제 스트랜드 중심 통합의 도입을 고려해 볼 필요가 있다고 본다. 뿐만 아니라 학교 현장에서는 사회과 교육과정 재구성에 대한 자료집의 역할을 할 수 있기를 기대해 본다.

참고문헌

강이철(2000). **코스웨어 설계를 위한 교육공학의 이론과 실제**. 서울: 학지사.

강현석·주동범(2004). **현대 교육과정과 교육평가**. 서울: 학지사.

곽병선·김재복(1989). **교육과정운영론**. 서울: 배영사.

교육부(1998 a). **사회과 교육과정**. 서울: 대한 교과서 주식회사.

_____(1998 b). **초등학교 교육과정 해설(Ⅲ)**. 서울: 서울특별시인쇄공업협동조합.

교육인적자원부(2004). **초등학교 교실수업 개선을 위한 교육과정 운영자료(사회)**.
    대전: 대전·충남인쇄정보산업협동조합.

교육인적자원부(2006 a). **초등학교 교과서 사회 3-1, 2 ; 4-1, 2 ; 5-1, 2 ;
    6-1, 2**. 서울: 대한교과서주식회사.

_____(2006 b). **초등학교 교사용 지도서 사회 3-1, 2 ; 4-1, 2 ; 5-1, 2 ;
    6-1, 2**. 서울: 대한교과서주식회사.

교육학사전편찬위원회 편(1994). **교육학대사전**. 서울: 교육서관.

구연옥(2004). 초등 사회과 의사결정 학습이 고급사고력 신장에 미치는 효과.
    광주교육대학교 교육대학원 석사학위논문.

구정화(1995). 사회과 고급사고를 위한 메타인지 전략. **사회와 교육**. 21권. pp.278-292.

권오정·김영석(2004). **사회과 교육학의 구조와 쟁점**. 서울: 교육과학사.

김경모(1996). 경제교육에서의 고급사고력 함양 방안, **사회와 교육**, 22, pp.1-29.

김경자(2000). **학교 교육과정론**. 서울: 교육과학사.

김공하(1998). McPeck 비판적 사고와 교육. 서울: 교육과학사.

김대현·이영만(1995). 학교 중심의 통합교육과정 개발. 서울: 양서원.

김두정(2001). 한국 학교교육과정의 탐구. 서울: 학지사.

김만곤 외(2002). 사회과 교육의 실제. 서울: 대한교과서주식회사.

김영채(1998). 사고력: 이론, 개발과 수업. 서울: 교육과학사.

김왕근(2000). 사회과 교육과정 및 교과서 내용의 적정화에 관한 비교 연구. 시민교육연구, 31, pp.41-82.

김유수(2003). 주제 스트랜드 중심의 초등 사회과 학습 단원 개발. 한국교원대학교 대학원 석사학위논문.

김인식·최호성(1996). 최신 교육과정 및 평가. 서울: 교육과학사.

김일기 외 16인(1998). 제7차 교육과정 상세화를 통한 사회과 내용 체계에 관한 연구. 교육부 위탁과제의 답신 보고서.

김재복(1995). 통합 교육과정의 이론과 적용. 서울: 교육과학사.

_____(2000). 통합교육과정. 서울: 교육과학사.

김재형(1998). 통합지향적 사회과 교육과정의 내용 구성. 사회과교육연구, 5, pp.3-14.

_____(1996). 사회과에서의 비판적 사고력 교육. 사회과교육. 29호. pp.39-63.

김정호 외(2005). 사회과 교육과정 개선 방안 연구. 연구보고 RRC 2005-5. 서울: 한국교육과정평가원

김한종(1996). 역사적 사고력의 구성요소와 역사 수업의 발문. 사회과교육. 29호. pp.83-103.

김현석(1999). **사회과 통합교과 교육론**. 서울: 형설출판사.

_____(2004). **일반사회 교과교육론**. 서울: 형설출판사.

남상준(1996). 사회과에서의 창의적 사고력 교육. **사회과교육**. 29호. pp.65-79.

남은정(2000). 스트랜드 중심의 중학교 사회과 통합 단원 구성에 관한 연구. 경
　　　상대학교 교육대학원 석사학위논문.

노경주(1994). Higher Order Thinking in the Teaching of Social Studies. **사회
　　　와 교육**, 18, pp.271-305.

_____(1998). 사회과교육과 고등사고능력의 함양. **사회과교육학연구**, 2호. pp34-53.

_____(2000). 초등 사회과에서의 쟁점중심교육, **시민교육연구**, 31, pp.83-107.

노경주 외(2001). **논쟁문제 교육의 이론과 실제**. 서울: 원미사.

박도순·변영계(1996). **교육과정과 교육평가**. 서울: 문음사.

박선미(2003). 사회과 내용의 통합 수준과 구성 방안. **사회과 교육**, 제42권 2호.
　　　pp.29-51.

박영배 외(1998). **수업방법탐구: 열린 교과교육적 접근**. 서울: 형설출판사.

박은아·전숙자(2004). 연결망 분석을 활용한 중학교 사회 교과서의 통합적 내
　　　용구성 연구. **시민교육연구**, 36(1).

박인현(2002). **초등 사회과 교육**. 서울: 교육과학사.

박한숙(2003). **미국 초등교육 다시보기**. 서울: 푸른사상.

민　윤(1999). 사회과 역사와 지리 내용의 간학문적인 통합. 한국교원대학교 대
　　　학원 석사학위논문.

서울대학교 교육연구소 편(1994). **교육학용어사전**. 서울: 하우.

228

서울특별시 교육연구원(1993). **사고력 교육의 이론과 실제**. 서울특별시 교육연
     구원, 교단지원자료 ; 93-8.

서재천(2000). **초등 사회과 교육**. 서울: 유천.

성일제 외(1987). **사고력 신장을 위한 프로그램 개발 연구**. 한국교육개발원.

성일제(1989). **사고교육의 이론과 실제**. 서울: 배영사.

신경림 외(2003). **질적 연구 용어사전**. 서울: 현문사.

신헌재·강충열(1998). 초등1-2학년 주제 중심 통합교육과정 교수모델 정립과
     예시지도안 개발에 관한 연구. 교육부 정책과제 연구보고서.

양미경(2003). **교육과정 및 교수방법**. 서울: 교육과학사.

오기형 외(1984). **교육학개론**. 서울: 문음사.

오영태(2000). **사회과 교육론**. 서울: 형설출판사.

오한나(2002). 중학교 사회과 수업의 통합적 재구성 방안. 한국교원대학교 대학
     원 석사학위논문.

유봉호(1998). **현대교육과정**. 서울: 교학연구사.

유한구(1998). **교육인식론 서설**. 교육과정 철학 총서2. 서울: 교육과학사.

윤세철(1993). 역사적 의사결정과 역사교육, 교육부 연수교재.

은지용(1999). **반성적 사고력 함양을 위한 사회과 통합교육과정 모형에 관한 연구-**
     주제 스트랜드 중심의 통합교육과정. 서울대학교 대학원 석사학위논문.

_____(2001). 반성적 사고력 함양을 위한 쟁점중심 교육과정 시안 개발-범위
     와 계열을 고려한 내용 선정 및 조직을 중심으로. **시민교육연구**, 33.

이경섭(1999). **교육과정쟁점연구**. 서울: 교육과학사.

이광성(1997). 고급수준질문의 활용정도가 사회과 고급사고력과 학업성취에 미치는 효과 연구. 서울대학교 대학원 박사학위논문.

_____(1997). 고급사고력 향상을 위한 교수-학습방법에 관한 연구. **사회와 교육**, 25, pp.369-388.

_____(2000). 수업환경 결정요인과 사회과 고급사고력과의 관계에 관한 연구. **시민교육연구**, 30, pp.147-164.

_____(2001). 사회과 논쟁학습에서 교사의 역할과 고급사고력. **사회과 교육**, pp.383-400.

이광성 외(2003). 사회과 수업에서 협동학습이 고급사고력에 미치는 교수 효과와 언어적 상호작용 분석. 2002 교과교육공동연구 결과보고서.

이병환(2002). 사회과 교육과정 통합화 방안. **사회과 교육**. 제41권 1호. pp.145-166.

이순재(2003). 사회과 쟁점중심 수업이 비판적 사고 및 학습태도에 미치는 효과. 서울대학교 대학원 박사학위논문.

이운발(2005). 고등 사고력 함양을 위한 주제 스트랜드 중심의 통합교육과정 구성의 방략. 경북대학교 대학원 박사학위논문.

_____(2006 a). 내용 적정화를 위한 초등 사회과 교육과정 구성의 방략. **사회과교육연구**. 13(1). pp.121-148.

_____(2006 b). 사회과에서 창의성 신장을 위한 문제 해결 학습 모형 및 수업 구성. **사회과교육**. 45(2). pp.49-74.

이원희 외(2005). **교육과정과 수업**. 서울: 교육과학사.

이종일(1997). 사회과 간학문적 단원 구성을 위한 연구: 미국 수업 사례를 중

230

심으로. **초등사회과교육**, 9, pp.237-273.

_____(1999). 사회과 고등 사고 질문 방법과 그 활용. **사회과교육**, 32, pp.185-207.

_____(2001). **과정중심 사회과 교육**. 서울: 교육과학사.

이해명(2000). **교육과정이론**. 서울: 교육과학사.

이해주(1994). 고급사고력 신장을 위한 교육방법에 관한 논의, **사회와 교육**, 18, pp.23-42.

이혁규(1998). 사회과에서 창의적 사고력 교수-학습 방안, **초등사회과교육**, 10, pp.33-56.

이호도(1998). 고급 사고력 향상을 위한 초등 사회과 교수·학습 방안. **초등교육 연구**. 8. pp.111-138. 진주교육대학교 초등교육연구소.

이홍우(1995). **교육과정탐구**. 서울: 박영사.

_____(2003). **교육과정이론**. 서울: 교육과학사.

이화여자대학교 사범대학 부속초등학교 편(2005). **창의적 문제해결력 신장을 위한 학교 교육과정**(3학년·4학년). 서울: 학지사.

전숙자(2001). **사회과 교육의 새로운 이해**. 서울: 교육과학사.

_____(2003). **사회과 교육의 통합적 구성과 교수-학습 설계**. 서울: 교육과학사.

정귀남(2003). 주제 중심 통합학습이 아동의 자기주도적 학습특성 및 학업성취에 미치는 효과. 부산교육대학교 교육대학원 석사학위논문.

정병기(1998). **초등 사회과 교육의 이론과 실제**. 서울: 교육출판사.

조병철(2003). **사회과 교육의 이해**. 대구: 문창사.

조선미(1998). 초등학교 사회과 통합교육과정에 관한 연구. 서울교육대학교 교육대학원 석사학위논문.

조연순·김경자(1996). 주제 중심 통합교육과정 구성 : 숙의과정, **교육학연구**, 34(1), pp.251-272.

조영달 편(2001). **교육과정의 정치학**. 서울: 교육과학사.

조영태(1988). **교육 내용의 두 측면**. 교육과정 철학 총서3. 서울: 교육과학사.

진영은(2003). **교육과정: 이론과 실제**. 서울: 학지사.

차경수(1993). 개념학습과 고급사고력 함양, **사회와 교육**, 17, pp.1-17.

_____(1998). 사회과 통합교육과정의 문제점과 해결대안, **사회과학교육**, 2, pp.71-96.

_____(2000). **21세기 사회과 교육과정과 지도법**. 서울: 학문사.

_____(2004). **현대의 사회과교육**. 서울: 학문사.

차경수·조도근·이진석(1997). **고등학교 공통 사회의 완전 통합 단원 구성 연구**. 교과교육공동연구 결과 보고서, 한국교원대학교.

차조일(1998). 사회과 통합 교육과정 모형에 대한 연구. **시민교육연구**. 제27집. 한국사회과교육학회. pp.125-148.

최만식(2001). 미국 NCSS '문화' 스트랜드(Strand) 중심의 교수-학습 단원 개발. 한국교원대학교 대학원 석사학위논문.

최병모 외(1999). **제 7차 교육과정에 따른 사회과의 통합 운영 모형 및 교수·학습자료 개발**. 1999년 교육부 위탁 연구과제 답신보고서, 한국교원대학교.

최병모(2000). 제 7차 사회과 교육과정의 통합적 운영방안, **사회과교육학연구**, 4, pp.1-36.

_____(2001). 제 7차 사회과 교육과정의 체제적 분석, **시민교육연구**, 33, pp.333-374.

_____(2003). 미국 사회과 통합교육과정의 동향: 미국 NCSS의 「사회과 표준안」을 중심으로. **교원교육**. 19(1). 한국교원대학교 교육연구원. pp.93-112.

최용규(1995). 사회과 교수 학습 모형의 특성에 대한 이해. **사회과학교육연구**. 창간호.

_____(1999). 사회과교육을 통한 창의성 함양. **사회과교육연구**. 6호. pp.3-18. 한국교원대학교 사회과교육연구회.

_____(2002). 제 7차 교육과정에 따른 초등학교 사회 교과용 도서 개발 연구 (1) -3, 4학년 교과용 도서. **사회과학교육연구**. 5호. pp.87-180.

최원형 편역(2003). **교육과정 이론**: 학교는 무엇을 가르쳐야 하는가?. 서울: 원미사.

한국교육개발원(곽병선 외, 1983). **통합교육과정의 이론과 실제**. 서울: 교육과학사.

한국교육개발원(김홍원, 임선하, 김성훈, 1993). **국민학생의 창의적 사고력 신장을 위한 수업 방법 연구**. 서울: 한국교육개발원.

한국교육개발원(최석진 외, 1989). **사회과 사고력 신장 프로그램 개발을 위한 방안 탐색**: 국민학교 사회과를 중심으로. 연구자료 89-10. 서울: 한국교육개발원.

한국교육개발원(허경철 외, 1989). **사고력 신장을 위한 프로그램 개발 연구(Ⅲ)**. 연구보고 RR89-2. 서울: 한국교육개발원.

한국교육개발원(허경철 외, 1990). **사고력 신장을 위한 프로그램 개발 연구(Ⅳ)**. 연구보고RR90-17. 서울: 한국교육개발원.

한국교육개발원(허경철 외, 1991). **사고력 신장을 위한 프로그램 개발 연구(Ⅴ)**. 연구보고 RR91-18. 서울: 한국교육개발원.

한국교육과정평가원(이명희 외, 2000). **사회과 교육 목표 및 내용 체계 연구(Ⅰ)**. 연구보고 RRC 2001-5. 서울: 한국교육과정평가원.

한국교육과정평가원(최석진 외, 2001). **사회과 교육 목표 및 내용 체계 연구(Ⅱ)**. 연구보고 RRC 2001-5. 서울: 한국교육과정평가원.

한국교육과정학회(2002). **교육과정: 이론과 실제**. 서울: 교육과학사.

한면희(1996). **사회과에서 사고력 교육**. 사회과 교육, 29. pp.23-38.

_____(2001). **사회과 교육**. 서울: 교육과학사.

한면희 외(1997). **사회과 교육론**. 서울: 갑을출판사.

한면희 외(1998). **사회과 창의적 교수법**. 서울: 교육과학사.

한상윤(1995). 주제(문제) 중심의 통합. 통합교육과정 내용 구성 연구. 교육부.

함수곤 외(2003). **교육과정 개발의 이론과 실제**: 교육부 교육과정 개발에서 교실 교육과정 개발까지. 서울: 교육과학사.

허경철 외(2001). **교과교육학신론**. 서울: 문음사.

허영식(2000). **미래 지향적 시민교육의 이론과 실제**. 서울: 원미사.

_____(2001). **현대사회의 변동과 시민교육**. 서울: 원미사.

현종익 외(2002). **교육학 용어사전**. 서울: 동남기획.

황홍섭(2004). **초등 사회과 교재연구**. 부산: 세종출판사.

홍기대(1996). 초등 사회과 지리 분야에서의 창의적 사고력 신장. **사회과교육**. 29호. pp.105-125.

홍은숙(1999). **지식과 교육**. 서울: 교육과학사.

Banks, J. A.(1990). *Teaching strategies for the social studies: inquiry, valuing, and decision-making*, 4th ed., New York: Longman.

Banks, J. A. & Banks, C. A.(1999). *Teaching strategies for the social studies: decision-making and citizen action*, 5th Ed., New York: Longman.

Beyer, L. E.(1988). *Knowing and acting: inquiry, ideology, and educational studies*. Falmer Press.

Davis & Rimm(2004). *Education of the Gifted and Talented(5th ed)*, *Publisher*: Allyn & Bacon.

Dewey, J.(1933). *How we think: a restatement of the relation of reflective thinking to the educative process*. Boston: D.C.Heath.

Drake, S. M.(1993). *Planning integrated curriculum: The call to adventure*. Alexandria, VA: Association for Supervision and Curriculum Development.

_____(1998). *Creating Integrated Curriculum: Proven Ways to Increase Student Learning*. Thousand Oaks: Corwin Press.

Eisner, E. W.(1979). *The educational imagination: on the design and evaluation of school programs*. New York: Macmillan.

Engle, S. H. & Ochoa A. S.(1988). *Education for democratic citizenship: decision making in the social studies*. Teachers College Press.

Fogarty, R.(1991). *How to integrate the curricula: the mindful school*, *Palatine*, Ill.: Skylight Pub.

Hartoonian, H. M. & Laughlim, M. A.(1989). *Designing a Social Studies Scope and Sequence for the 21st Century*. Social Education, October, p.389.

Howard, J. B.(1999). "Using a Social Studies Theme to Conceptualize a Problem". *The Social Studies*. July/August. NCSS.

Jacobs, H. H.(1989). *Interdisciplinary curriculum: Design and implementation*. Alexandria, VA: Association for Supervision and Curriculum Development.

Jantsch, E.(1972). "Inter-and Trans-disciplinary University: A Systems Approach to Education and Innovation", *Higher Education* 1, 7-37.

Jarolimek, J.(1977). *Social studies in elementary education*(5th ed). Collier Macmillan Publishers.

_____(1986). *Social studies in elementary education*(7th ed). Collier Macmillan Publishers.

Jarolimek, J. & Parker W. C.(1993). *Social studies in elementary education*(9th ed.). Macmillan Publishing.

Jenness, D.(1990). *Making sense of social studies*. New York: Macmillan Publishing.

Kniep, W.(1986). *Social Studies Within a Global Education*. Social Education, 50(10).

Krey, D. M.(1995). "Operationalizing the Thematic Strands of Social Studies for Young Learners". *Social Studies and the Young Learner*. September/October. NCSS.

Lipman, M. S.(2003). *Thinking in education.*(2nd ed). New york: cambridge university press.

Marzano, R. J. et al(1988). *Dimensions of Thinking: a framework for curriculum and instruction.* Alexandria, Va.: Association for Supervision and Curriculum Development.

Massachusetts Department of Education.(1996). *Social studies*: Uncovering social studies (DRAFT). Malden, MA: Department of Education, The Commonwealth of Massachusetts.

(http://www.doe.mass.edu/frameworks/current.html. 자료 검색일: 2006. 9. 1)

Massialas, B. G. & Allen, R. F.(1996). *Critical issues in teaching social studies k-12.* Calf: Wadsworth Publishing Company.

McPeck, J. E.(1981). *Critical Thinking and Education.* New York: St. Martin's Press.

Meinbach, A., Rothlein, L. & Fredericks, A.(1995). *The complete guide to thematic units: Creating the integrated curriculum.* Norwood, Mass.: Christopher-Gordon.

NCSS.(1994). *Curriculum Standards for Social Studies: Expectations of Excellence.* Washington, D.C.: National Council for the Social Studies.

Newmann, F. M.(1990). "Higher order thinking in teaching social studies: A rational for the assessment of classroom thoughtfulness", *Journal of Curriculum Studies*. 22(1), 41-56.

_____(1991 a). "Promoting higher order thinking in social studies: Overview of a study of sixteen high school department", *Theory and research in Social Education*, Winter. Vol. ⅩⅨ(19), No. 4. 323-340.

_____(1991 b). "Classroom thoughtfulness and student high order thinking: Common indicators and diverse social studies courses", *Theory and research in Social Education*, Winter. Vol. ⅩⅨ(19), No. 4. 410-433.

Nicholls, A. & Nicholls, S. H.(1978). *Developing a curriculum: a practical guide*. London: G. Allen & Unwin.

Ohio Department of Education.(1993). Model competency-based social studies program. Printed from Internet.

(http://www.ode.state.oh.us/academic__content__standards. 자료 검색일: 2006. 9. 1)

Onosko, J. J.(1991) Barriers to the promotion of higher order thinking in social studies. *Theory and research in Social Education*. Fall. Vol. ⅩⅨ (19), Number 4. pp.341-366.

Ormrod, J. E.(2000). *Educational psychology: developing learners* (3rd Ed). Upper Saddle River, N.J.: Merrill.

Paker, W. C.(1991). *Renewing the Social studies Curriculum*. ASCD.

_____(2001). *Social studies in elementary education*(11th ed). Upper Saddle

River, N.J.: Merrill / Prentice-Hall.

Parker, W. C. & Jarolimek, J.(1997). *Social studies in elementary education*(10th ed). Columbus, OH: Merrill / Prentice-Hall.

_____(2001). *A sampler of curriculum standards for social studies: expectations of excellence*. National Council for the Social Studies.

Resnick, L. B.(1987). *Education and Learning to Think*. Washington, D.C.: National Academy Press.

Ryan, F. L.(1980). *The social studies sourcebook: ideas for teaching in the elementary and middle school*. Allyn and Bacon.

Savage, T. V. & Armstrong D. G.(2000). *Effective teaching in elementary social studies*. 4th ed. Merrill Prentice Hall.

_____(2004). *Effective teaching in elementary social studies*. 5th ed. Merrill Prentice Hall.

Short, E. C.(1991). *Forms of curriculum inquiry*. Albany, N.Y.: State University of New York Press.

Taba, H.(1962). *Curriculum development*. New York: Harcourt, Brace & World.

Tyler, R. W.(1949, 1971). *Basic principles of curriculum and instruction*. University of Chicago Press.

Woolever, R. M. & Scott, K. P.(1988). *Active learning in social studies: Promoting cognitive and social growth*. Boston: Scott, Foresman and Company.

Wraga, W. G.(1993). "The interdisciplinary imperative for citizenship education". *Theory and research in Social Education.* Summer, Vol. ⅩⅩⅠ, No. 3, pp.201-231.

Banks, J. A.(1977). *Teaching strategies for the social studies*(2nd ed): 최병모 외역(1995). **사회과 교수법과 교재연구.** 서울: 교육과학사.

Barr, R., Barth, J. L., Shermis, S. S.(1978). *The nature of social studies:* 최충옥, 전홍대, 조영제 옮김(2000). **사회과 교육의 이해.** 서울: 서원.

Beyer, B. K.(1979). *Teaching thinking in social studies.* 한면희 외(1988). **사회과 탐구논리.** 서울: 교육과학사.

David, W. Van Cleaf(1991). *Action in elementary social studies*: 남경희 외 역(2001). **사회과 교수·학습론.** 서울:교육과학사.

Engle, S. H. & Ochoa, A. S.(1988). *Education for democratic citizenship: decision making in the social studies.* Teachers College Press. 정세구 역(1995). **민주시민교육.** 교육과학사.

Fogarty, R.(1991). *The mindful school: how to integrate the curricula.* Palatine, Ill.: Skylight Pub. 구자억·구원회(1998). **교사를 위한 교육과정 통합의 방법.** 서울: 원미사.

Ingram, J. B.(1979). *Curriculum integration and lifelong education: A contribution to the improvement of school curricula.* Pergamon Press. 배진수·이영만(1996). **교육과정 통합과 평생교육.** 서울: 학지사.

Lewy, Arich(1991). *National and school-based curriculum development.* 강현석, 박철홍, 이원희 공역(2000). **학교 교육과정 개발.** 서울: 지선사.

Lipman, M. S.(2003). *Thinking in education.*(2nd ed). 박진환·김혜숙 옮김 (2005). **고차적 사고력 교육**. 서울: 인간사랑

Marsh, C. J.(1992). *Key Concepts for Understanding Curriculum*. London: The Falmer Press. 박현주 역(1998). **교육과정 이해를 위한 주요개념**. 서울: 교육과학사.

Maxim, George. W.(2002). *Dynamic social studies for elementary classrooms.*(7th ed). Prentice Hall. 최용규 외 공역(2004). **살아있는 사회과 교육**. 서울: 학지사.

Mehlinger, H. D, Unesco.(1981). *UNESCO handbook for the teaching of social studies.* 정세구 역(1986). **(유네스코)사회과교육 핸드북**, 서울: 교육과학사.

Parker, W. C.(1991). *Renewing the social studies curriculum:* 조병철 역 (1997). **새로운 사회과 교육과정**. 대구: 문창사.

Smith, J. A.(1979). *Creative teaching of the social studies in the elementary school:* 한면희, 정문성, 김용찬 옮김(1998). **사회과 창의적 교수법**. 서울: 교육과학사.

Tyler, R. W.(1949, 1971). *Basic principles of curriculum and instruction.* University of Chicago Press. 이해명 역(1987). **교육과정과 학습지도의 기본원리**. 서울: 교육과학사.

_____(1949, 1971). *Basic principles of curriculum and instruction.* University of Chicago Press. 진영은 역(1999). **Tyler의 교육과정과 수업지도의 기본원리**. 서울: 양서원.

Wolfinger, D. M. & Stockard, J. W.(1997). *Elementary methods: An integrated curriculum.* New York: Longman. 강현석·박영무·조영남·

허영식·이종원 역(2003). **통합교육과정의 이론과 실제**. 서울: 양서원.

Wronski, S. P. ; Bragaw, D. H.(1986). *Social studies and social science*. 윤덕
   중, 최병모 공역(1998). **사회과 교육과 사회과학**. 서울: 교육과학사.

http://www.cde.ca.gov/be/st/ss/hstmain.asp (자료 검색일: 2006. 9. 1)

http://www.ncss.org/standards (자료 검색일: 2006. 9. 1)

http://www.socialstudies.org/standards (자료 검색일: 2006. 9. 1)

http://www.teachers.ash.org.au/researchskills/dalton.htm (자료 검색일: 2006. 9. 1)

부 록

I. 주제 스트랜드 중심의 단원 구성 내용

1. 주제 스트랜드 중심의 사회과 단원 구성 체계

고등 사고력 함양을 위한 주제 스트랜드 중심의 사회과 단원 구성에 있어서 내용 체계(초등 4학년의 경우)를 예시로 들어 보면, 아래 〈표 1〉과 같이 제시할 수 있다.

〈표 1〉 주제 스트랜드 중심의 사회과 단원 구성 체계

주제 스트랜드	교과서	관련 사고력				
	관련 단원명-주제명-제재명	탐구	의사	창조	비판	메타
I. 공간과 환경	1. 우리 시·도의 모습과 생활 (1) 지도에 나타난 우리 시·도의 모습 ① 지도를 알아보자.	○				
	② 지도를 이용하여 배우자.	◎		○	○	
	(2) 우리 시·도의 자연 환경과 생활 ① 우리 시·도의 사계절	◎		○	○	
	② 자연 재해의 극복	◎	○	○	○	○
II. 변화와 지속성 (III. 문화와 민족)	2. 문화재와 박물관 (1) 우리 시·도의 달라진 모습 ① 어떻게 달라졌을까	◎			○	
	② 알고 떠나자	◎		○	○	△
	(2) 옛 도읍지와 문화재 답사 ① 연표와 역사지도	◎		○	○	△
	② 옛 도읍지 여행	◎	○	○	○	

주제 스트랜드	교과서	관련 사고력				
	관련 단원명-주제명-제재명	탐구	의사	창조	비판	메타
Ⅲ. 문화와 민족	③ 박물관 견학	◎	○	○	○	△
	④ 문화재 현장 학습	◎		○	○	△
	⑤ 세계적인 우리 문화재	◎	○	○	◎	○
	3. 가정 생활과 여가 생활 (1) 여가 생활의 변화 ① 윷놀이와 컴퓨터 게임	◎	△	○	◎	○
	② 즐거운 주말	○	○	○	○	○
Ⅳ. 개인과 사회 제도	(2) 가정 생활의 변화 ① 가정의 여러 형태	◎	△	○	◎	
	② 서로 돕는 우리 가족	○	○	○	○	
Ⅴ. 시민 생활과 정치	4. 새로워지는 우리 시·도 (1) 지방 자치와 주민 생활 ① 시·도청을 찾아서	◎		○	○	
	② 지역의 대표 뽑기	◎				
	③ 시·도의 상징	◎				
	(2) 우리 시·도의 여러 가지 문제와 해결 ① 우리 시·도의 여러 가지 문제	◎	○	○	◎	
	② 함께 해결하는 우리 시·도의 문제	◎	○	○	◎	
	(3) 우리 시·도의 미래 ① 시·도 주민의 희망	◎	○	○	◎	△
	② 우리 시·도의 미래 모습	○		○	◎	△

주제 스트랜드	교과서	관련 사고력				
	관련 단원명-주제명-제재명	탐구	의사	창조	비판	메타
Ⅵ. 생산·분배·소비	5. 가정의 경제와 우리 시·도의 발전하는 경제 (1) 다양한 생산 활동과 가정의 소득 ① 가지고 싶은 것은 많지만	◎	◎	○	○	○
	② 가정의 소득을 얻기까지	◎			○	△
	③ 가계부	○	◎	○	○	△
	④ 우리 집 예금통장	○	○		○	
	(2) 우리 시·도의 자원과 생산 활동 ① 자원을 이용하는 생산 활동	◎		○	○	
	② 세계로 열린 경제	○		○		
	③ 공공 시설을 내 것처럼	○	○	○	○	△
	(3) 서로 돕는 경제생활 ① 나누어 맡은 생산	○	△	○	○	
	② 경제 활동의 중심지	◎	△	○	○	
	③ 서로 도움을 주는 경제 활동	◎		△	○	

이러한 '주제 스트랜드 중심의 단원 구성 체계'에 맞춰 예시적인 단원 구성으로 초등학교 4학년의 사회과 학습 지도의 실제를 아래에 제시한다.

2. 4학년 1학기 내용

┌───┐
│   │
│   4학년 1학기의 내용   │
│   │
└───┘

1. 우리 시·도의 모습과 생활 [1]

1) 단원 개관

이 단원은 '시·도의 모습'에 대하여 지리적 관점에서 접근하여 한 지역의 모습을 지도를 이용하여 알아보고, 자연 환경과 생활 모습과의 관계를 이해하는 데 주안점을 두고 있다.

첫째 주제에서는 지도를 이용하여 시·도의 자연 환경 및 인문 환경에 관한 주요 사실, 현상, 특징을 파악하도록 하였다.

둘째 주제에서는 계절에 따른 자연 환경의 변화가 지역 사람들의 생활에 어떠한 영향을 끼치는지 알아보고, 자연 재해의 종류 및 극복 과정이나 방법 등에 대하여 알아보도록 하였다.

---

1) *본서의 내용 구성 방식인 주제 스트랜드 중심의 내용 구성에 대한 이해를 돕기 위해 현행 7차 교육과정의 사회과 교사용 지도서에 제시되고 있는 4학년의 학습 내용을 앞의 '〈표 1〉 주제 스트랜드 중심의 단원 구성 체계'에 맞춰 저자의 입장에서 재구성하여 정리한 것이다.
*초등학교 사회과 수업 시간은 1학기 17주에 주당 평균 3시간씩 총 51시간(최소 수업 시간 수), 2학기 15주에 주당 평균 3시간씩 총 45시간(최소 수업 시간 수)을 운영하도록 되어 있다(연간 96시간 이상의 시수를 확보하여야 함).-본 연구에서도 이 기준 시수에 맞게 시간 운영 계획을 하였다.

2) 단원의 목표

(1) 지식 · 이해

· 지도의 기본 요소 활용 방법을 이해한다.

· 지도를 이용해서 시 · 도의 자연 환경과 인문 환경에 관한 주요 특징을 이해한다.

· 계절에 따른 자연 환경의 변화가 지역 주민의 생활에 끼치는 영향을 이해한다.

· 지역에서 발생되는 자연 재해의 종류와 극복 과정을 이해한다.

(2) 기능

· 시 · 도의 여러 가지 지도를 비교하고 지도를 활용할 수 있다.

· 지역의 자연 환경에 대한 정보를 여러 가지 자료를 통하여 찾아낼 수 있다.

(3) 가치 · 태도

· 우리 시 · 도의 자연 환경과 주민의 생활 모습에 대하여 관심을 가진다.

· 자연 재해를 극복하는 과정에서 생기는 갈등 사태에 대한 가치 판단을 한다.

· 지역 사회에 대하여 긍지를 가지고 발전에 관심을 가진다.

3) 단원의 지도 계획

단원	주제	제재	제재별 주요 내용 요소	교과서 쪽수	차시
		단원 도입 및 계획		2~5	1(1/12)
1. 우리 시·도의 모습	(1) 지도에 나타난 우리 시·도의 모습	① 지도를 알아보자	·지도의 기본 요소(방위, 위치, 기호, 등고선, 축척) ·지도를 이용한 시·도의 모습	6~13	2(2~3/12)
		② 지도를 이용하여 배우자	·시·도의 교통, 인구 분포, 관광지, 특산물 등의 모습	14~19	2(4~5/12)
		선택 학습	·주어진 지도에서 보물찾기	20~21	1(6/12)
	(2) 우리 시·도의 자연 환경과 생활	① 우리 시·도의 사계절	·시·도의 사계절 모습 ·계절과 생활 모습과의 관계	22~25	2(7~8/12)
		② 자연 재해의 극복	·자연 재해의 종류와 극복 사례 ·자연 재해 극복 과정의 문제점	26~31	2(9~10/12)
		선택 학습	·자연 재해를 지역 지도에 표시하기 ·그래프를 보고 자연 재해의 종류와 원인 예상하기 ·자연 환경 소책자 만들기	32~33	1(11/12)
	단원 정리 학습		·단원에서 배운 내용을 응용한 문제 해결 ·계절이 바뀌면, 생활은 어떻게 달라질까? ·주어진 상황을 백지도에 나타내기	43~45	1(12/12)

※ 차시 지도 계획은 예시적 성격을 지니고 있으므로, 지역 및 학교의 실정과 학생의 발달 정도 등에 따라 학교에서 재구성하여 지도할 수 있다.

4) 단원의 평가 계획

(1) 평가의 방향

이 단원은 지역의 자연 및 인문 환경을 이해하는 데 주안점이 있다. 따라서 지도의 요소별 개념, 시·도의 자연과 인공 현상의 분포 및 서로 다른 현상 간의 관계, 계절에 따른 자연 환경의 변화가 지역 주민의 생활에 미치는 영향을 이해하는 지식·이해면의 평가, 지도를 해석하고 그리는 기능, 지역의 정보를 찾아 낼 수 있는 기능 등의 평가가 주를 이룬다. 아울러 지역에 대한 관심과 자긍심 등의 가치·태도에 대한 평가도 병행되어야 한다.

(2) 평가 방법

가. 지도에 나타난 우리 시·도의 모습

평가 내용	방법
·지도의 기본 요소(방위, 기호, 등고선, 축척)를 이해하고, 지역의 지도를 읽을 수 있는가? ·우리 시·도의 교통 지도, 인구분포도, 관광지도, 특산물 지도 등을 보고, 우리 시·도의 특징을 파악할 수 있는가? ·시·도의 지도를 통해 지역에 대한 긍지와 관심을 가질 수 있는가?	·학습 활동 과정 관찰 ·토의 및 발표 내용 분석 ·태도 관찰

나. 우리 시·도의 자연 환경과 생활

평가 내용	방법
·계절에 따른 자연 환경의 변화가 지역 주민의 생활에 끼치는 영향을 이해하는가? ·지역의 자연 재해의 종류와 극복 과정을 이해하는가? ·지역의 자연 환경에 대한 정보를 여러 가지 자료를 통하여 찾아 낼 수 있는가? ·우리 시·도의 자연환경과 주민의 생활 모습에 대해 관심을 가지고 있는가? ·자연 재해를 극복하는 과정에서 생기는 갈등 사태에 대한 가치 판단을 할 수 있는가?	·지필 ·조사 보고 ·학습 활동 관찰 ·관찰 ·토의 모습 관찰

2. 문화재와 박물관

1) 단원 개관

이 단원은 우리 지역의 모습에 대하여 역사적 관점에서 접근하여 달라진 시·도의 모습을 알아보도록 하는 데 주안점을 두고 있다. 즉 지역의 모습이 어떻게 달라졌는지 사진, 그림, 지도, 연표 등을 통해서 알아보고, 현장 학습의 순서와 방법을 알아보도록 하였다.

나아가 옛 도읍지의 문화재와 박물관을 소재로 하여 시·도 지역의 역사적, 문화적 배경을 이해하고, 나아가 우리나라 역사 발전의 큰 흐름을 파악하기 위하여 나라 이름과 국가 성립 순서 파악에 주안점을 두고 있다. 아울러, 옛 도읍지의 문화재와 박물관을 통해 지역의 문화재를 파악하는 가운데 우리나라 문화에 대한 관심과 자긍심을 가지도록 하는 데 목표를 두었다. 이에 따라 연표와 역사 지도를 읽고 해석하는 능력과 문화 유적이나 박물관 등을 견학, 조사하는 현장 체험 학습 능력을 기르고, 향토와 지역 사회에 대한 관심 및 참여 태도 함양에 중점을 두어 지도한다.

2) 단원의 목표

(1) 지식·이해

· 우리 지역의 옛날과 오늘날의 모습이 변화하였음을 이해한다.

· 연표와 역사 지도의 쓰임을 알 수 있다.

· 여러 도읍지와 그 도읍지에 남아 있는 문화재 조사를 통하여 우리나라의 발전 과정을 이해할 수 있다.

· 다양한 종류의 박물관과 문화재의 유형과 기능을 이해한다.

· 박물관과 문화재를 통하여 우리 선조들의 생활 모습과 문화를 이해한다.

· 우리 겨레의 옛 도읍지가 지닌 문화유산의 특징과 관광 산업과의 관계를 이
  해한다.

· 우리나라와 다른 여러 나라의 세계 유산을 말할 수 있다.

  (2) 기능

· 우리 지역의 달라진 모습을 연표로 나타낼 수 있다.

· 현장 학습 계획과 보고서를 작성할 수 있다.

· 연표와 역사 지도를 만들 수 있다.

· 우리나라의 여러 왕조와 도읍지를 각각 연표와 역사 지도에서 읽고 나타낼
  수 있다.

· 박물관 견학 계획을 수립하고 견학 결과를 다양한 방법으로 보고할 수 있다.

· 우리나라의 문화재를 조사하여 시대별로 정리할 수 있다.

  (3) 가치 · 태도

· 문화재나 유물, 유적, 민속자료 등에 대하여 애정을 가지고, 이를 보호하려는
  태도를 가진다.

· 우리 고장의 귀중한 문화재에 관심을 가지고 그것을 보호하려는 자세를 가진다.

· 우리의 문화유산을 계승, 발전시키려는 마음을 가진다.

3) 단원의 지도 계획

단원	주제	제재	제재별 주요 내용 요소	교과서 쪽수	차시
단원	단원 도입 및 계획		·단원의 학습 내용을 대략적으로 알아보기 ·장기 학습 및 과제 정하기	⒮ 2~3 ⒯ 2~3	1(1/27)
2. 문화재와 박물관	(1) 우리 시·도의 달라진 모습	① 어떻게 달라졌을까	·지역의 옛날과 오늘날의 변화 모습 비교 ·지역의 연표 작성	34~37	2(2~3/27)
		② 알고 떠나자	·지역의 유래를 알아내는 방법 ·현장 학습 방법	38~41	*4(4~7/27)
		선택 학습	·지역의 모습이 30년 전에 비해 달라진 점과 달라지지 않은 점 ·성장과정을 연표로 나타내기 ·현장 학습 계획서 만들기	42	1(8/27)
	(2) 옛 도읍지와 문화재 답사	① 연표와 역사 지도	·연표와 역사 지도의 쓰임 ·연표와 역사 지도 만들기	⒮ 4~11 ⒯ 4~11	2(9~10/27)
		② 옛 도읍지 여행	·옛 도읍지의 자연 환경 조사하기 ·옛 도읍지의 문화재	⒮ 12~23 ⒯ 12~19	3(11~13/27)
		③ 박물관 견학	·박물관의 종류와 하는 일 ·박물관 견학 계획 세우기 ·우리 고장의 박물관 견학 및 보고서 작성 ·박물관 꾸미기	⒮ 25~32 ⒯ 20~29	*5(14~18/27)
		④ 문화재 현장 체험 학습	·고장의 문화재 조사 방법 ·고장의 문화재 조사 ·문화재 조사 내용 발표하기	⒮ 33~41 ⒯ 30~37	*5(19~23/27)
		⑤ 세계적인 우리 문화재	·세계적으로 인정받은 우리의 문화재 ·우리 고장의 문화재를 세계 유산으로 추천하기	⒮ 42~49 ⒯ 38~49	2(24~25/27)
		선택 학습	·옛 도읍지의 문화재 사진 나라별로 정리하기 ·문화재를 연표로 정리하기 ·박물관의 종류와 하는 일 정리하기 ·지역 문화재 홍보 자료 만들기	⒮ 24 ⒮ 50	1(26/27)
	단원 정리 학습		·연표와 역사 지도의 쓰임 바로 알기 ·옛 도읍지의 지리적 공통점 살펴보기 ·가상의 도읍지 만들기 ·우리 문화재의 특징을 생각하며 '도전! 우리는 문화재 왕' 놀이하기 ·우리 문화재의 쓰임 토의하고 자랑할 점 알아보기 ·문화재 보존 방법 써 보기	⒮ 51~55	1(27/27)

※ 차시 지도 계획은 예시적 성격을 지니고 있으므로, 지역 및 학교의 실정과 학생의 발달 정도 등에 따라 학교에서 재구성하여 지도할 수 있다.

4) 단원의 평가 계획

(1) 평가의 방향

이 단원에서는 지역의 달라진 모습과 지역의 옛날과 오늘날의 변화 모습을 이해하고 이에 대한 연표를 해석하고 그리는 기능, 지역의 정보를 찾아 낼 수 있는 기능 등의 평가가 주를 이룬다. 또한 지역에 대한 관심과 자긍심, 지역의 문화재나 유물, 유적·민속자료 등에 대한 애정, 갈등 사태에 대한 가치 판단 등의 가치·태도에 대한 평가도 병행되어야 한다.

나아가 옛 도읍지의 문화재와 박물관을 통해 우리나라의 문화와 역사를 이해하는 데에 초점을 맞추고 있다. 따라서 역사적, 문화적 사실의 이해는 물론, 이를 바탕으로 우리 문화와 역사에 대한 자긍심을 느낄 수 있는 수업과 그러한 과정이 반영된 평가가 이루어져야 한다. 이를 위해, 사실에 대한 지필 평가는 물론 견학, 조사, 답사 계획 수립 및 보고서 쓰기 등과 같은 현장 학습 능력에 대한 평가 또한 병행되어야 할 것이다.

(2) 평가 방법
가. 우리 시·도의 달라진 모습

평가 내용	방법
· 우리 지역의 옛날과 오늘날의 변화된 모습을 이해하는가? · 현장 학습 계획과 보고서 작성법을 이해하고, 보고서를 작성할 수 있는가?	· 보고서 · 조사 보고서
· 지역의 문화재나 유물, 유적, 민속자료 등에 대한 애정을 가지고, 이를 보호하려는 태도를 가지고 있는가?	· 태도 관찰
· 지역 사회에 대한 긍지를 가지고 지역 사회의 발전에 관심을 가지고 있는가?	· 발표 내용 분석

나. 옛 도읍지와 문화재 답사

평가 내용	방법
· 연표와 역사 지도 읽기,	· 관찰 및 구술 평가
· 연표와 역사 지도 만들기	
· 옛 도읍지의 문화재를 조사하고, 문화재를 통해 알 수 있는 그 나라의 역사와 문화의 특징 소개하기	· 작품 분석 · 보고서
	· 보고서
· 박물관 견학 계획 세우기	· 보고서, 작품 제작
· 박물관 견학하고 문화재 소개하기	
· 박물관 꾸미기	· 작품 분석
· 고장의 문화재를 조사하고 다양한 방법으로 소개하기	· 지필 평가

3. 가정 생활과 여가 생활

1) 단원 개관

이 단원은 사회의 기본적 단위인 가정의 특징을 이해하고, 화목한 가정 생활의 중요성을 깨닫게 하려는 단원이다. 나아가, 건전한 여가 생활은 개인의 자아 발전과 원만한 가정 생활에 필요한 것임을 깨닫게 한다.

첫 번째 주제에서는 가족의 여가 생활을 파악하게 하여 건전한 여가 생활은 우리의 자아실현과 밀접한 관계가 있다는 것을 깨닫게 한다. 옛날의 놀이와 오늘날의 놀이를 비교하여 흥미를 가지도록 하고, 반 아이들의 여가 활동을 조사하여 사회 조사법의 기초 능력을 기르도록 한다.

두 번째 주제에서는 학생들의 가정에 대한 조사 결과나 가정에 대한 관찰 결과를 통하여 현대 가정의 다양성을 파악하고 이를 전통적인 가정 형태와 비교해 보게 한다. 또, 가족 구성원의 역할에서 변화된 것과 그렇지 않은 것을 찾아봄으로써 화목한 가정을 위해 필요한 각자의 역할을 깨닫게 한다.

2) 단원의 목표

(1) 지식·이해

· 조상들의 여가 생활 내용과 의미를 알 수 있다.

· 여가 생활이 우리 생활에 주는 도움을 파악할 수 있다.

· 현대 가정 생활의 특징과 다양성을 이해할 수 있다.

· 전통적인 가정 생활과 가정 형태가 오늘날과 달라진 점을 파악할 수 있다.

· 가족 구성원들이 하는 일과 그 특징을 이해할 수 있다.

(2) 기능

· 우리 조상들이 즐기던 여가 생활을 조사할 수 있다.

· 조사한 자료를 기준을 세워 분류할 수 있다.

· 바람직한 여가 생활에 대하여 조사할 수 있다.

· 가족의 여러 모습에 대하여 조사하고, 그 특징을 정리할 수 있다.

· 가족의 소중함을 나타내 주는 자료를 모아 정리할 수 있다.

(3) 가치·태도

· 여가 생활의 중요성을 깨닫는다.

· 건전한 여가 생활을 보내려는 태도를 가진다.

· 가정의 화목을 위해 가족 구성원으로서 역할을 다하려는 태도를 가진다.

3) 단원의 지도 계획

⟨사⟩ 사회, ⟨탐⟩ 사회과 탐구

단원	주제	제재	제재별 주요 내용 요소	교과서 쪽수	차시
단원		단원 도입 및 계획	·단원의 학습 내용을 대략적으로 살펴보기 ·장기 학습 및 과제 정하기	⟨사⟩ 56~57 ⟨탐⟩ 50~51	1(1/12)
가정 생활 과 여가 생활	(1) 여가 생활 의 변화	① 윷놀이와 컴퓨터 게임	·우리 조상들의 여가 생활 ·우리 조상들의 여가 생활 분류 ·여가 생활의 변화 모습	⟨사⟩ 74~81 ⟨탐⟩ 71~78	2(2~3/12)
		② 즐거운 주말	·바람직한 여가 생활 ·여가 생활이 우리 생활에 주는 도움	⟨사⟩ 82~88 ⟨탐⟩ 79~87	2(4~5/12)
		선택 학습	·조상들이 즐긴 놀이의 방법과 규칙 설명하기 ·친구들의 여가 생활 조사하기 ·바람직한 여가 생활에 대해 토의하기	⟨사⟩ 89	1(6/12)
	(2) 가정 생활 의 변화	① 가정의 여러 형태	·가정의 여러 형태 ·가정의 소중함	⟨사⟩ 58~65 ⟨탐⟩ 52~60	2(7~8/12)
		② 서로 돕는 우리 가족	·가족 구성원의 역할 변화 ·행복한 가정을 위해 노력할 점	⟨사⟩ 66~72 ⟨탐⟩ 61~70	2(9~10/12)
		선택 학습	·가족 구성원들이 가정을 위해서 하는 일을 관찰, 기록하기 ·가훈을 만들어 발표하기 ·바람직한 가족 형태에 대해 토의하기	⟨사⟩ 73	1(11/12)
		단원 정리 학습	·옛날과 오늘날의 가족 비교하기 ·텔레비전이 없을 때의 여가 생활에 대해 생각해 보기 ·가족 만들기 놀이하기 ·옛날과 오늘날의 놀이 비교하기 ·여가 활동 소개하는 광고문 만들기 ·가정의 형태에 대한 나의 생각을 글로 정리하기	⟨사⟩ 90~93	1(12/12)

※ 차시 지도 계획은 예시적 성격을 지니고 있으므로, 지역 및 학교의 실정과 학생의 발달 정도 등에 따라 학교에서 재구성하여 지도할 수 있다.

4) 단원의 평가 계획

(1) 평가의 방향

이 단원에서는 주위의 가족 모습과 역사적인 사실(우리 조상들의 가족 모습과 여가 생활)을 함께 비교하면서 다루도록 되어 있다. 따라서 주변에서 관찰을 통하여 자료를 수집하기도 하고 다양한 방법으로 역사적인 사실을 조사하도록 되어 있다.

(2) 평가 방법

가. 여가 생활의 변화

평가 내용	방법
·우리 조상들의 여가 생활 조사, 분류하기 ·여가 생활의 변화 알아보기 ·바람직한 여가 생활 알아보기	·작품 제작 ·보고서 작성 ·질문지 ·지필 평가

나. 가정 생활의 변화

평가 내용	방법
·가족의 여러 형태 조사, 분류하기 ·가족 구성원들이 하는 일 조사하기	·작품 제작 ·질문지 ·보고서 작성 ·지필 평가

3. 4학년 2학기의 내용

4학년 2학기의 내용

4. 새로워지는 우리 시·도

1) 단원 개관

이 단원은 3학년의 '살기 좋은 고장을 위한 노력'에서 고장의 기관에 대해 알아본 내용을 토대로 하여 지방 자치를 다루면서, 주민 대표를 뽑는 원리와 절차 및 이들 대표들이 지역 사회의 문제를 해결하는 방법을 알아보도록 한다. 또 시·도 단위 이하의 지역 사회에서 발생하는 사회 문제를 찾아보고 합리적으로 해결하는 방법을 익히도록 한다.

이를 바탕으로 지역 사회의 미래 모습을 자연 환경, 도시 발전 등으로 나누어 예측하여 보며, 시·도 단위의 지방 자치 단체에서 세운 지역의 발전 계획이 어떻게 실행되고 있는지 알아보고, 지역 사회의 미래 모습을 다양한 방법으로 표현하여 보는 단원이다.

2) 단원의 목표

(1) 지식·이해
· 지방 자치 단체의 종류와 하는 일을 이해한다.
· 지역 주민들이 지역의 대표를 뽑는 원리와 절차를 이해한다.

· 지방 자치 단체의 조직과 그 곳에서 하는 일을 이해한다.

· 고장에는 여러 사회 문제가 발생하고 있음을 인식한다.

· 지역 사회 문제에 대한 주민들의 의견과 해결 방법이 다양함을 이해한다.

  (2) 기능

· 우리 지역을 상징하는 것들을 조사하여 그 의미와 유래를 파악해 본다.

· 우리 지역의 문제 중에서 주민들의 의견이 엇갈리는 사례를 찾아 낼 수 있다.

· 우리 지역의 발전 계획을 파악하고, 그에 대한 의견을 말할 수 있다.

· 자원 인사를 초빙하여 들은 것을 요약, 정리할 수 있다.

· 지역 주민들의 의견을 알기 위한 간단한 설문 조사를 할 수 있다.

· 고장의 앞날의 모습을 여러 가지 자료를 보고 예측할 수 있다.

  (3) 가치 · 태도

· 시 · 도청과 시 · 도 의회에서 벌이는 사업에 자발적인 협력 정신을 가진다.

· 지방 선거에 대하여 관심을 가진다.

· 지역 사회의 문제에 관심을 가지고 적극적인 해결 태도를 지닌다.

· 지역 사회 문제의 해결 과정에서 서로 다른 입장을 가진 사람들을 이해하려
  고 노력한다.

3) 단원의 지도 계획

단원	주제	제재	제재별 주요 내용 요소	교과서 쪽수	차시
			단원 도입 및 계획	88~91	1(1/18)
3. 새로워지는 우리 시·도	(1) 지방 자치 와 주민 생활	① 시·도청을 찾아서	·시·도청에서 하는 일	92~95	2(2~3/18)
		② 지역의 대표 뽑기	·지방 자치 선거의 방법 ·시·도 의회에서 하는 일	96~99	2(4~5/18)
		③ 시·도의 상징	·우리 시·도의 상징물 조사하기 ·우리 시·도의 대표하는 것 조사하기	100~102	1(6/18)
		선택 학습	·우리 시·도의 상징물 수집하기 ·우리 시·도의 활동을 골라 광고문 만들기 ·우리 시·도 자치 단체의 하는 일 나타내기	103	1(7/18)
	(2) 우리 시· 도의 여러 가지 문제 와 해결	① 우리 시·도의 여러 가지 문제	·생활 주변에서 발생하는 지역 사회 문제 ·자치 단체와 주민과의 문제	104~109	2(8~9/18)
		② 함께 해결하는 우리 시·도의 문제	·주민이 함께 해결하는 지역 문제 ·주민들 사이에 이해가 엇갈리는 지역 문제 ·시민 단체가 하는 일	110~115	2(10~11/18)
		선택 학습	·자연 환경의 이용과 이와 관련된 지역 문제 ·지역 문제의 발생 원인과 피해	116	1(12/18)
	(3) 우리 시· 도의 미래	① 시·도 주민의 희망	·지역 주민들의 바람 ·주민들이 바라는 지역의 미래 모습	117~122	2(13~14/18)
		② 우리 시·도의 미래 모습	·지역의 미래 모습 꾸미기 ·지역의 미래 모습을 그림지도로 나타내기	123~126	2(15~16/18)
		선택 학습	·30년 후의 우리 지역의 미래 모습 ·여론으로 알아본 우리 고장 사람들의 바람	127	1(17/18)
	단원 정리 학습		·이 단원에서 알아본 주요 내용	128~130	1(18/18)

※ 차시 지도 계획은 예시적 성격을 지니고 있으므로, 지역 및 학교의 실정과 학생의 발달 정도 등에 따라 학교에서 재구성하여 지도할 수 있다.

4) 단원의 평가 계획

(1) 평가의 방향

이 단원은 지방 자치 단체의 활동 내용을 알고 민주주의 절차에 따라 주민들이 정치에 참여하며, 지역 사회의 문제 해결에 자발적으로 참여하여 미래에는 발전된 고장이 될 것을 확신할 수 있도록 하는 데 초점을 두고 있다.

따라서 지역 사회를 이끌어 가는 자치 단체의 조직과 하는 일, 주민들이 선거로 지역 대표를 바르게 뽑는 방법을 알고 있는지 평가한다. 또, 지역 사회에서 일어나는 사회 문제를 찾아내어 합리적으로 해결할 수 있는 의지와 방법을 알고 있는지 알아본다. 아울러 시·도의 미래 모습을 그림지도 등 다양한 방법으로 나타낼 수 있는지 알아보도록 한다.

(2) 평가 방법

가. 지방 자치와 주민 생활

평가 내용	방법
·지방 자치 단체가 주민을 위해 하는 일에는 어떤 것들이 있는가? ·지방 선거의 절차를 알고, 선거권자의 태도를 알고 있는가? ·지역 문제 해결에 있어서 주민들이 참여하는 방법을 알고 있는가?	·질문지 ·보고서 작성 ·지필 평가

나. 우리 시·도의 여러 가지 문제와 해결

평가 내용	방법
· 공동생활에 있어서 지역 주민들 간에 의견이 엇갈리는 사례를 찾을 수 있는가? · 지역 사회 문제를 한 가지 선정하여 관련된 자료를 수집, 분석하여 의견을 말할 수 있는가? · 지역 사회의 문제와 관련된 자료를 다양하게 모을 수 있는가?	· 스크랩 · 보고서 작성 · 포트폴리오

다. 우리 시·도의 미래

평가 내용	방법
· 새로워지는 우리 지역의 앞날을 위해 참여하려고 하는가? · 미래의 발전된 고장을 만들기 위한 주민들의 바람은 무엇인지 알 수 있는가? · 고장의 미래 모습을 실제에 근거하여 다양한 방법으로 표현할 수 있는가?	· 학습 활동 관찰 · 토의 및 발표 내용 분석 · 보고서

5. 가정의 경제와 우리 시·도의 경제 생활

1) 단원 개관

이 단원은 가정 생활에서 경험할 수 있는 일상적인 생활 경제의 모습과 그 특징에 초점을 맞추어 가정 경제의 기초인 소득, 생산, 소비, 지출, 저축에 대한 기본 개념과 원리를 이해하도록 하고, 합리적인 경제 행위의 선택에 대한 판단력과 분석력, 실천력을 기르는 데 주안점을 둔다.

또한 가정 경제를 바탕으로 한 걸음 더 나아가 지역의 자연·인문 환경에 관한 주요 사실, 현상, 특징 등에 대한 지식을 바탕으로 지역 특유의 자원들을 이용하여 주요 생산 활동이 이루어지고 있으며, 한 지역의 생산 및 소비 활동은 다른 지역의 물자 유통과 깊은 관계가 있고, 지역 간 상호 의존이 증대됨으로써 지역 경제 문제들이 개선될 수 있다는 취지에서 설정되었다.

첫 번째 주제에서는, 가족 구성원들의 소득의 원천 및 생산의 의미를 이해하며, 생활 속에서 선택의 필요와 중요성을 알고 수많은 요소 가운데 합리적으로 선택할 수 있는 기초 능력을 기르도록 한다. 나아가 가정 경제에서의 소득과 소비, 저축의 바른 관계를 이해하고, 합리적인 가정 살림을 꾸려 나가는 데 필요한 실천 요소들을 체득하도록 하며, 물자와 용돈을 절약하고 저축을 실천하는 태도를 가지도록 한다.

두 번째 주제에서는, 우리 지역의 주요 산업의 현황과 그 산업에 이용되는 자원의 개발, 해외로 진출하고 있는 기업의 활동, 지역 경제 발전을 위한 지방 자치 단체의 역할, 경제 개발에 관한 주민들의 의사 결정 등이 주요 내용이다. 이러한 내용의 학습 과정에서 특히 신문 기사, 사진, 통계와 도표, 기관지 등 다양한 정보와 자료를 수집하여 요약, 분석, 해석하는 능력을 기르도록 하였다.

세 번째 주제에서는, 경제 발전에 따른 생산 및 직업의 분화, 물자 교환의 필요와 화폐의 기능, 시장의 기능과 유통의 중요성, 경제 생활에서의 다양한 상호 의존 모습 등이 주요 내용으로 되어 있다. 통계와 도표만 이용하기보다는 가계 운영 사례, 신문에 난 경제 활동 사례를 수집하여 활용하고, 특히 생활 경험이나 사례로부터 추론할 수 있는 능력을 기르도록 하였다.

2) 단원의 목표

(1) 지식·이해

· 인간의 욕망과 부족한 자원 간의 관계를 설명하며, 생활 속에서 합리적인 선

택 기준을 제시할 수 있다.

· 가족 구성원들의 소득의 종류와 그 의미를 이해할 수 있다.

· 생산의 요소를 열거하고 생산 요소와 소득 분배 간의 관계를 규명할 수 있다.

· 가계 소비의 종류와 그 의미를 이해할 수 있다.

· 가정 경제에서의 소득과 소비, 저축의 바른 관계를 이해할 수 있다.

· 합리적인 가계 운영과 경제 발전의 관계를 설명할 수 있다.

· 시 · 도의 특산물이나 주요 산업을 파악하여, 지역 특유의 자원이 이용되고 있는 모습 및 자원의 개발과 이용의 가능성을 이해한다.

· 시 · 도의 주민들이 이용하는 주요 생산 요소나 소비 물자들의 개략적인 유통 경로를 파악하고, 지역 경제에서 유통과 상호 의존의 중요성을 인식한다.

(2) 기능

· 여러 가정의 일상적인 경제 생활 사례와 문제들을 사례 형태로 수집할 수 있다.

· 가계를 중심으로 소비, 생산, 지출, 저축에 관한 경험 사례와 정보를 수집할 수 있다.

· 생활 경제의 여러 사례들을 학습 문제 해결에 적합하도록 해석할 수 있다.

· 가계에서의 소득과 생산, 소득과 소비, 소비와 저축간의 관계를 비교, 분석할 수 있다.

· 개인과 가계의 합리적인 소비, 지출, 저축 계획을 세울 수 있다.

· 시 · 도의 자연 · 인문 환경에 대한 정보들을 지도, 그래프, 도표로 나타내고, 다양한 지도, 그래프, 도표에서 지역에 대한 자료를 찾을 수 있다.

· 여러 가지 자료를 통하여 시 · 도의 대표적인 생산 활동과 자원, 유통에 관한 여러 가지 정보를 수집하고, 그 정보를 도표, 그래프, 요약문 등으로 제시할 수 있다.

(3) 가치·태도

·가정의 일상적인 경제 생활 사례와 문제에 대하여 관심을 가진다.

·가족 구성원들의 소득과 생산 활동이 가정 경제와 국가 경제에 미치는 영향
  과 효과를 이해하고 경제 주체로서의 자긍심을 가진다.

·생활 속의 수많은 선택을 경제적, 합리적으로 할 수 있는 판단력을 키운다.

·물자와 용돈을 절약하고 저축을 실천하는 태도를 가진다.

·시·도의 발전을 위해 관심을 가지고 참여하려는 태도를 가진다.

3) 단원의 지도 계획

㉠ 사회, ㉡ 사회과 탐구

단원	주제	제재	제재별 주요 내용 요소	교과서 쪽수	차시
단원		단원 도입 및 계획	·단원의 학습 내용을 대략적으로 알아보기 ·장기 학습 과제 정하기	㉠ 46~49 ㉠ 94~95 ㉡ 88~89	1(1/27)
5. 가정의 경제와 시·도의 경제 생활	(1) 다양한 생산 활동과 가정의 소득	① 가지고 싶은 것은 많지만	·무한한 욕망과 부족한 자원 간의 관계 ·소비의 합리적인 선택 기준	㉠ 96~102 ㉡ 90~95	3(2~4/27)
		② 가정의 소득을 얻기까지	·여러 가지 생산 활동 ·생산의 요소 ·가정의 소득원	㉠ 103~110 ㉡ 96~106	2(5~6/27)
		③ 가계부	·가계의 지출 내용 ·합리적인 가계 운영	㉠ 112~117 ㉡ 107~119	2(7~8/27)
		④ 우리 집 예금 통장	·은행이 하는 일 ·저축의 필요성과 저축의 종류 ·은행 및 기타 금융 기관이 하는 일	㉠ 118~124 ㉡ 120~128	2(9~10/27)
		선택 학습	·가족의 생산 활동 알아보기 ·여러 생산 활동의 생산 요소 적기 ·생산 활동의 의미 이해하기 ·한정된 소득과 현명한 지출 ·용돈 절약의 방법	㉠ 111 ㉠ 125	1(11/27)

단원	주제	제재	제재별 주요 내용 요소	교과서 쪽수	차시
단원		단원 도입 및 계획	·단원의 학습 내용을 대략적으로 알아보기 ·장기 학습 과제 정하기	㉠ 46~49 ㉠ 94~95 ㉣ 88~89	1(1/27)
5. 가정의 경제와 시·도의 경제 생활		주제 정리 학습	·가계부의 소득, 소비 내역 ·가계부에서 절약할 수 있는 항목 ·가정에서 하는 저축의 종류와 저축의 필요성 ·현명한 선택 방법 ·소비에 대한 의사 결정 ·자원이 없을 때 일어날 수 있는 상황 ·합리적인 소비 생활	㉠ 126~128	1(12/27)
	(2) 우리 시·도 의 자원 과 생산 활동	① 자원을 이용하는 생산 활동	·지역의 특화 산업 ·특화 산업과 자원과의 관계	50~55	2(13~14/27)
		② 세계로 열린 경제	·해외 경제 협력 사례 ·해외 진출 노력 ·자원 개발과 상품 생산 실적	56~61	2(15~16/27)
		③ 공공 시설을 내 것처럼	·공공재의 개념과 종류 ·지방 자치 단체의 노력 ·바른 이용 자세	62~66	2(17~18/27)
		선택 학습	·지방 자치 단체에서 개발할 특산품	67	1(19/27)

단원	주제	제재	제재별 주요 내용 요소	교과서 쪽수	차시
단원	단원 도입 및 계획		·단원의 학습 내용을 대략적으로 알아보기 ·장기 학습 과제 정하기	㉠ 46~49 ㉠ 94~95 ㉡ 88~89	1(1/27)
5. 가정 의 경제 와 시·도 의 경제 생활	(3) 서로 돕는 경제 생활	① 나누어 맡은 생산	·분업의 개념과 직업의 다양화 ·정보화 사회의 직업	68~71	2(20~21/27)
		② 경제 활동의 중심지	·물자 교환의 필요와 화폐 ·지역 시장의 발달과 기능	72~77	2(22~23/27)
		③ 서로 도움을 주는 경제 활동	·유통의 발달과 필요 ·경제 의존 사례 ·상호 의존 증대	78~83	2(24~25/27)
		선택 학습	·유통 과정의 문제점과 해결 방안	84	1(26/27)
	단원 정리 학습		·지역의 주요 자원 발굴 ·유통 과정 합리화, 시·도 경제 발전과 농촌과 도시 간의 경제적 협조	85~87	1(27/27)

※ 차시 지도 계획은 예시적 성격을 지니고 있으므로, 지역 및 학교의 실정과 학생의 발달 정도 등에 따라 학교에서 재구성하여 지도할 수 있다.

4) 단원의 평가 계획

(1) 평가의 방향

이 단원에서는 일상적인 경제생활 속에서 합리적인 경제 행위의 선택에 대한 판단력과 분석력, 실천력이 길러졌는가에 평가의 주안점을 둔다.

나아가 지역의 대표적인 사례나 정보들을 수집, 요약, 분석하는 과정이 많이 요구된다. 따라서 평가의 방향도 지역의 특성을 파악하고 특유의 자원을 이용하여 지역의 경제 발전에 일익을 담당하는 모습을 찾아가는 적합한 자료를 수집,

분석하고, 추론하는 과정을 평가한다.

(2) 평가 방법
가. 다양한 생산 활동과 가정의 소득

평가 내용	방법
·가족 소득의 종류와 그와 관련된 생산 활동, 생산 요소 분석하기 ·합리적인 소비 생활이 필요한 까닭 설명하기	·보고서 ·지필 평가
·나의 용돈 수입과 지출을 조사하고 계획적인 소비·저축 계획 세우기 ·금융 기관을 견학하고 저축에 관한 자료 수집하여 스크랩하기	·보고서 ·스크랩, 포트폴리오

나. 우리 시·도의 자원과 생산 활동

평가 내용	방법
·각 시간별 자료의 수집 또는 자료의 분석 과정을 포트폴리오 형식으로 평가한다. ·집단 평가 때 상호 평가를 통해 집단의 일률적인 평가보다는 개인의 과정을 중시하여 평가한다.	·포트폴리오 ·탐구과정 평가

다. 서로 돕는 경제 생활

평가 내용	방법
·경제생활과 미래에 대한 창의적인 사고와 활동 참여 수준을 고려하여 평가한다. ·일련의 과정을 통하여 나타난 결과물보다는 매 시간의 참여도를 평가한다.	·학습 활동 관찰 ·참여 태도

Ⅱ. 초등학교 사회과의 학년별 단원별 지도 내용

현행 7차 초등학교 사회과 교육과정에 근거한 사회과의 내용을 학년별 내용의 개관, 학년 목표(예시), 그리고 각 학년 단원별 내용을 중심으로 제시해 보면 아래와 같다.[2]

3 학년

1. 3학년 내용의 개관

3학년 사회과의 내용은 시·군을 범위로 한 '고장의 생활'이 그 중심이며, '고장의 모습', '고장 생활의 중심지', '고장 생활의 변화', '살기 좋은 고장을 위한 노력', 등 4개 단원으로 구성되어 있다.

'슬기로운 생활' 교과의 가정, 학교, 이웃, 마을 등 일상생활 속에서 경험하는 자연 환경과 사회 현상에 대한 학습을 시간적, 공간적으로 확대한 것이며, 4학년 사회과의 시·도 지역의 생활에 대한 학습의 기초를 이루고 있다. 따라서

---

[2] 본서의 이해를 돕기 위하여 초등학교 7차 사회과 교육과정의 내용을 교육과정 해설서를 참고하여 요약 정리한 것임-교육부(1998). 초등학교 교육과정 해설(Ⅲ). pp. 249~281. 참고.

읍·면, 시·군·구 등의 고장 생활을 중심으로, 고장의 모습, 주민 생활의 모습, 고장의 변화, 고장의 발전을 위한 노력에 대하여 알아보기 위하여 공간적, 경험적으로 동심원적 확대법, 시간적 소급법을 적용하였다.

지역의 성격과 생활 경험을 강조한 3학년 사회과의 내용은 고장의 자연 환경과 그 이용 모습, 고장 사람들의 물자 생산과 유통 및 그 이용, 고장 생활의 변화, 고장 생활의 문제점 및 해결을 통한 발전 방안을 탐구하는 데 필요한 절차와 방법 등을 학습하기에 적합하도록 구성하였다.

2. 3학년 사회과의 목표(예시)[3]

㈎ 고장의 자연 환경과 이를 이용한 생활 모습에 대하여 파악하고 이를 실생활에 활용할 수 있다.

㈏ 교통과 유통 기능을 중심으로, 고장 사람들은 서로 어울려 살아가고 다른 고장과 상호 의존 관계를 맺고 있음을 이해한다.

㈐ 생활 도구, 교통·통신, 놀이와 행사의 변화를 중심으로 고장 생활의 변화 과정을 이해한다.

㈑ 고장 생활 속에 나타나고 있는 사회 문제들을 확인하고, 이를 해결함으로써 보다 나은 고장 생활을 할 수 있음을 이해한다.

---

3) 제7차 교육 과정에서는 학년 목표를 제시하지 않고 교과 목표와 단원 목표를 직접 연계시켜 제시하고 있기 때문에 학년 목표를 별도로 설정해 보아야 할 필요성이 남아 있다(현행 교육과정에서 학년 목표를 제시하지 않고 있는 가장 큰 이유는 학년 목표의 설정은 곧 단원 목표와의 중복성이 있게 되므로, 이를 교육 과정에 제시하지 않아도 필요한 경우에는 지역과 학교의 실정, 학생의 특성을 반영하여 다양하게 설정할 수 있다고 판단되기 때문이다. 그러므로 학년 목표는 학교 교육 과정 편성이나 교과 교육 연구, 교재 연구 등을 통하여 다양하게 수정·보완될 여지를 남겨 둔 것이다).

㉤ 고장의 모습을 관찰, 견학, 조사하고, 지도, 연표, 그래프, 문헌, 영상 자료
　 등 다양한 자료를 활용하여 문제를 해결할 수 있는 기초적 능력을 기른다.
㉥ 고장 생활에 관심을 가지고 고장의 발전에 이바지하려는 태도를 기른다.

3. 3학년의 단원별 내용

> ### 1. 고장의 모습과 생활

1) 단원 설정의 취지

이 단원은 고장의 자연 환경과 산업 활동 및 생활 모습에 관한 주요 사실, 현상, 특징을 파악하고, 고장 사람들이 자연 환경과 인문 환경을 슬기롭게 활용하여 생활하고 있음을 이해하게 하는 내용으로 구성되어 있다. 따라서 이 단원에서는 고장의 모습과 생활을 파악하기 위한 조사 계획을 수립하여 실행할 수 있는 기능과, 그림 지도의 요소 및 표현 방법을 적절하게 활용하여 고장의 그림 지도를 그릴 수 있는 기능을 기르며, 나아가 고장을 사랑하는 마음을 가짐으로써 일상생활에서 고장의 문제 해결을 위하여 노력하는 태도를 함양하도록 한다.

2) 단원의 목표

○ 고장의 자연 환경과 생활 모습 및 산업 활동에 관한 주요 사실, 현상, 특징을 파악한다.
○ 고장의 사람들은 고장의 자연 환경과 인문 환경을 슬기롭게 활용하여 생활

하고 있음을 이해한다.

○ 지도의 요소와 표현 방법을 적절하게 활용하여 고장의 모습을 나타내는 그림 지도를 그릴 수 있다.

○ 고장의 모습과 생활을 파악하기 위한 조사 계획을 수립하여 실행할 수 있다.

○ 지도의 요소와 표현 방법을 적절하게 활용하여 고장의 모습을 나타내는 그림 지도를 그릴 수 있다.

○ 고장의 모습과 생활을 파악하기 위한 조사 계획을 수립하여 실행할 수 있다.

○ 고장을 사랑하는 마음을 가지고, 일상생활에서 고장의 문제 해결을 위하여 노력한다.

3) 주제별 지도의 관점 및 요소

(1) 고장의 모습과 지도

이 주제에서는 그림 지도의 요소와 그림 지도 읽는 방법을 익히고, 고장의 모습을 관찰·조사·견학한 결과를 그림 지도로 표현하여 그림 지도에 나타난 고장의 생활 모습을 읽을 수 있는 기초적인 기능을 기른다. 심화 과정에서는 고장의 모습을 표현하는 다양한 방식을 알고, 그림 지도에 나타난 고장의 특징을 찾을 수 있는 기능을 기른다.

① 지도의 요소와 지도 읽는 방법
  ○ 방위   ○ 기호   ○ 축척
  ○ 지도 읽기(땅 모양, 도로, 건물, 산림 등)

② 고장의 그림 지도 그리기
  ○ 고장의 모습을 관찰, 조사, 정리하기
  ○ 그림 지도 그리기

③ 고장의 그림 지도 읽기
  ○ 지도에 나타난 자연 환경(강, 산, 평야, 산림 등)
  ○ 지도에 나타난 인문 환경(도로, 건물, 산업 활동, 유적 등)
  ○ 지도에 나타난 고장 사람들의 생활 모습

[심화] 고장의 모습을 표현하는 여러 가지 방법(조감도, 사진, 그림 지도 등)
[심화] 지도에 나타난 고장의 특징(자연 환경, 인문 환경, 생활 모습 등)

> 그림 지도의 요소와 표현 방법을 이용하여 고장의 자연 환경과 인문 환경, 사람들의 생활 모습을 나타내고 읽을 수 있다.

(2) 고장 사람들이 살아가는 모습

　이 주제에서는 그림 지도와 사진 등 다양한 매체에 의해 표현된 고장의 자연·인문 환경 요소에 대하여 위치, 분포 등을 중심으로 파악하고, 고장 사람들의 생활 모습을 고장의 자연 환경을 이용하는 모습, 계절에 따른 변화 모습, 고장 사람들의 직업별 인구 구성, 주요 산업과 관련지어 이해하게 한다. 심화 과정에서는 여러 가지 방법을 통하여 고장의 환경을 이용하는 모습과 고장의 문제점, 해결 방안 등을 파악하게 한다.

```
┌─────────────────────────────────────────────────────────────────────┐
│  ① 고장의 지리적 현상의 위치와 분포                                    │
│   ○ 고장의 산, 강, 들                                                  │
│   ○ 고장의 마을, 도로, 철도                                            │
│   ○ 농경지, 공장, 관공서와 공공시설, 유물과 유적                       │
│                                                                       │
│  ② 고장의 변화하는 모습과 생활 모습         ┌─────────────────────┐   │
│   ○ 자연 환경 이용 모습                      │ 고장 사람들은  자연 │   │
│   ○ 계절에 따른 변화 모습                    │ 환경과  인문  환경을 │   │
│   ○ 고장 사람들의 생활 모습                  │ 잘 이용하여 생활하고 │   │
│                                             │ 있으며, 고장의 발전을 │   │
│  ③ 고장의 인구 구성과 직업                   │ 위하여 환경을 슬기롭 │   │
│   ○ 인구 구성 사례 조사                      │ 게 이용하고 있다.   │   │
│   ○ 고장 사람들의 직업 조사                  └─────────────────────┘   │
│  ④ 고장의 주요 산업                                                    │
│   ○ 고장의 주요 산업의 유래와 현재 모습                                │
│   ○ 고장의 자연 환경 및 자원                                           │
│   ○ 고장의 발전에 대한 기여                                            │
│                                                                       │
│  [심화] 고장 사람들의 자연 환경 이용 모습과 문제점                     │
│          및 해결 방안                                                  │
└─────────────────────────────────────────────────────────────────────┘
```

2. 고장 생활의 중심지

1) 단원 설정의 취지

이 단원은 시장과 터미널, 역 등을 이용하는 사람들, 유통되는 물자의 양과 종류, 그리고 그 이유를 파악함으로써, 유통·교통 기능에 의하여 고장이 하나의 생활권으로 통합되어 있다는 것과 고장의 발전을 위해서 다른 고장과 어떤 관계를 맺고 살아가야 하는지를 이해하게 하는 내용으로 구성되어 있다.

따라서 시장과 터미널, 역 등에 관련된 다양한 자료들을 수집하여 분류, 도표화하고 해석할 수 있는 기능을 기르며, 시장, 터미널, 역 등 공공시설을 이용할 때 질서를 지키고 아끼려는 태도를 가지게 한다.

2) 단원의 목표

○ 고장은 시장, 터미널 등의 유통과 교통 기능에 의하여 하나의 생활권으로 통합되어 있으며, 우리 고장은 다른 고장과 상호 의존적인 관계를 맺고 있음을 이해한다.

○ 시장과 터미널, 역 등의 중심지를 이용하는 사람들, 유통되는 물자의 종류와 양, 그리고 그 이유를 파악한다.

○ 시장, 터미널, 역과 관련된 여러 가지 자료들을 다양한 방법으로 수집하여, 이를 분류, 도표화하고 해석할 수 있다.

○ 시장, 터미널, 역 등 공공시설을 아끼려는 태도를 가진다.

3) 주제별 지도의 관점 및 요소

(1) 시장과 물자 이동

이 주제에서는 의식주의 개념을 바탕으로 하여 고장의 시장을 견학, 조사함으로써 상점의 종류, 판매되는 물건, 물건을 사가는 사람 등을 파악하고, 시장을 중심으로 한 물자의 유통이 우리 고장을 하나의 고장으로 통합시켜 주고 있다는 것과, 물자 교류를 통하여 우리 고장이 다른 고장과 맺고 있는 관계 등에 대하여 이해하게 한다. 심화 과정에서는 물자 이동을 중심으로 하여 고장 간의 상호 의존 관계와 교통·통신의 발달에 따른 시장 형태의 변화를 파악하게 한다.

> 1 우리의 생활과 의식주
>   ○ 우리 생활에 필요한 것들
>   ○ 의식주의 의미
> 2 시장 견학
>   ○ 상점의 종류와 판매하는 물건, 사가는 사람들
>   ○ 조사한 결과를 표, 그래프로 나타내고 해석하기
> 3 시장에서 유통되는 물건의 유통 경로
>   ○ 시장에서 판매되는 물건의 생산지와 생산자
>   ○ 시장에서 판매되는 물건의 소비지와 소비자
>
> [심화] 교통·통신의 발달과 시장의 변화
> [심화] 물건의 유통을 통한 고장 간의 상호 의존

시장은 물자의 유통을 통하여 고장을 하나의 지역이 되도록 결합시켜 주며, 우리 고장은 시장에서의 물자 유통을 통하여 다른 고장과 상호 의존 관계를 맺고 있다.

(2) 터미널과 교통

이 주제에서는 교통의 개념을 바탕으로 하여 고장의 역과 버스 터미널을 견학하여 노선, 이용하는 사람 수와 그 이유 등을 조사하고, 역과 터미널을 중심으로 한 인구 이동이 우리 고장을 하나의 고장으로 통합시켜 주고 있다는 것과, 인구 이동을 통하여 우리 고장이 다른 고장과 맺고 있는 관계 등을 파악하게 한다. 심화 과정에서는 고장의 교통과 물자 유통의 문제점 및 개선 방안에 대하여 파악하게 한다.

① 기차역과 버스 터미널
  ○ 기차역의 위치, 노선, 이용하는 사람들
  ○ 버스 터미널의 위치, 노선, 이용하는 사람들
  ○ 조사한 결과를 도표화하고 해석하기
② 교통의 결절지의 기능
  ○ 기차역과 버스 터미널을 이용한 경험 발표
  ○ 버스와 기차가 이어 주는 고장의 여러 곳들
  ○ 기차역과 버스 터미널이 하는 일

[심화] ○ 고장의 교통과 물자 유통의 문제점

> 교통은 사람과 물자를 유통시킴으로써 고장을 하나의 지역이 되도록 결합시켜 주며, 우리 고장은 교통을 통하여 다른 고장과 상호 의존 관계를 맺고 있다.

3. 고장 생활의 변화

1) 단원 설정의 취지

이 단원은 생활 도구, 교통·통신 수단, 민속놀이와 행사의 모습을 통해 '변화'와 '지속'의 개념을 학습하는 내용으로 구성되어 있다. 먼저, 생활 주변의 여러 가지 생활 도구의 모양과 쓰임의 변화를 살펴보고, 그 속에 깃들어 있는 조상들의 슬기를 발견하게 하며, 교통·통신 수단의 발달 과정을 조사하여 그 변화가 고장 생활의 변화에 끼친 영향을 탐구하게 한다. 또, 고장에 전해 오는 민속놀이에 대한 체험을 통하여 변화와 전통의 의미를 파악하고, 고장의 문화와 관련된 여러 가지 행사를 조사하여 전통 문화 계승의 필요성과 의의를 학습하게 한다. 특히, 유물·유적과 가족사를 활용하여 고장 생활의 변화를 조사하고, 연표를 사용하여 시간 개념을 획득하며, 전통 문화를 존중하는 마음을 역할 놀이로 표현해 보게 한다.

2) 단원의 목표

○ 생활 도구, 교통수단, 통신 방법의 변화가 고장 생활의 변화에 끼친 영향을
  이해한다.
○ 고장의 민속놀이와 행사에 깃들어 있는 전통의 가치와 멋, 슬기를 파악한다.
○ 고장 생활의 변화를 보여 주는 여러 가지 자료를 수집, 조사하고, 그 결과를
  연표로 나타낼 수 있다.
○ 전통 문화를 이어받아 고장의 문화를 더욱 발전시키려는 마음을 가진다.

3) 주제별 지도 관점 및 요소

(1) 생활 도구의 변화

① 도구의 변화 ○ 옛날의 생활 도구 ○ 생활 도구의 쓰임과 모습의 변화 ② 도구의 발달과 생활 변화 ○ 도구의 발달이 생활의 변화에 미친 영향 ○ 생활의 변화 ③ 도구를 통해 알 수 있는 조상들의 삶 ○ 생활 도구를 통해서 본 과거의 생활 모습 ○ 생활 도구에 깃든 조상들의 슬기 [심화] 미래의 생활 도구를 상상해 보기

생활 도구의 변화에 따라 사람들의 생활 모습도 달라지고 있으며, 예로부터 전해오는 생활 도구는 조상들의 생활 모습과 슬기를 알려 주고 있다.

이 주제는 학생의 생활 주변에서 쉽게 접할 수 있는 가정용품이나 학용품 등 생활 도구의 변화와 그러한 변화가 우리 생활에 끼치는 영향에 대하여 조사하고, 나아가 미래의 변화를 예측해 보게 하는 데 주안점이 있다. 변화의 결과에

대하여 토의하게 하고, 미래를 예측해 보게 하는 것이 이 주제의 목표를 달성하는 중요한 방법이다.

(2) 교통·통신의 변화

이 주제는 옛날과 오늘날의 교통수단과 통신 방법을 비교, 조사하고, 이들의 변천에 따른 고장 생활의 변화를 탐구하는 데 주안점이 있다. 옛날의 교통과 통신에 대한 조사를 위해서는 박물관 학습을 할 수 있고, 교통수단 및 도로의 발달이 고장 생활의 변화에 미친 영향을 파악하기 위해서는 사진이나 지도를 이용한 학습, 인터뷰 등의 학습 활동이 이루어져야 한다. 아울러, 교통·통신 방법의 미래에 대한 예측을 위해서는 창의적 사고 활동이 이루어질 수 있다.

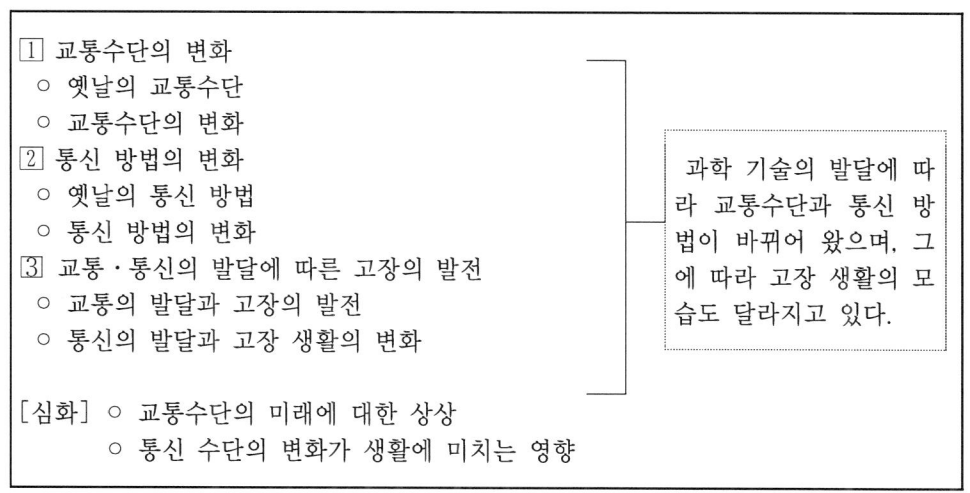

(3) 놀이와 행사의 변화

이 주제는 고장에 전해 오는 민속놀이와 고장의 전통 문화 행사 또는 고장의 특산물 홍보 행사 등을 조사하고, 그러한 행사에 참여함으로써 고장의 전통 문화에 대한 이해를 높이는 데 주안점이 있다. 또, 관혼상제 의례를 조사하고, 이러한 행사들의 겉모습에는 변화가 있었으나, 그 정신만은 크게 바뀌지 않고 계승되고 있다는 것을 이해하는 것도 중요하다. 가족사(family history) 방법이 활용될 수 있고, 고장의 문화 행사 학습을 위해서는 향토사적 접근도 이루어질 수 있다.

또, 지방의 역사적 인물에 대한 조사와 민속놀이, 문화 행사 등에 대한 역할 놀이 등 다양한 활동이 이루어질 수 있다.

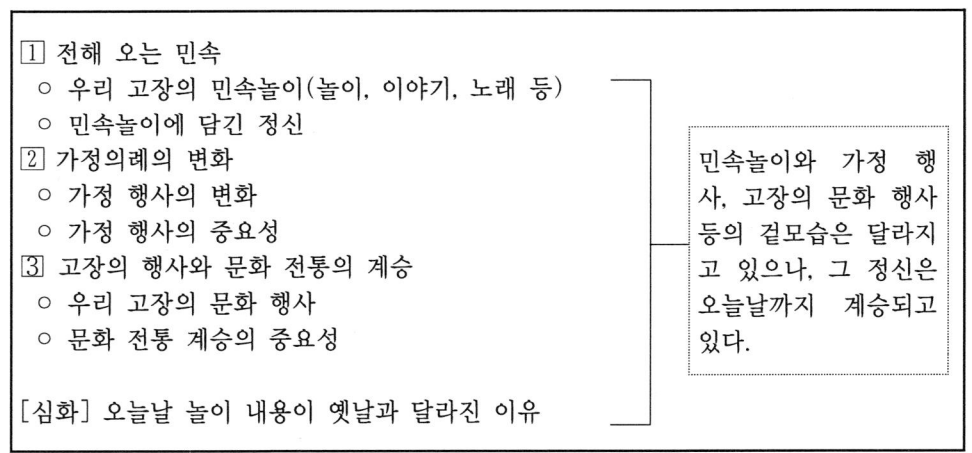

4. 살기 좋은 고장을 위한 노력

1) 단원 설정의 취지

이 단원은 고장 사람들이 보다 살기 좋은 고장을 만들기 위해 노력하고 있는 모습을 이해하기 위한 단원이다. 따라서 고장에는 어떠한 기관과 단체들이 있는가를 알게 함으로써, 그 기관과 단체들이 고장 사람들의 생활과 밀접한 관련이 있다는 것을 깨닫게 한다. 또, 고장 사람들이 고장의 문제를 어떻게 해결해 나가면서 살기 좋은 고장을 만들어 가고 있는가를 파악하게 한다. 더 살기 좋은 고장을 만들어 가는 사례로서는 깨끗한 고장 가꾸기, 안전한 교통, 문화 유적지 보전, 교통 문제 해결 등을 들 수 있다. 보다 나은 고장 생활을 위한 이러한 노력은 고장에 있는 여러 기관, 단체를 통하여 이루어진다는 것을 파악하고, 미래의 고장 모습에 대하여 상상해 보게 한다.

2) 단원의 목표

○ 고장에는 여러 기관이 있어 고장 사람들의 생활을 돕고 있다는 것을 파악한다.
○ 고장에는 고장의 일에 관심을 가지고 있는 여러 단체들이 있어 고장을 위해 일한다는 것을 파악한다.
○ 부모님들은 각자 고장의 단체에 가입하여 활동하고 있다는 것을 파악한다.
○ 고장의 기관을 방문하여 그 곳에서 하는 일에 대하여 조사할 수 있다.
○ 더 좋은 고장을 만들기 위하여 해야 할 일들에는 어떤 것들이 있으며, 이를 위해 고장 사람들이 어떻게 노력하고 있는가를 파악하고, 고장의 발전을 위해 노력하려는 태도를 가진다.
○ 고장 일에 관심을 가지고 고장의 미래 모습을 상상하여 표현할 수 있다.

3) 주제별 지도의 관점 및 요소

(1) 고장의 여러 기관과 단체

이 주제에서는 고장에 있는 여러 기관과 단체를 파악하고, 그 기관과 단체들은 각각 고장 사람들을 위해 노력하고 있다는 것을 깨닫게 한다. 기관에 대해서는 시청과 경찰서, 소방서 등 주민 생활과 밀접한 관련이 있는 주요 관공서를 다룬다. 또, 단체에 대해서는 공공의 이익에 관심을 가지는 시민 단체와 개인의 기호를 만족시키는 단체의 두 종류를 다루되, 이러한 단체나 집단생활이 결국 개인의 다양한 욕구들을 충족시켜 주고 고장 생활을 풍부하게 해 준다는 것을 깨닫게 한다. 심화 과정에서는 고장의 단체 생활에 관한 조사를 하여 보고서를 꾸미게 하는 활동을 할 수 있다.

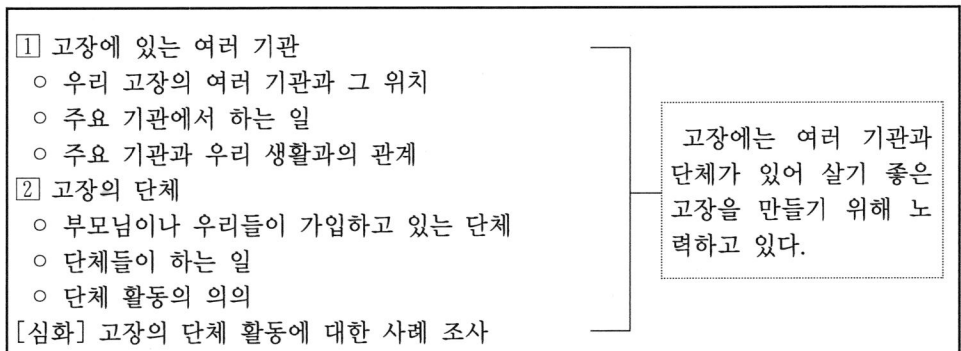

(2) 고장 사람들의 노력

이 주제에서는 고장 사람들이 고장의 기관과 단체를 통하여 더 살기 좋은 고장을 만들어 가고 있는 모습을 이해하는 데 중점을 둔다. 더 좋은 고장을 만들어 가는 모습의 사례로는 보다 깨끗한 환경과 청결을 위한 노력, 소득을 더 높이려는 노력, 자동차가 원활하게 다니고 사람들이 안전하게 다닐 수 있게 하려는 노력, 문화재를 보호하기 위한 노력 등을 들 수 있다. 심화 과정에서는 우리 고장 사람들이 바라는 바람직한 고장의 모습을 알기 위한 조사 활동이나 다른 고장과의 비교 활동을 할 수 있다.

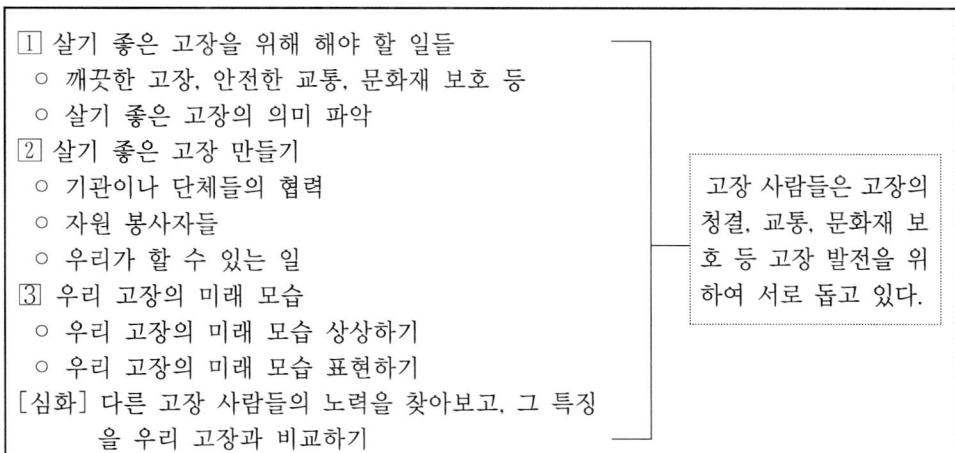

① 살기 좋은 고장을 위해 해야 할 일들
  ○ 깨끗한 고장, 안전한 교통, 문화재 보호 등
  ○ 살기 좋은 고장의 의미 파악
② 살기 좋은 고장 만들기
  ○ 기관이나 단체들의 협력
  ○ 자원 봉사자들
  ○ 우리가 할 수 있는 일
③ 우리 고장의 미래 모습
  ○ 우리 고장의 미래 모습 상상하기
  ○ 우리 고장의 미래 모습 표현하기
[심화] 다른 고장 사람들의 노력을 찾아보고, 그 특징
       을 우리 고장과 비교하기

고장 사람들은 고장의 청결, 교통, 문화재 보호 등 고장 발전을 위하여 서로 돕고 있다.

4 학년

(1) 4학년 내용의 개관

4학년에서는 환경 확대법의 원리에 따라 3학년에서의 시·군·구 범위의 지역 학습에 이어 시·도를 범위로 하는 지역 학습을 하게 되며, '우리가 사는 지역 사회', '주민 자치와 지역 사회의 발전', '옛 도읍지와 문화재', '사회 변화와 가정생활'의 4개 단원으로 이루어져 있다.

제6차 교육 과정에서는 시·도를 기본적 범위로 하면서도 '여러 지역의 생활' 이라는 단원에서 다른 지역에 대해서도 학습하였으나, 제7차 교육 과정에서는 환경 확대의 원리에 더 충실하여 전국을 대상으로 하는 학습이 5학년에서 이루어지도록 하였다. 그러나 학습의 범위를 3학년은 시·군·구, 4학년은 시·도로 획일적으로 구분하는 것이 바람직하지 않으며 융통성이 필요하다.

또, 역사 영역에서 제6차 교육 과정에는 '우리 시·도의 모습과 내력'이라는 단원이 있었으나, 이번에는 이 단원을 삭제하고 종전에 5학년에서 학습하던 '옛 도읍지와 문화재'라는 단원을 4학년에 두어 우리나라 역사의 흐름에 대한 도입이 이루어지게 하였다. 이는 4학년에서 '시·도의 역사'를 다룬 결과, 그 내용이 매우 어려워지는 문제점이 있었기 때문이었다. 지방 자치에 관한 학습이 강화된 것도 한 특징이라 할 수 있다.

(2) 4학년의 사회과 목표(예시)

㈎ 시·도 지역의 독특한 자연 환경과 그에 따른 주민들의 유통·생산 활동의 모습을 파악하여, 자연 환경과 주민 생활 모습과의 관계 및 지역 간의 상호 의존 관계를 이해하게 하며, 지역 사회의 주민들이 지역 사회의 문제를 해결해 가는 과정을 파악하게 한다.

㈏ 옛 도읍지의 문화재를 통해 우리나라 역사의 큰 흐름을 이해하고, 박물관의 기능을 중심으로 문화재의 중요성과 보존, 계승의 필요성을 이해한다.

㈐ 주위에서 볼 수 있는 여러 가정의 모습을 통하여 사회 변화에 따른 가정 생활의 특징을 이해한다.

㈑ 여러 가지 자료로 지역 사회의 현상을 조사하여 지도, 연표, 그래프 등 다양한 방법으로 나타내고, 지역 사회의 문제를 합리적으로 해결할 수 있는 기초적 능력을 기른다.

㈒ 지역의 일상생활에서 다른 사람과 협력하는 민주적인 생활 태도를 습관화하고, 지역의 공동생활에 관심을 가지고 참여하려는 태도를 가진다.

(3) 4학년의 단원별 내용

1. 우리가 사는 지역 사회

1) 단원 설정의 취지

이 단원은 시·도 지역의 생활 모습에 대해 지리적·경제적 관점에서 접근하여 통합적으로 학습시키려는 취지로 설정하였다.

한 지역의 생활 모습에 영향을 미치는 자연 환경과 인문 환경을 다각적으로 살펴보면 인간과 자연 간의 관련성을 이해할 수 있다. 특히, 생산과 유통 활동을 살펴보면 경제 활동은 그 지역의 자연 환경과의 밀접한 관련 속에 이루어지고 있으며, 자원의 효율적인 이용, 개발이 중요하다는 것을 이해할 수 있다. 따라서 이 단원에서는 우리 사회가 세계화, 정보화 시대로 변화하면서 지역의 여러 기업이나 지방 자치 기관들의 경제 활동이 진취적인 모습을 더해 간다는 것과 함께 경제 발전에 따른 분업화, 시장과 유통을 통한 상호 의존을 강조해야 한다.

첫째 주제는, 지역의 자연·인문 환경에 관한 주요 사실, 현상, 특징 등에 대한 지식을 바탕으로, 독특한 자연 환경 및 이에 따른 주민 생활 모습이 하나의 지역을 형성하게 되었다는 내용으로 구성되었다. 둘째 주제는, 한 지역의 자연·인문 환경 속에서 경제적 효용성을 지닌 자원들을 파악하고, 지역의 독특한 자원들을 이용하여 주요 생산 활동이 이루어진다는 내용으로 구성되었다. 셋째 주제는, 한 지역의 생산과 소비 활동은 다른 지역의 물자 유통과 깊은 관계가 있으며, 지역 간 상호 의존이 증대됨으로써 지역 경제 문제들이 해결되고 생활이 향상될 수 있다는 내용으로 구성되었다.

2) 단원의 목표

○ 시·도 지역의 자연·인문 환경에 관한 특징을 파악하고, 이러한 특징에 의한 생활 모습에 따라 하나의 지역을 형성하게 되었음을 이해한다.

○ 지역의 특산물이나 주요 산업을 파악하여, 지역 특유의 자원이 이용되고 있는 모습 및 자연 자원의 개발과 이용의 가능성을 이해한다.

○ 지역의 주민들이 이용하는 주요 생산 요소나 소비 물자들의 개략적인 유통 경로를 파악하고, 지역 경제에서 유통과 상호 의존의 중요성을 인식한다.

○ 지역의 자연·인문 환경에 관한 정보들을 지도, 그래프, 도표로 나타내고, 다양한 지도, 그래프, 도표에서 지역에 대한 정보를 찾을 수 있다.

○ 여러 가지 자료를 통하여 지역의 대표적인 생산 활동과 자원, 유통에 관한 여러 가지 정보를 수집하고, 그 정보를 도표, 그래프, 요약문 등으로 제시할 수 있다.

3) 주제별 지도의 관점 및 요소

(1) 우리 지역의 모습

이 주제에서는 지역의 유물·유적, 계절에 따른 주민 생활, 인구 분포, 교통망, 행정 구역,

산업, 관광지 등 자연 환경 및 인문 환경, 환경 문제에 관한 내용을 학습하도록 한다. 지도, 연표, 통계 및 도표, 사진, 문헌 등 다양한 자료를 활용하고, 특히 도해 기능의 함양에 중점을 둔다. 심화 과정에서는 우리 지역의 자연 환경, 인문 환경, 역사적 유래와 변천 과정의 특징을 다양한 방법으로 표현하는 기능을 기른다.

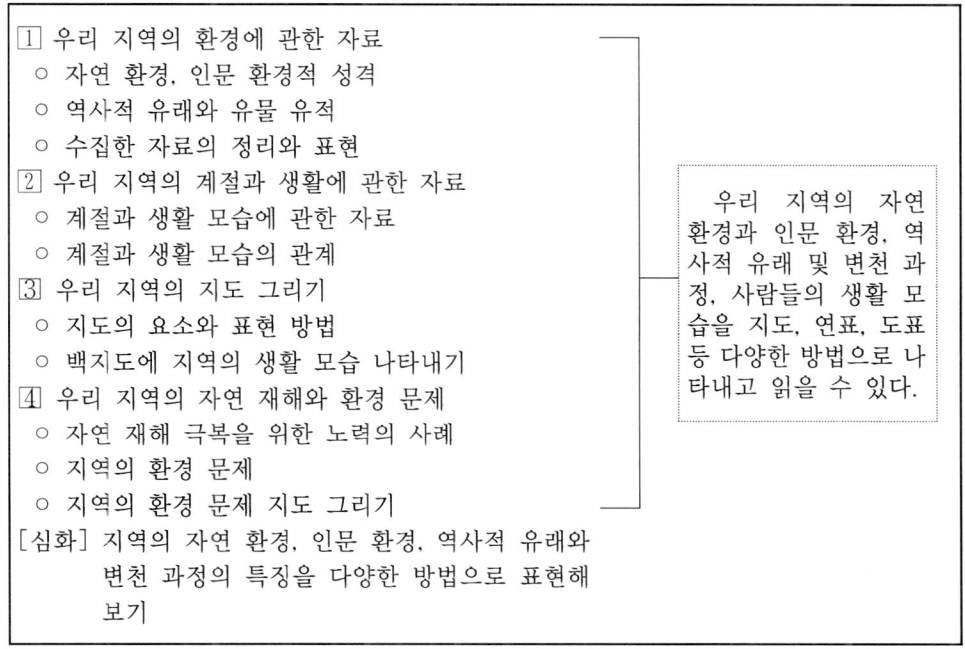

① 우리 지역의 환경에 관한 자료
  ○ 자연 환경, 인문 환경적 성격
  ○ 역사적 유래와 유물 유적
  ○ 수집한 자료의 정리와 표현
② 우리 지역의 계절과 생활에 관한 자료
  ○ 계절과 생활 모습에 관한 자료
  ○ 계절과 생활 모습의 관계
③ 우리 지역의 지도 그리기
  ○ 지도의 요소와 표현 방법
  ○ 백지도에 지역의 생활 모습 나타내기
④ 우리 지역의 자연 재해와 환경 문제
  ○ 자연 재해 극복을 위한 노력의 사례
  ○ 지역의 환경 문제
  ○ 지역의 환경 문제 지도 그리기
[심화] 지역의 자연 환경, 인문 환경, 역사적 유래와
        변천 과정의 특징을 다양한 방법으로 표현해
        보기

> 우리 지역의 자연 환경과 인문 환경, 역사적 유래 및 변천 과정, 사람들의 생활 모습을 지도, 연표, 도표 등 다양한 방법으로 나타내고 읽을 수 있다.

(2) 지역의 자원과 생산 활동

이 주제는 우리 지역의 주요 산업의 현황과 그 산업에 이용되고 있는 자원의 개발, 해외로 진출하고 있는 기업 활동, 지역 경제 발전을 위한 지방 자치 기관의 역할, 경제 개발에 관한 주민들의 의사 결정 등이 주요 내용이다. 이러한 내용의 학습 과정에서 특히 신문 기사, 사진, 통계와 도표, 기관지 등 다양한 정보와 자료를 수집하여 요약, 분석, 해석하는 능력을 기르도록 한다. 심화 과정에서는 우리 지역의 자원이 이용된 제품 개발이나 소득 사업 및 주민 생활의 변화에 관한 보고서나 기사문을 작성하는 능력을 기른다.

```
┌─────────────────────────────────────────────────────────────┐
│ ① 우리 지역의 자원과 생산                                       │
│   ○ 자원의 유한성                                              │
│   ○ 지역의 특산물과 전통 산업                          ┌──────────────┐
│   ○ 생산의 종류와 자원과의 관련성                       │              │
│                                                       │  우리 지역 사람들 │
│ ② 지역 경제와 해외 진출                                 │ 은 지역의 자원을 효 │
│   ○ 지방 자치 단체와 기업의 해외 진출                    │ 율적으로  이용하는 │
│   ○ 지역 기업의 수출품, 수출 규모, 수출 대상             │ 생산 활동을 함으로 │
│   ○ 지역 자원의 개발에 의한 생산과 수출                   │ 써 경제생활을 향상 │
│                                                       │ 시키고 있다.      │
│ ③ 공익을 위한 생산 활동                                 └──────────────┘
│   ○ 공공재의 종류와 그 공급자                                   │
│   ○ 공공재의 증가와 주민 생활의 관계                             │
│   ○ 공익 증진과 주민의 선택 문제에 관한 의사 결정                  │
│ [심화] 우리 지역의 독특한 자원 이용이나 개발의 사례                 │
└─────────────────────────────────────────────────────────────┘
```

(3) 물자의 유통과 상호 의존

이 주제는 경제 발전에 따른 생산 및 직업의 분화, 물자 교환의 필요와 화폐의 기능, 시장의 기능과 유통의 중요성, 경제생활에서의 다양한 상호 의존 모습 등이 주요 내용이다. 통계와 도표만 이용하기보다는 가계 운영 사례, 신문에 난 경제 활동 사례를 수집하여 활용하고, 특히 생활 경험이나 사례로부터 추론할 수 있는 능력을 기르도록 한다. 심화 과정에서는 한 가지 물건을 선정하여 그 물건의 유통 과정과 단계별 가격 변화를 조사하고, 유통 과정에서의 상호 의존 및 가격 변화 요인을 알아낸다.

```
① 생산 활동의 분업화
  ○ 분업의 개념과 장점
  ○ 생산의 분업화에 따른 직업의 분화와 경제 발전

② 물자의 유통과 시장                                    생산이  분업화되
  ○ 교환의 필요성과 화폐의 기능                          고 유통이 발달할수
  ○ 시장의 개념과 기능, 발달 모습                        록 경제생활은 다른
  ○ 유통의 개념과 그 중요성                              사람과 다른 지역에
                                                         더욱 의존하면서 이
③ 경제생활의 상호 의존                                   루어진다.
  ○ 직업 간, 지역 간 상호 의존의 근본 요인
  ○ 분업화 추세와 상호 의존의 증가

[심화] ○ 생필품의 유통 과정과 단계별 가격 변화
       ○ 유통의 상호 의존과 가격 변화 요인
```

2. 주민 자치와 지역 사회의 발전

1) 단원 설정의 취지

이 단원은 3학년의 '4. 살기 좋은 고장을 위한 노력'에서 고장의 기관에 대해 알아본 내용을 토대로 하여 지방 자치를 다루면서 주민 대표를 뽑는 원리와 절차 및 이들 대표들이 지역 사회의 문제를 해결하는 방법을 알아보는 단원이다. 3학년에서 다룬 내용과 달리 고장 사람들 간에는 고장의 문제에 대한 의견이 서로 다를 수 있다는 것을 알고, 이를 조정하여 합리적인 결정을 내리는 것이 중요하다는 것을 깨닫게 해야 한다. 심화 과정에서는 다른 자치 단체와의 갈등에 대해서도 다룰 수 있다.

2) 단원의 목표

○ 지역 주민들이 대표를 뽑는 원리와 절차를 이해한다.

○ 지방 자치 단체의 조직과 그 곳에서 하는 일을 이해한다면

○ 우리 지역을 상징하는 것들을 조사하며 그 의미와 유래를 파악해 본다.

○ 우리 지역의 무제 중에서 주민들의 의견이 엇갈리는 사례를 찾아 낼 수 있다.

○ 우리 지역의 발전 계획을 파악하고, 그에 대한 의견을 말할 수 있다.

○ 자원 인사를 초빙하여 들은 것을 요약, 정리할 수 있다.

○ 지역 주민들의 의견을 알기 위한 간단한 설문 조사를 할 수 있다.

○ 지방 선거에 대하여 관심을 가진다.

3) 주제별 지도의 관점 및 요소

(1) 지방 자치와 주민 생활

지방 자치에 대하여 3학년에서는 기본적으로 시·군청에서 하는 일만 다루는 데 비하여, 4학년에서는 지방 자치의 원리에 대하여 학습하는 점이 다르다. 자치 단체의 급과 종류, 주민 대표를 뽑는 원리, 각 지역의 상징에 대하여 학습한다. 각 지역의 상징은 상징물을 암기하는 데 의의를 두어서는 안 되고, 이를 통해 각 지역이 지향하는 바를 깨닫도록 한다. 심화 과정에서는 지방 자치 단체의 하는 일을 예산안과 같은 구체적 사례로써 깊이 있게 다루어 보거나 외국의 지방 자치 사례를 조사할 수 있다.

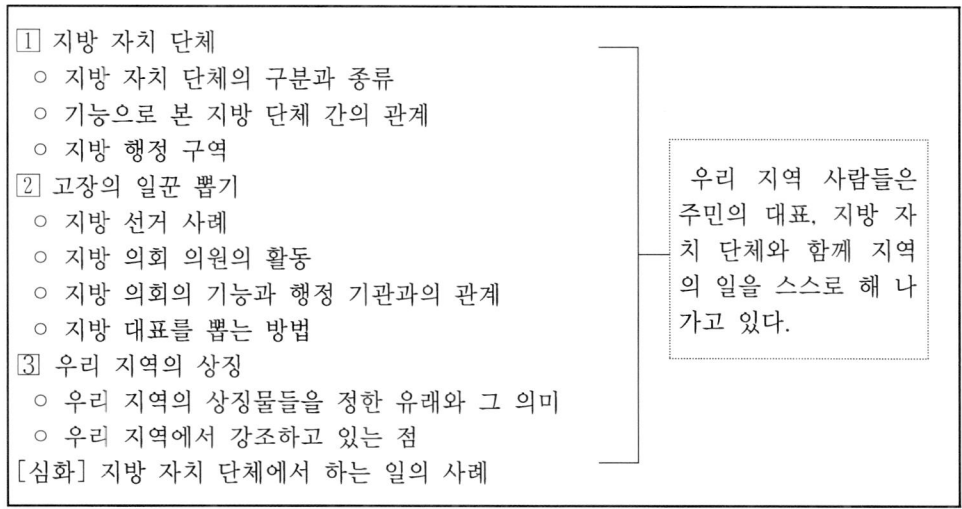

1 지방 자치 단체
 ○ 지방 자치 단체의 구분과 종류
 ○ 기능으로 본 지방 단체 간의 관계
 ○ 지방 행정 구역
2 고장의 일꾼 뽑기
 ○ 지방 선거 사례
 ○ 지방 의회 의원의 활동
 ○ 지방 의회의 기능과 행정 기관과의 관계
 ○ 지방 대표를 뽑는 방법
3 우리 지역의 상징
 ○ 우리 지역의 상징물들을 정한 유래와 그 의미
 ○ 우리 지역에서 강조하고 있는 점
[심화] 지방 자치 단체에서 하는 일의 사례

우리 지역 사람들은 주민의 대표, 지방 자치 단체와 함께 지역의 일을 스스로 해 나가고 있다.

(2) 지역 사회의 문제와 해결

이 주제에서는 지역 사회의 문제를 둘러싸고 주민들 간에 갈등이 있을 수 있다는 것을 깨닫게 한다. 3학년에서는 주민들이 모두 힘을 합쳐 고장의 발전을 위해 노력한다는 것을 강조하였다면, 4학년에서는 주민들의 의견이 일치하지 않을 수도 있음을 깨닫게 하는 것이다. 이 주제는 기본적으로 지역 사회의 문제를 해결해 가는 과정을 습득시키려는 주제이므로, 대립 속에서도 서로 의견을 조정하여 최선의 의견을 만들어 가는 과정을 강조해야 한다. 심화 과정에서는 학습 범위를 넓혀, 고장과 고장 사이 혹은 시·도 사이의 문제는 어떠한 과정을 거쳐 해결하는지에 대해 조사하게 할 수 있다.

```
① 지역 사회의 문제
  ○ 지역 사회의 문제 사례
  ○ 지역 사회 문제가 발생하는 원인
② 서로 다른 해결책
  ○ 지역 사회 문제 해결에 대한 의견이 서로 다른
    사례
  ○ 지역 사회 ㅣ문제 해결에 대해 서로 다른 의견
    이 나오는 원인
③ 서로 다른 해결책을 조정하는 과정
  ○ 더 좋은 의견을 찾아 낸 사례
  ○ 서로 다른 의견을 조정한 사례
  ○ 서로 다른 의견 조정에서의 시·도청의 역할
[심화] 시·군, 시·도간의 현안과 그것을 해결한
        과정
```

> 우리 고장이나 우리 시·도 사람들은 서로 의견을 달리하는 여러 문제를 해결하기 위해 시청이나 도청의 협력을 받으며 의견을 조정하고 있다.

(3) 우리 지역의 앞날

이 주제에서는 지역의 미래의 모습을 예상해 보게 한다. 3학년 때보다는 더 체계적으로 다루어야 하므로, 시·도청에서 세운 발전 계획을 알아보고, 어떻게 하면 우리 지역을 더 발전시킬 수 있는가를 이해하는 것이 필요하다. 심화 과정에서는 다른 시·도의 계획과 우리 시·도의 계획을 비교해 보게 할 수 있다.

1 주민들이 생각하는 우리 지역의 앞날
  ○ 주민들이 생각하는 우리 지역의 앞날의 모습
  ○ 설문 조사(앙케트)의 수행
2 우리 지역의 앞날의 모습
  ○ 앞으로 발전시켜야 할 산업
  ○ 미래의 우리 지역의 환경
  ○ 오늘날과 미래 모습의 차이
3 지방 자치 단체에서 세운 우리 지역의 발전 계획
  ○ 지방 행정 기관에서 세운 계획
  ○ 지방 행정 기관에서 세운 계획의 보완
  ○ 우리 지역의 앞날의 모습을 지도에 나타내기
[심화] 각 지역의 특징에 따른 지역 발전 계획의 비교

> 우리 지역의 주민들은 미래에 대한 꿈을 가지고 있으며, 각급 지방 행정 기관에서는 그 꿈을 실현하기 위해 주민들과 함께 노력하고 있다.

3. 옛 도읍지와 문화재

1) 단원 설정의 취지

이 단원은 옛 도읍지와 박물관, 문화재를 소재로 하며, 1차적으로는 시·도 지역의 역사적·문화적 배경을 이해하고, 2차적으로는 우리나라 역사 발전의 큰 흐름을 파악하도록 하기 위하여 나라 이름과 국가 성립 순서 파악에 주안점을 두고 있다. 아울러, 옛 도읍지의 문화재와 박물관을 통해 지역의 문화재를 파악하는 가운데 우리나라 문화에 대한 관심과 자긍심을 가지도록 하는 데 목표를 두고 있다. 따라서 역사 지도와 연표를 읽고 해석하는 능력과 문화 유적이나 박물과 등을 견학, 조사하는 현장 학습 능력을 기르고, 아울러 향토와 지역 사회에 대한 관심 및 참여 태도 함양에 중점을 두어 지도한다.

2) 단원의 목표

○ 옛 도읍지의 유래를 통하여 우리나라 여러 왕조의 이름과 위치, 여러 나라
가 일어난 순서를 파악한다.
○ 박물관과 문화재를 통하여 우리 고장 선조들의 생활 모습과 문화를 이해한다.
○ 우리나라 여러 왕조와 도읍지를 연표와 역사 지도에서 읽고 나타낼 수 있다.
○ 우리 고장의 귀중한 문화재에 관심을 가지고 보호하려는 마음을 가진다.

3) 주제별 지도 관점 및 요소

(1) 옛 도읍지를 통해 본 나라들

이 주제는 옛 도읍지의 유래를 통하여 우리나라 여러 왕조의 이름과 위치,
성립 순서를 이해하게 하는 데 주안점이 있다. 또, 연표와 역사 지도의 쓰임을
익히고, 우리 겨레의 문화유산이 집중적으로 전해 오는 옛 도읍지의 문화적 특
징과 관광 산업에 대해서도 파악하게 된다.

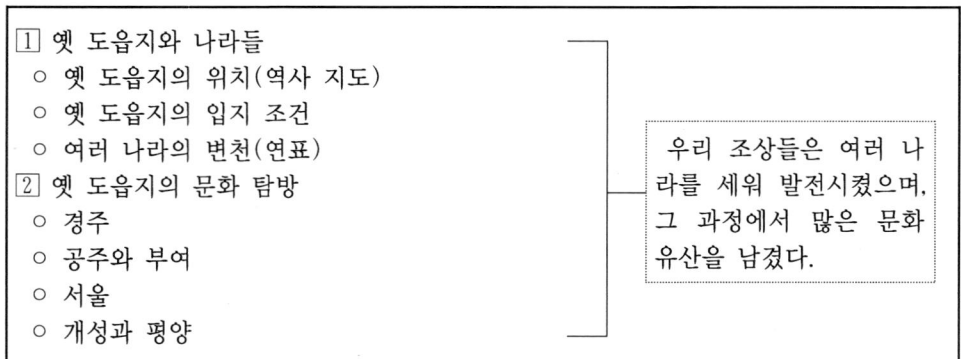

(2) 박물관과 문화재

이 주제는 박물관과 문화재의 개념 이해에 주안점을 두고 각 지역의 문화유
산을 집대성하고 있는 여러 박물관을 사례로 하여 박물관의 종류와 기능을 파
악하고, 문화재의 개념과 유형에 대해 학습하게 된다. 박물관과 문화 유적에 대
한 현장 학습을 경험하는 것이 좋고, 특정 문화재를 재현해 보는 '만들기 활동'
도 할 수 있다.

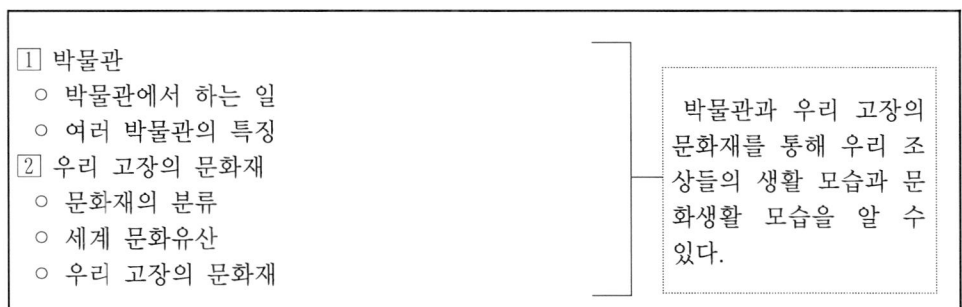

① 박물관
　○ 박물관에서 하는 일
　○ 여러 박물관의 특징
② 우리 고장의 문화재
　○ 문화재의 분류
　○ 세계 문화유산
　○ 우리 고장의 문화재

박물관과 우리 고장의 문화재를 통해 우리 조상들의 생활 모습과 문화생활 모습을 알 수 있다.

4. 사회 변화와 가정생활

1) 단원 설정의 취지

이 단원은 사회의 기본적 단위인 가정의 특징을 이해하고, 화목한 가정생활
의 중요성을 깨닫게 하려는 단원이다. 먼저, 반 학생들의 가정에 대한 조사 결
과나 주위의 가정에 대한 관찰 결과를 통하여 현대 가정의 다양성을 파악하고,
이를 전통적인 가정 형태와 비교해 보게 한다. 또, 가족 구성원의 역할에서 변
화된 것과 그렇지 않은 것을 찾아봄으로써 화목한 가정을 위해 필요한 각자의

역할을 깨닫게 한다. 나아가, 가정의 경제생활의 특징을 알아 기초적인 소비 능력을 가지도록 하고, 건전한 취미·여가 생활은 개인의 자아 발전과 원만한 가정생활에 필요한 것임을 깨닫게 한다.

2) 단원의 목표

○ 현대 가정생활의 특징과 다양성을 이해한다.

○ 전통적인 가정생활과 가정 형태가 오늘날에 와서 달라진 점을 파악한다.

○ 가정의 화목을 위해 필요한 가족 구성원들의 역할을 알고, 각자의 역할을 다하려는 태도를 가진다.

○ 생활 속에서 선택의 필요와 그 중요성, 가계에서의 소득과 소비, 저축의 바른 관계를 이해한다.

○ 가계를 중심으로 선택, 소비, 저축에 관한 경험 사례와 정보 자료를 수집하여 분석한다.

○ 물자와 용돈을 절약하고, 저축을 실천하는 태도를 가진다.

○ 조상들의 취미·여가 생활의 내용을 알고, 그러한 취미·여가 생활의 의미를 깨닫는다.

3) 주제별 지도의 관점 및 요소

(1) 다양해지는 가정생활

이 주제에서는 주위의 가정을 관찰·조사하고, 현대의 가정생활을 전통적인 가정생활과 대비해 보게 하여 가정생활의 변화 경향과 그 특징을 파악하게 하는 데 중점을 둔다. 특히, 남녀 간의 역할과 세대 간 역할 관계의 변화 경향 중에서 기초적 사항을 파악하게 하되, 급격한 변화 경향을 나타내는 특이한 사례를 다루기보다는 점진적인 변화를 나타내는 사례에 접근하게 한다. 가족 간의 화목에 대해서는 덕목 주입보다는 구성원들 사이의 역할 관계와 관련시켜 지도함으로써 각자의 역할을 다하는 것이 중요함을 깨닫게 한다. 심화 과정에서는 부부간의 평등한 역할이 드러난 사례 등 긍정적인 측면이 부각되는 가족 구성원의 역할에 관한 역할놀이를 할 수 있다.

① 가정의 형태와 그 변화 ○ 가정의 의미 ○ 가정의 형태와 그 다양성 ○ 가정 형태의 변화 경향 ② 바람직한 가정생활 ○ 가족 구성원들이 하는 일과 그 특징 ○ 남녀의 역할과 그 변화 경향 ○ 가족 구성원의 바람직한 역할 ○ 가정에서의 성장 과정과 인격 형성과의 관계 ○ 가훈을 통해서 본 각 가정의 지향점 [심화] ○ 가족 구성원 간의 관계에 관한 사례 조사 ○ 가옥의 구조와 가족 구성원 간의 관계   가정생활의 형태나 가족 구성원들의 역할은 변화하고 있으나, 가족 구성원 간의 화목은 언제나 중요하다.

(2) 가정의 살림살이

이 주제에서는 가정생활 속에서 경험할 수 있는 일상적인 생활 경제의 모습과 그 특징에 초점을 맞추어 경제의 기본 개념과 원리를 이해하게 하고, 합리적 경제 행위의 요소인 경제 문제에 대한 판단력과 분석력, 실천력을 기르는데 주안점을 둔다. 따라서 여러 가정의 일상적인 경제생활 사태와 문제들을 사례 형태로 도입하여 분석, 비교, 해석하는 기능을 함양하는 데 유념해야 한다.

심화 과정에서는 친구들의 용돈 수입과 지출 내용을 조사하여 건전하고 계획적인 소비의 실천 사례를 찾아본다.

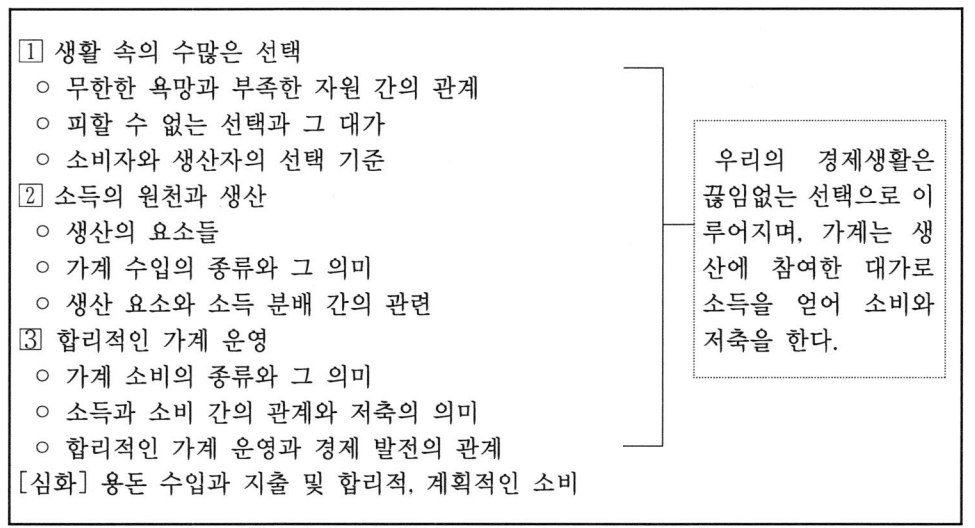

① 생활 속의 수많은 선택
　○ 무한한 욕망과 부족한 자원 간의 관계
　○ 피할 수 없는 선택과 그 대가
　○ 소비자와 생산자의 선택 기준
② 소득의 원천과 생산
　○ 생산의 요소들
　○ 가계 수입의 종류와 그 의미
　○ 생산 요소와 소득 분배 간의 관련
③ 합리적인 가계 운영
　○ 가계 소비의 종류와 그 의미
　○ 소득과 소비 간의 관계와 저축의 의미
　○ 합리적인 가계 운영과 경제 발전의 관계
[심화] 용돈 수입과 지출 및 합리적, 계획적인 소비

우리의 경제생활은 끊임없는 선택으로 이루어지며, 가계는 생산에 참여한 대가로 소득을 얻어 소비와 저축을 한다.

(3) 취미와 여가 생활

이 주제에서는 가족의 취미·여가 생활에 대하여 파악하게 하여, 건전한 취미·여가 생활은 우리의 자아실현과 밀접한 관련이 있다는 것을 깨닫게 한다. 또, 조상들의 여가 생활에 대해서 사군자 등 양반 계층의 여가 활동과 탈춤 등 상민들의 여가 활동을 다루되, 이러한 구분보다는 모두 나름대로의 기능이 있었다는 데에 중점을 둔다. 옛날 아이들의 놀이도 오늘날의 놀이와 비교하여 흥미를 가지도록 하고, 반 아이들의 취미·여가 활동은 학생들 스스로 조사하게 하여 사회 조사법의 기초 능력을 기르도록 한다. 심화 과정에서는 외국 아이들의 놀이를 통하여 문화의 다양성을 깨닫게 할 수 있다.

① 여러 가지 취미·여가 생활
  ○ 취미·여가 생활의 종류와 독특한 취미·여가 생활
  ○ 어린이들의 놀이의 종류와 특징
  ○ 어린이들 놀이의 변화 경향
② 조상들의 취미·여가 생활
  ○ 놀이 장소로 본 조상들의 취미·여가 생활
  ○ 사회 계층으로 본 조상들의 취미·여가 생활
  ○ 부녀자들의 취미·여가 생활
③ 바람직한 취미·여가 생활
  ○ 취미·여가 생활의 좋은 점
  ○ 나의 취미·여가 생활
[심화] 외국 아이들의 취미·여가 생활 조사

> 취미·여가 생활을 통하여 삶의 보람을 찾을 수 있으며, 우리 조상들은 여러 가지 여가 생활을 즐겼다.

5 학년

(1) 5학년 내용의 개관

5학년의 내용도 지역 확대의 원칙에 따라, 우리나라를 범위로 하여 각기 다른 측면에서 학습되어야 할 내용들로 구성되었다. '우리 국토의 모습'과 '여러 지역의 생활'은 지리적 관점으로 다루어질 내용이고, '세계 속의 우리 경제'는 경제적 관점에서 우리나라를 이해시켜야 하며, '우리 겨레의 생활 문화'는 역사적 관점, 특히 문화사적 관점에 문화 인류학적 관점을 가미하여 우리 겨레의 전통을 되새겨 보아야 할 내용이다. 또, '여러 지역의 생활'은 사회학적 관점을 가미하여 다룰 수 있고, 나머지 세 단원에는 STS 교육을 도입해 볼 만한 주제들이 설정되어 있다. 따라서 5학년의 내용은 전체적으로 다양한 학문 영역의 관점을 가지고 접근해야 할 내용들이라고 할 수 있다.

　내용의 전체적 구조를 보면, 먼저 우리의 삶의 터전인 국토 환경의 특징과 변화를 다루고, 이어서 사람들의 공간적 생활양식의 두 유형인 도시와 촌락의 생활 모습을 다루게 된다. 국토의 자연 환경이나 도시와 촌락의 생활은 산업, 경제, 과학, 기술, 문화, 종교 등에 영향을 주는 바탕이 되므로, 이러한 바탕 위에서 이루어지는 경제 발전과 산업 활동, 과학·기술, 문화와 종교를 이해할 수 있는 내용들이 선정, 조직된 것이다.

(2) 5학년 사회과의 목표(예시)

㈎ 우리나라의 자연 환경과 인구 및 국토 개발 모습을 파악하고, 우리나라의 도시와 촌락의 특징 및 상호 의존 관계를 이해한다.

㈏ 우리나라의 경제 발전 모습과 정보화 시대의 변모하는 산업 활동을 파악하고, 우리의 산업 경제 발전을 위한 여러 가지 과제를 파악한다.

㈐ 과학 기술의 발달이 우리 겨레의 생활 문화에 끼친 영향을 파악하고, 농경 생활을 기초로 한 우리 민족의 공동체 의식이 현대 사회에서 가지는 의미를 이해한다.

㈑ 자연 환경과 산업 경제 활동에 관한 각종 지도와 도표 등을 바르게 읽고 작성하며, 갈등적인 여러 문제에 대해 합리적 결정을 할 수 있는 기초적 능력을 기른다.

㈒ 국토 환경을 소중히 여기고 보전하려는 마음과 경제 발전에 이바지하려는 태도를 가지며, 겨레의 슬기와 멋에 대한 자긍심을 가진다.

(3) 5학년의 단원별 내용

1. 우리 국토의 모습

1) 단원 설정의 취지

이 단원은 우리나라의 자연 환경과 인구, 산업 활동 등에 관한 주요 사실, 현상, 특징을 파악하고, 사람들은 지형과 기후에 어울리는 의식주 생활을 하면서 산업 활동을 이루어 오고 있으며, 자연 환경과 자원의 효율적 이용, 국토의 균형적인 발전, 환경 보전을 위해 노력하고 있는 모습을 이해하게 하는 내용으로 구성되었다. 따라서 우리나라에 관한 여러 가지의 사정을 지도, 그래프, 도표로 나타내고, 그러한 자료에서 각 지역에 대한 정보를 읽어 내는 도해 기능을 기르며, 산업 활동의 입지 선정, 지역의 문제 해결 방법 등에 관하여 민주적인 의사 결정을 할 수 있는 기능을 기른다. 나아가, 고장과 국토를 사랑하는 마음을 가지고, 일상생활에서 고장과 국토의 문제 해결을 위하여 노력하는 태도를 가지게 한다.

2) 단원의 목표

○ 우리나라의 자연 환경과 인구, 산업 활동 등에 관한 주요 사실, 현상, 특징을 파악한다.

○ 우리나라 사람들은 지형과 기후에 어울리는 의식주 생활과 산업 활동을 해 오고 있다는 것을 이해한다.

○ 우리나라의 자연 환경과 자원의 효율적 이용, 국토의 균형 있는 발전, 환경

보전을 위해 노력하고 있는 모습을 파악한다.

○ 우리나라의 여러 가지 사정들을 지도, 그래프, 도표로 나타내고, 그러한 자료에서 필요한 정보를 읽어 낼 수 있다.

○ 우리나라의 의식주 생활, 인구의 분포, 산업 활동을 자연 환경의 특성 및 그 이용과 관련지어 파악할 수 있다.

○ 산업 활동의 입지 선정, 지역의 문제 해결 등의 과정에서 민주적인 의사 결정을 할 수 있다.

○ 고장과 국토를 사랑하는 마음을 가지고, 일상생활에서 고장과 국토의 문제 해결을 위하여 노력하려는 마음을 가진다.

3) 주제별 지도의 관점 및 요소

(1) 우리나라의 자연 환경과 생활

이 주제에서는 우리나라의 지형과 기후를 의식주 생활, 인구 분포, 교통 및 산업 발전과 관련지어 체계적으로 파악하게 한다. 또, 우리 겨레의 의식주 생활 중에서 자연 환경을 슬기롭게 이용한 사례의 학습을 통하여 인간 생활과 자연 환경 간의 관계를 이해하게 한다. 심화 과정에서는 자연 환경을 슬기롭게, 적극적으로 이용하는 사례에 대한 학습을 통하여 자연 환경과 인간 간의 관계를 파악하게 한다.

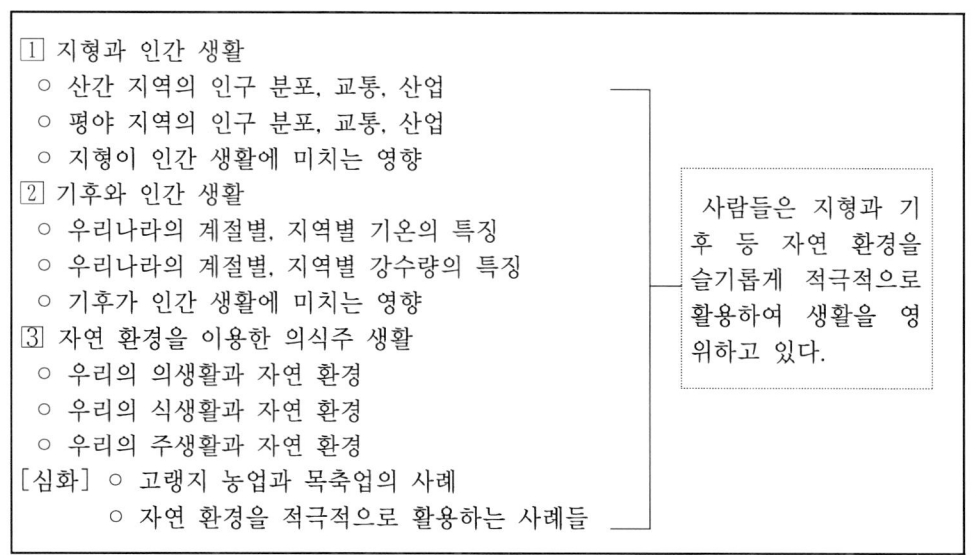

① 지형과 인간 생활
  ○ 산간 지역의 인구 분포, 교통, 산업
  ○ 평야 지역의 인구 분포, 교통, 산업
  ○ 지형이 인간 생활에 미치는 영향
② 기후와 인간 생활
  ○ 우리나라의 계절별, 지역별 기온의 특징
  ○ 우리나라의 계절별, 지역별 강수량의 특징
  ○ 기후가 인간 생활에 미치는 영향
③ 자연 환경을 이용한 의식주 생활
  ○ 우리의 의생활과 자연 환경
  ○ 우리의 식생활과 자연 환경
  ○ 우리의 주생활과 자연 환경
[심화] ○ 고랭지 농업과 목축업의 사례
      ○ 자연 환경을 적극적으로 활용하는 사례들

> 사람들은 지형과 기후 등 자연 환경을 슬기롭게 적극적으로 활용하여 생활을 영위하고 있다.

(2) 환경 보전을 위한 노력

이 주제에서는 우리나라의 주요 자연 재해, 도시화와 산업화로 인한 환경 파괴와 오염 문제를, 미래지향적이면서도 균형적인 국토 개발의 필요성과 관련지어 학습한다. 나아가, 혐오 시설 설치 장소 선정을 둘러싼 지역 간의 갈등, 자원의 개발 및 국토 개발의 사례를 통하여 민주적 의사 결정의 중요성을 깨닫게 한다. 심화 과정에서는 자원 고갈에 대한 예측을 중심으로 자원의 중요성을 이해하게 한다.

```
┌─────────────────────────────────────────────────────────────────┐
│ ① 우리나라의 자연 재해                                              │
│   ○ 자연 재해의 종류                                               │
│   ○ 주요 발생 지역과 발생시기, 피해         ┌─────────────────┐  │
│ ② 환경 문제와 환경 보전                        │ 자연 재해와 인구의 │  │
│   ○ 도시화, 산업화로 인한 환경오염과 환경 파괴  │ 증가, 도시화, 산업화에│  │
│   ○ 균형적, 환경 친화적인 국토 개발의 필요성    │ 따라 발생하는 환경 문 │  │
│ ③ 환경 보전과 민주적 의사 결정                  │ 제를 해결하고, 쾌적한 │  │
│   ○ 혐오 시설 설치 장소 선정에 관련된 갈등 사례  │ 국토를 가꾸기 위해서 │  │
│   ○ 민주적 의사 결정 과정의 중요성              │ 는 균형적이며 환경 친 │  │
│ ④ 국토 개발 계획                              │ 화적인 국토 개발이 이 │  │
│   ○ 국토 개발 사업의 목적, 내용, 효과, 유의점   │ 루어져야 한다.       │  │
│   ○ 국토 개발 사업 사례                        └─────────────────┘  │
│ [심화] ○ 자원 고갈과 미래의 삶                                      │
│        ○ 자원 절약과 환경 보전의 중요성                              │
└─────────────────────────────────────────────────────────────────┘
```

2. 여러 지역의 생활

1) 단원 설정의 취지

이 단원은 우리나라의 도시와 촌락의 생활 모습을 파악하고, 도시와 촌락은 각각 독특한 입지 조건과 분포 및 기능적인 특징을 지니고 상호 보완적인 관계 속에서 발전하고 있다는 것을 이해하는 내용으로 구성되어 있다. 따라서 도시와 촌락에 대한 사례 지역 탐구 계획을 수립하여 실행함으로써 도시와 촌락의 성격 및 사람들의 생활 모습을 파악하게 하는 데 취지를 둔다.

2) 단원의 목표

○ 도시와 촌락의 생활 모습에 관련된 사실, 현상, 특징을 파악한다.

○ 도시와 촌락들이 가지고 있는 복합적인 문제를 해결하기 위해 지역 개발이
   필요함을 인식한다.

○ 도시와 촌락은 각각의 입지 조건과 분포 및 기능적인 특징을 가지고 있으
   며, 상호 보완적인 관계를 가지고 있음을 이해한다.

○ 도시와 촌락에 대한 지역 탐구 계획을 수립하고, 이를 실행할 수 있다.

○ 우리나라 여러 지역의 발전과 개발에 관심을 가진다.

3) 주제별 지도의 관점 및 요소

(1) 도시 지역의 생활

이 주제에서는 우리나라의 도시 분포와 도시화 과정의 특징을 파악하고, 인
구의 밀집, 환경의 파괴와 오염 등 복합적인 도시 문제를 이해하게 한다. 각 지
역의 주요 도시와 수도권의 도시를 사례로 하여 구체적인 학습을 전개하도록
하고, 특히 도시와 촌락 지역의 상호 보완적 관계의 파악을 강조한다. 심화 과
정에서는 도시의 입지 요인과 주민 생활 모습, 문제점 등에 대한 사례 연구를
계획하고 실천하는 기능을 기른다.

① 우리나라의 도시화
 ○ 도시 수, 도시 인구 증가
 ○ 도시 분포의 유형
 ○ 도시화의 과정
② 도시 가족의 사례 연구
 ○ 가족 구조 변화 및 이사
 ○ 인구 문제
 ○ 도시 문제(교통난, 주택 문제)
 ○ 환경 문제
③ 도시 문제의 성격
 ○ 수도권의 도시 문제
 ○ 도시 문제의 해결을 위한 방법
[심화] 도시의 입지 요인, 생활 모습, 문제점 등에 대
     한 사례 연구

도시는 편리한 생활을 제공하는 한편, 인구의 밀집, 교통난, 주택 문제, 환경 문제 등 복합적인 문제를 일으킨다.

(2) 촌락 지역의 생활

이 주제에서는 자연 환경과 교통, 대도시에의 접근도 등과 관련한 촌락의 입지와 기능 및 산업 활동, 생활 모습 등을 살펴봄으로써 촌락의 지역성을 파악하게 한다. 특히, 촌락 지역 개발 사업의 의미를 국토의 균형적 발전 및 도시와 촌락 지역의 상호 보완적 관계에서 파악하도록 한다. 심화 과정에서는 촌락의 실태와 생활 모습, 문제점과 그 해결 방법 등을 소재로 하여 사례 연구의 기능을 향상시킬 수 있다.

> ① 우리나라 촌락의 입지와 기능
>   ○ 자연 환경 조건
>   ○ 교통과 대도시에 대한 접근도
> ② 우리나라 촌락의 생활 모습
>   ○ 촌락의 산업 활동과 생활 모습
>   ○ 농촌, 어촌, 산지촌
> ③ 촌락의 지역 개발 사업
>   ○ 촌락과 도시 간의 상호 의존
>   ○ 촌락의 문제와 지역 개발 사업의 필요성, 사례
> [심화] 촌락의 생활 모습, 문제점과 해결 방법 등에 대
>   한 사례 연구

농·임·어업 등 1차 산업 활동이 이루어지고 있는 촌락은 도시와 상호 의존 관계를 맺고 있으며, 국토의 균형적 발전을 위하여 촌락의 지역 개발이 필요하다.

3. 세계 속의 우리 경제

1) 단원 설정의 취지

이 단원은 가계, 기업, 정부 등 경제 주체들의 노력으로 우리 경제가 성장, 발전해 온 개략적인 과정과 발전 요인을 이해시키고, 개방화·정보화 시대의 우리 경제가 창의적, 진취적인 활동으로 세계 여러 지역과의 경쟁과 협력 속에서 발전해 나가야 한다는 것을 인식시키고자 설정하였다. 이 단원을 통한 경제 영역 학습으로 7~10학년 경제 학습의 기초가 마련된다. 5학년의 다른 단원에서 다루어지는 환경 보전, 도시와 촌락, 우리 조상들의 과학 기술 등의 학습 내용은 우리나라의 경제적 과제 파악과 미래 전망에 통합적으로 관련시킬 만한 내용들이다.

2) 단원의 목표

○ 우리나라 경제 제도의 특징과 성장, 발전의 과정을 개략적으로 이해한다.

○ 재화와 용역의 구분에 따른 산업의 종류를 이해한다.

○ 경쟁력의 주요 요소인 정보와 지식이 더욱 중요해지고 있다는 것을 이해한다.

○ 기술 개발의 중요성이 더욱 높아지고 있는 이유를 이해한다.

○ 경쟁력의 주요 요소인 정보와 지식이 더욱 중요해지고 있다는 것을 이해한다.

○ 기술 개발의 중요성이 더욱 높아지고 있는 이유를 이해한다.

○ 우리나라의 산업과 경제에 관한 각종 통계와 도표, 기사문 등을 읽고 해석한다.

○ 기술 개발이나 창의적 사업 운영 사례에 흥미와 관심을 가진다.

3) 주제별 지도의 관점 및 요소

(1) 우리나라의 경제 성장

이 주제에서는 우리 경제가 성장, 발전해 온 개략적인 과정을 다루면서, 경제 생활의 향상 모습과 각 경제 주체들이 공헌한 점을 지도해야 한다. 경제 성장의 단계와 그 모습을 살피는 데 주안점을 두면 지식 위주의 학습에 그치게 되나, 경제 주체들의 노력과 경제 성장에 따른 생활의 변화에 주안점을 두면 필요한 개념과 원리들을 다루게 되고 경제 현상과 문제에 관한 사고의 기회가 마련되며, 통계와 도표, 사진, 지도 등 관련 정보 · 자료의 수집 활용 능력을 기를 수 있다. 심화 과정에서는 우리나라가 IMF의 자금 지원을 받게 되었던 이유 이외에도 우리나라의 경제 성정에 크게 공헌하고 있는 기업의 활동, 지역 개발 사업의 목적과 효과, 문제점 등을 탐구할 수도 있다.

```
┌─────────────────────────────────────────────────────────────────┐
│ ① 우리나라 경제 제도의 특성                                          │
│  ○ 개인 재산 인정과 이윤 추구                                       │
│  ○ 경제 활동의 자유와 경쟁                                         │
│  ○ 세계로 향한 개방 경제                    ┌──────────────┐       │
│ ② 우리 경제가 성장해 온 모습               │ 우리 경제는 자유 시 │       │
│  ○ 우리나라 경제 성장의 어려운 여건들       │ 장 경제의 틀을 갖추 │       │
│  ○ 1960~1970년대와 1980년대의 경제 발전 모습 │ 고 국민과 정부의 노 │       │
│  ○ 1990년대 이후의 현실과 과제             │ 력으로 크게 성장하였 │       │
│ ③ 경제를 발전시킨 원동력                   │ 으며, 여러 과제를 안 │       │
│  ○ 경제 성장을 위한 개인, 가계의 활동       │ 고 세계와 경쟁하고   │       │
│  ○ 경제 성장을 기업의 활동과 정부의 역할     │ 있다.             │       │
│  ○ 경제 성장과 발전을 위한 과제들          └──────────────┘       │
│ [심화] 우리가 IMF의 지원을 받게 된 이유와 그 성과                     │
└─────────────────────────────────────────────────────────────────┘
```

(2) 정보화 시대의 산업 활동

이 주제는 우리 경제가 더욱 발전해 나가는 데에는 정보의 활용과 기술 개발이 더욱 중요하다는 것을 인식하도록 하는 내용으로 구성되어 있다. 따라서 생활 주변의 다양한 사례와 신문 기사 등 시사성 있는 자료를 통하여 정보 활용과 기술 개발의 효과를 이해하도록 하고, 여러 가지 기술의 진보는 생산 활동뿐만 아니라 생활 전반에 많은 변화를 가져온다는 것을 강조한다. 심화 과정에서는 우리나라의 경제가 계속 발전하기 위해서는 개인과 기업들이 어떤 일에 힘써야 하는지 토의하게 한다.

> ① 정보의 경쟁력
>   ○ 물품 구매자와 판매자의 정보 활용
>   ○ 농어민의 정보 활용 모습
>   ○ 여러 가지 생산 활동의 정보 활용 모습
> ② 기술 개발과 그 효과
>   ○ 노동 생산과 기술 생산의 효과
>   ○ 생활 속의 다양한 기술 개발
>   ○ 기업의 기술 개발과 그 효과
> ③ 기술 진보와 생활 향상
>   ○ 농·수산업의 기술 진보와 그 영향
>   ○ 여러 가지 산업에서의 기술 진보와 그 영향
>   ○ 기술 진보에 의한 생활의 변화
> ④ 세계를 선도하는 우리 기술과 산업
>   ○ 반도체 기술과 산업, 철강 산업, 자동차 산업
>   ○ 신소재 개발, 제약, 원료 개발 등
> [심화] 경제의 발전을 위해 개인과 기업이 노력해야
>   할 점

> 정보화 시대의 경제 활동에서 경쟁력을 갖추려면 정보를 잘 이용해야 하며, 기술 개발은 산업을 발달시키고 생활을 향상시킨다.

4. 우리 겨레의 생활 문화

1) 단원 설정의 취지

이 단원은 우리 조상들과 오늘날의 우리가 공유하는 '생활 문화'의 뿌리를 물질문명과 정신문화의 양면에서 이해하게 하는 데 목적이 있다. 먼저, 주변의 생활 도구들을 살펴보게 하고, 그것이 우리 조상들의 물질적, 사회적 환경과의 대응 또는 문제 해결 과정에서 만들어지고 개선되어 온 것임을 이해하게 한다. 또, 조상들의 공동체 의식과 세계관을 상징적으로 이해할 수 있는 신화와 마을 제사의 의미를 파악하고, 전통 문화의 주요 요소인 관습, 의례, 예술 활동에 미

친 종교의 영향을 파악하도록 한다.

2) 단원 목표

○ 생활 도구를 사례로 하여 과학 기술의 발달과 생활의 변화와의 관계를 인식한다.
○ 건국 이야기나 마을 제사의 의미를 조사하여 그 속에 담긴 우리 겨레의 세계관이나 공동체 의식을 이해한다.
○ 우리 겨레의 관습·의례·예술과 종교와의 관련성을 파악한다.
○ 마을 경관과 민속 등을 현장을 찾아가 조사하는 기능을 기른다.
○ 우리 겨레의 전통 문화에 관심을 가지고 창조적으로 계승하려는 태도를 기른다.

3) 주제별 지도 관점 및 요소

(1) 생활 도구와 과학 기술

이 주제는 우리 겨레의 생활 문화의 토대로 주변의 생활 도구에서 찾아보고, 인간이 환경에 적응하고 생활상의 문제를 해결하기 위해 도구를 개발해 나아가면서 과학 기술이 발달하게 되었음을 이해하는 데 주안점을 둔다. 또, 과학적 창의성을 보여 주는 사례를 통해 우리 겨레의 과학 문화유산을 이해하게 한다. 따라서 실물 학습과 문제 해결식 토의 학습을 전개하는 데 힘쓰도록 한다.

> ① 의식주 생활 도구와 조상의 슬기
>   ○ 의식주 생활 도구의 조사
>   ○ 의식주 생활 도구와 자연 환경과의 관련
> ② 우리 겨레의 과학 문화유산
>   ○ 우리 겨레의 뛰어난 과학 기술 사례
>   ○ 과학 기술과 생활 모습의 관련
> [심화] 생활 도구에 담긴 조상들의 과학 기술과 슬기

우리 겨레는 자연 환경에 알맞은 생활 도구를 만들어 사용하였고, 뛰어난 슬기로 과학 기술면에도 큰 업적을 남겼다.

(2) 마을 제사와 종교 생활

이 주제는 우리 겨레의 생활 문화의 일부로서 전해 오는 건국 이야기와 마을 제사, 두레를 통해 문화와 전통의 의미를 이해하고, 우리 겨레의 관습·의례·예술 활동에 끼친 종교의 영향을 파악하는 데 주안점을 둔다. 우리 겨레의 민속 신앙이나 여러 종료를 신앙의 차원에서 강조하기보다는 생활 문화로서 이해할 수 있도록 지도하는 데 유의할 필요가 있다.

> ① 건국 이야기와 민족정신
>   ○ 건국 이야기
>   ○ 건국 이야기에 담긴 정신
> ② 마을 제사와 두레
>   ○ 마을의 모습
>   ○ 마을 제사의 뜻
>   ○ 두레와 협동 정신
> ③ 민속·예술과 종교
>   ○ 여러 가지 종교
>   ○ 종교가 우리 겨레에 생활과 예술에 미친 영향
> [심화] ○ 민속 신앙의 긍정적, 부정적 측면에 대한
>   토의
>   ○ 종교와 공동체 생활의 관계 토의하기

우리 겨레의 관습·의례·예술 활동은 종교와 밀접한 관련이 있고, 공동체 의식은 마을 제사와 두레를 통해 계승되고 있다.

6 학년

(1) 6학년 내용의 개관

6학년의 내용은 우리 겨레, 우리나라의 성장·발전 과정 및 우리 문화의 특색, 우리나라의 근대화 과정, 대한민국의 발전, 그리고 우리나라와 지구촌 사회와의 관계를 다루는 4개의 단원으로 구성되어 있다.

'우리 겨레, 우리나라', '새로운 사회·문화로 가는 길'의 두 단원에서는 우리 민족의 역사와 문화를 역사적 인물과 주요 사건을 중심으로 파악할 수 있도록 구성하였고, '우리나라의 민주 정치'에서는 민주주의 제도와 신념을 일상생활 속에서 참여를 통해 이해하도록 하였으며, '함께 살아가는 세계'에서는 우리와 관계 깊은 나라를 중심으로 한 지구촌 사회의 문제와 우리 민족의 과제를 문제 해결의 관점에서 파악하게 하였다.

따라서 6학년 사회과 내용은 현대 사회의 과학적 인식을 위한 역사적, 지리적 기초를 학습하고, 이를 토대로 오늘의 우리 사회와 지구촌 사회의 문제를 탐구하는 학습 경험을 제공하고 있다.

(2) 6학년의 사회과 목표(예시)

(가) 우리 민족의 성립, 발전, 변화 과정과 각 시대의 특징을 여러 분야에서 활약한 인물을 중심으로 이해한다.

(나) 근대 이후 우리 민족이 겪은 시련과 대의 항쟁을 파악하여 민족의 자주와 독립, 통일의 역사적 의의를 이해한다.

(다) 광복 이후 우리나라의 발달 과정을 파악하고, 헌법에 나타난 국민의 기본권과 민주 정치 조직의 기초 원리를 이해한다.

㈜ 세계 여러 나라가 지구촌화하고 있는 모습과 우리나라와 세계 여러 나라와의 관계를 이해하고, 통일을 위해 우리가 해야 할 일을 파악한다.

㈐ 지도, 연표, 도표 등의 다양한 자료를 이용하여 정보를 수집·분석하고, 문제를 합리적으로 해결하며, 공동생활에 참여하여 다른 사람과 어울려 생활할 수 있는 기초적 능력을 기른다.

㈑ 조상들의 업적과 문화재에 긍지를 가지며, 일상생활 속에서 민주적인 태도를 습관화하고, 국가 발전에 기여함은 물론 세계 여러 나라 사람들과 협력하며 살아가는 태도를 가진다.

(3) 6학년의 단원별 내용

1. 우리 겨레, 우리나라

1) 단원 설정의 취지

이 단원은 우리 조상들이 이룩해 온 근대 이전까지의 역사를 민족의 형성과 국가의 성장, 문화의 발전, 외침의 격퇴 등의 주제를 중심으로 살펴보고, 역사상의 주요 인물에 대한 학습을 통해 그 시대의 발전과 문화의 특성을 파악하게 하는 데 목적이 있다. 인물 학습을 강조하는 것은 인물의 '이야기'를 통해 역사적 사실에 흥미를 가지게 할 수 있기 때문이다. 그 인물이 활동하던 시대의 성격과 문화에 대한 이해를 돕기 위해 전기(傳記), 연표, 역사 지도, 유적·유물 등의 자료를 활용하고, 이를 통해 역사적 변화의 인과 관계를 파악하는 능력을 기르며, 조상들의 나라 사랑하는 마음을 본받게 한다.

2) 단원 목표

○ 나라를 세우고 국력을 떨친 역사적 인물들의 업적을 조사하는 가운데 역사
  상의 여러 왕조의 이름과 특색을 이해한다.
○ 외적의 침입으로부터 나라를 지키면서 민족의 자주성과 창조성을 문화 발전
  으로 나타낸 우리 역사의 특색을 이해한다.
○ 우리나라의 성립 과정과 발전 과정을 연표를 통해 이해하고, 주요 사실을
  연표에 나타낸다.
○ 민족 문화의 해외 전파 및 우수한 민족 문화재에 관한 자료를 수집, 분석한다.
○ 조상들이 남긴 문화유산을 보호하고, 이를 창조적으로 계승·발전시키려는
  태도를 가진다.

3) 주제별 지도 관점 및 요소

(1) 나라를 일으킨 조상들

이 주제는 우리 겨레의 기원과 우리나라의 형성·발전 과정을 조상들의 삶과
역사적 인물의 행적을 통해 이해하도록 하는 데 주안점이 있다. 선사 시대 사
람들의 삶과 문화를 파악하기 위해서는 인물사적 접근을 주로 하면서 연표, 역
사 지도 학습도 병행하도록 한다.

```
┌──────────────────────────────────────────────────────────────────┐
│ ① 선사 시대의 주민                                                  │
│   ○ 우리 겨레의 삶의 터전                        ┌─────────────────┐ │
│   ○ 선사 시대의 의식주 생활                      │ 우리 겨레는 오랜 역사 │ │
│ ② 하나로 뭉친 우리 겨레                          │ 속에서 여러 나라를 세 │ │
│   ○ 최초의 국가 고조선                           │ 웠으며, 이들 나라는 서 │ │
│   ○ 삼국의 성장                                 │ 로 경쟁하면서 국가의  │ │
│   ○ 통일 신라와 발해                            │ 기틀을 세우고 마침내  │ │
│ ③ 민족 국가의 성장                              │ 하나의 민족 국가를 이 │ │
│   ○ 민족 국가의 기틀 확립(고려)                  │ 루었다.              │ │
│   ○ 민족 국가의 발전(조선)                       └─────────────────┘ │
│ [심화] 나라를 일으킨 역사적 인물의 업적                              │
└──────────────────────────────────────────────────────────────────┘
```

(2) 문화를 빛내고 외침을 물리친 조상들

이 주제는 삼국 시대부터 고려, 조선으로 이어지면서 그 정체성이 확립된 민족 문화를 학문·예술·종교·과학 기술 분야에서 뛰어난 업적을 남긴 역사적 인물을 중심으로 살펴보고, 아울러 그 시대의 국난 극복의 역사를 개관하는 데 주안점이 있다. 이 주제에서도 인물사적 접근이 주를 이루게 되며, 국난을 극복하고 뛰어난 문화 창조를 이룩한 우리 역사 발전의 특색을 이해하도록 지도한다.

```
┌──────────────────────────────────────────────────────────────────┐
│ ① 민족 문화의 발달                                                  │
│   ○ 학문·종교·예술 면에서 뛰어난 업적을 남긴 인물                   │
│   ○ 문화재를 통해서 본 우리 겨레의 과학적 창조성 ┌─────────────────┐ │
│   ○ 우리 문화의 해외 전파                        │ 우리 조상들은 거듭되 │ │
│ ② 국난의 극복                                   │ 는 외침의 시련을 극복하 │ │
│   ○ 연표, 역사 지도에 나타난 국난의 극복 과정     │ 면서도 문화적 창조성을 │ │
│   ○ 국난 극복에 큰 공을 세운 역사적 인물          │ 발휘하여 뛰어난 문화적 │ │
│   ○ 외침을 격퇴할 수 있었던 요인                 │ 업적을 이루었다.     │ │
│ [심화] 민족 문화 발달과 국난 극복에 기여한 역사적  └─────────────────┘ │
│        인물의 생애와 업적                                           │
└──────────────────────────────────────────────────────────────────┘
```

2. 새로운 사회, 문화로 가는 길

1) 단원 설정의 취지

이 단원은 우리나라와 서구 세계의 만남이 이루어진 근대 이후의 역사를, 새로운 사상과 문화의 출현, 정치와 사회 개혁의 움직임, 근대 국가 건설을 위한 노력, 일제의 침략과 국권 회복을 위한 투쟁, 8 · 15 광복과 민주 국가의 건설 등의 주제로 나누어 살펴봄으로써 오늘날 우리 사회가 지닌 문제와 그 특성의 역사적 배경을 이해하기 위해 설정되었다. 조선 후기 이후의 역사적 사건과 주요 사실의 인과 관계를 파악하고, 역사를 현재적 관점에서 공감적으로 이해하기 위한 접근 방법으로 사료 학습, 인물 학습, 역할 놀이 학습, 문헌 조사 학습 방법이 적극적으로 활용되어야 한다.

2) 단원 목표

○ 전통적인 조선 사회가 점차 새로운 사회 · 문화로 나아가게 된 요인을 실학자들의 앞선 생각과 서민들의 사회 개혁 의지의 관점에서 이해한다.

○ 근대 이후 조상들의 자주와 독립을 위한 노력과 일제 침략에 대항한 독립전쟁이 있었기 때문에 대한민국의 성립과 발전이 가능하였음을 이해한다.

○ 역사적 인물의 생애와 업적 및 관련 사건을 연표로 나타낸다.

○ 역사적 인물과 사건을 다룬 소설, 드라마 등의 내용과 1차 사료 간에 차이가 있음을 분석한다.

○ 민주주의 사회로의 발전에 필요한 자유 · 평등 · 복지 · 정의의 가치를 존중한다.

3) 주제별 지도 관점 및 요소

(1) 국가의 부강과 국민의 복지를 위해 노력한 조상들

이 주제는 실학의 대두와 실학 정신의 영향을 이해한다는 관점에서 조선 후기의 정치, 사회, 경제 면, 문화 면을 파악하는 데 주안점이 있다. 실학자와 종교 지도자, 예술가 등의 역사적 인물을 중심으로 시대의 성격과 과제를 이해하게 하되, 역사를 움직이는 어떠한 역할 놀이를 적극 활용하도록 한다.

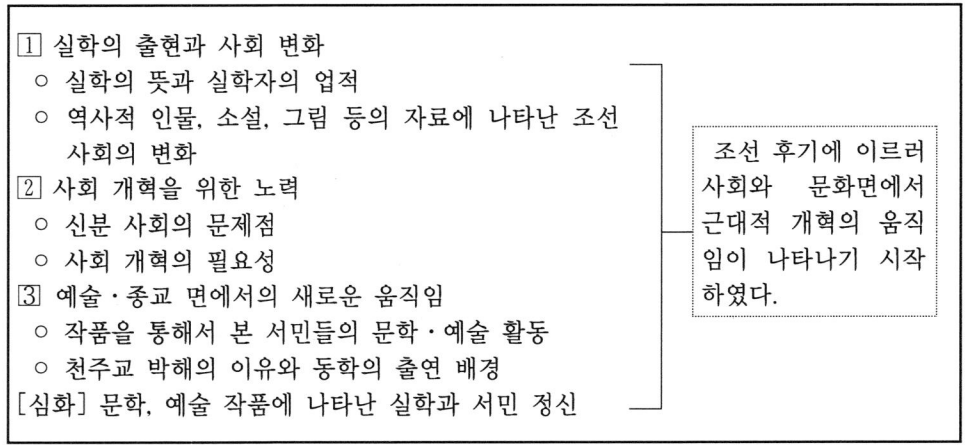

1 실학의 출현과 사회 변화
  ○ 실학의 뜻과 실학자의 업적
  ○ 역사적 인물, 소설, 그림 등의 자료에 나타난 조선
    사회의 변화
2 사회 개혁을 위한 노력
  ○ 신분 사회의 문제점
  ○ 사회 개혁의 필요성
3 예술·종교 면에서의 새로운 움직임
  ○ 작품을 통해서 본 서민들의 문학·예술 활동
  ○ 천주교 박해의 이유와 동학의 출연 배경
[심화] 문학, 예술 작품에 나타난 실학과 서민 정신

조선 후기에 이르러 사회와 문화면에서 근대적 개혁의 움직임이 나타나기 시작하였다.

(2) 자주와 독립을 위해 싸운 조상들

이 주제는 19세기 말 이후의 우리 역사를 근대 국가를 건설하기 위한 조상들의 노력과 시련, 국권 회복을 위한 항일 독립 투쟁, 8·15 광복 이후 대한민국의 발전 과정의 순으로 개관하는 데 주안점이 있다. 역사적 인물과 주요 사건을 탐구하도록 지도하고, 특히 사진, 사료 등의 자료를 적극적으로 활용하도록 한다.

① 근대화를 위한 자주적 노력
　○ 개화 운동의 의미
　○ 개항과 근대 국가 건설을 둘러싼 쟁점
② 항일 독립 전쟁
　○ 역사적 인물을 중심으로 본 독립 운동의 전개 과정
　○ 일제의 식민 통치에 대항한 우리 민족의 투쟁
③ 8·15 광복과 민주 국가 건설
　○ 민족 분단의 이유와 6·25 전쟁의 피해
　○ 정치적 지도자를 중심으로 본 대학 민국의 발전
　　과정
　○ 민족 통일의 중요성
[심화] 근대 이후의 역사적 인물 가운데 존경할 인물
　　　을 선택하여 생애와 업적을 조사하기

> 우리 민족은 근대화 과정에서 많은 시련을 극복하여 오늘의 민주 국가를 건설하였으며, 자유, 번영, 민족 통일을 이루기 위해 노력하고 있다.

---

3. 우리나라의 민주 정치

1) 단원 설정의 취지

　이 단원은 우리나라 민주 정치의 기본 원리를 이해시키기 위해 일상생활과 정치의 관계, 선거의 중요성, 입법·사법·행정부의 기본 얼개, 국민의 기본권과 준법정신 등을 다루며, 제6차 교육 과정의 5학년에서 다루었던 법에 관한 내용, 국민의 권리와 의무 등을 포괄하고 있다. 국민의 기본권과 대표를 뽑는 일의 중요함이 강조되어야 한다.

2) 단원의 목표

○ 우리들의 일상생활과 정치는 밀접하게 관련되어 있다는 것을 이해한다.
○ 선거의 중요성을 알고, 대표를 올바로 뽑는 기준을 설정할 수 있다.

○ 국회, 행정부, 법원의 구조와 기능을 개략적으로 파악한다.

○ 민주 사회에서는 사람으로서의 권리가 매우 중요하다는 것을 깨닫는다.

○ 신문 등의 자료에서 국가 기관이나 국민의 기본권에 관한 자료를 찾는다.

○ 민주 사회의 구성원으로서의 의무를 다하려는 태도를 가진다.

3) 주제별 지도의 관점 및 요소

(1) 우리들의 생활과 정치

이 주제는 우리나라 통치 기구의 기본 구조와 그 기능에 대한 것으로, 가장 강조되어야 할 점은 올바른 선거를 위한 국민으로서의 자세이므로 유권자로서 정당한 선거권을 행사할 수 있는 기초 교육이 이루어져야 한다. 입법, 사법, 행정부를 다룰 때에는 각각의 기능이나 활동을 중심으로 다루는 것이 바람직하다. 예를 들어, 대통령은 어떤 일을 한다는 설명보다는 '대통령의 하루 일과'를 살펴보는 것이 더 효과적이다. 또, 언론과 정치와의 관련을 이해시켜 언론 보도에 관심을 가지고 분석, 이용할 줄 아는 능력을 기르는 것이 중요하다. 심화 과정에서는 최근에 실시된 선거 결과를 분석할 수 있다.

---

① 일상생활과 정치
 ○ 정치의 개념
 ○ 생활과 정치의 관계
 ○ 올바른 선거의 필요성과 방법
② 나랏일을 나누어 맡은 3부
 ○ 대통령과 행정 각 부의 권한과 대립
 ○ 입법부의 기본 성격과 구조
 ○ 사법부의 기본 성격과 역할
 ○ 신문 기사에 나타난 3부의 하는 일
[심화] 투표 행태에 관한 설문 조사

정치는 우리들의 생활고 밀접한 관련이 있으며, 입법, 사법, 행정 3부에서 나누어 맡고 있다.

(2) 민주 시민의 권리와 준법정신

이 주제는 민주 시민의 권리와 의무에 대한 내용으로, 민주 사회란 모든 사람이 사람으로서의 권리를 가졌다는 데에서 출발하므로 인권의 개념에 대한 지도가 강조되어야 한다. 국민의 준법정신과 관련해서는 여러 가지 의무를 나열식으로 지도하기보다 국토방위, 납세 등 핵심적인 의무를 더 강조하여야 한다. 그러나 국민의 의무를 일방적으로 주입하는 것은 학생들의 생활 경험과 동떨어진 지도가 될 가능성이 있으므로, 일상생활과 관련시키는 방법이 효과적이다. 심화 과정에서는 기본권의 발달을 조선 시대의 신분 제도와 결부시켜 지도할 수 있을 것이다.

① 사람으로서의 권리 ○ 권리 침해 사례나 장애자를 통해서 본 인권의 개념 ○ 어린이의 권리 ② 국민의 권리 ○ 헌법의 개념 ○ 신체, 언론 · 출판 · 집회 · 결사 등의 주요 자유권 ○ 국민의 주요 권리 ③ 국민의 의무 ○ 국민의 주요 의무 ○ 주요 의무의 필요성과 의의 ○ 그 밖의 의무 [심화] 신분 제도의 비민주성	민주 사회는 사람을 존중하는 사회이며, 우리나라 헌법에서는 이를 위해 국민의 기본적인 권리와 의무를 정하고 있다.

4. 함께 살아가는 세계

1) 단원 설정의 취지

이 단원은 우리나라와 지구촌 사회 간의 정치적, 경제적, 문화적, 지리적 관계를 바탕으로 하여, 다양한 인종과 민족, 국가로 구성된 세계는 이제 하나의 '지구촌'으로 변화해 가고 있다는 것과 그 속에서의 한국의 위치와 역할, 지구촌 여러 지역에서 발생하고 있는 갈등과 문제 및 이를 해결하기 위한 노력을 이해시키려는 내용으로 구성되어 있다. 따라서 이 단원에서는 지구본 및 세계 지도, 여러 가지 시사 자료 등을 이용하여 세계의 사정을 조사하는 방법을 체득하게 하고, 남북의 평화적 통일과 국력 신장, 국제 협력과 세계 평화에 이바지하려는 태도를 기르는 데 취지를 둔다.

2) 단원의 목표

○ 다양한 인종, 민족, 국가로 구성된 세계는 교통·통신의 발달에 따라 지구촌화하고 있다는 것을 인식한다.

○ 지구촌에서는 여러 가지의 갈등과 문제가 발생하고 있으며, 여러 국제기구와 많은 사람들이 이러한 문제의 해결을 위해 노력하고 있음을 이해한다.

○ 우리나라는 정치적, 경제적, 문화적, 지리적인 측면에서 세계 여러 지역과 밀접한 관계 속에 있음을 깨닫는다.

○ 지구본과 세계 지도, 여러 가지 시사 자료를 이용하여 세계의 사정을 조사하는 방법을 체득한다.

○ 지구촌의 문제들을 해결하기 위한 노력의 필요성을 인식하고 이에 참여한다.

○ 외국인과 외국 문화의 다양성을 인정하며, 변화하는 세계 속에서의 우리나라
  의 역할을 깨닫고 이에 이바지하려는 마음을 가진다.
○ 남북 평화 통일의 필요성과 통일 한국의 미래상에 대한 확고한 신념을 가지
  고 통일 노력에 기여하려는 마음을 가진다.

3) 주제별 지도의 관점 및 요소

(1) 우리와 관계가 깊은 나라들

이 주제에서는 역사적, 문화적, 지리적, 경제적 측면에서 우리나라와 관계가
깊은 나라들에 대하여 여러 가지 자료를 통하여 알아본다. 특히, 지구촌화하고
있는 세계 속에서의 한국의 위상과 그 역할에 중점을 둔다.

---

1 역사적, 문화적, 지리적으로 우리와 관계 깊은 나라들
  ○ 지구본과 지도로 본 세계
  ○ 중국, 일본, 미국, 러시아
2 무역 및 자원 교류로 우리와 깊은 나라들
  ○ 동남아시아
  ○ 중동과 북부 아프리카회·결사 등의 주요 자유권
  ○ 유럽 연합과 동부 유럽
3 우리 교포가 많이 거주하고 있는 나라들
  ○ 해외 교포 분포와 교포가 특히 많은 지역들
  ○ 세계로 진출하는 우리 기법, 인물, 기관 등
[심화] 외국의 영향을 크게 받아 변화된 생활문화

> 우리나라는 세계
> 의 여러 나라들과
> 교류하면서 서로 영
> 향을 주고받으며 발
> 전하고 있다.

---

(2) 지구촌의 문제와 우리나라

이 주제에서는 기아나 환경 문제와 같은 지구촌의 문제와 이러한 문제를 해

결하기 위한 국제기구의 노력 및 우리나라의 기여에 대하여 구체적인 사례를 중심으로 이해하게 하고, 특히 학생 수준에서 참여를 강조하여 지도한다. 심화 과정에서는 우리의 전통 문화 중 세계화한 것과 앞으로 세계화할 수 있는 것을 파악함으로써 지구촌화 현상이 우리와 밀접한 관련이 있음을 알게 한다.

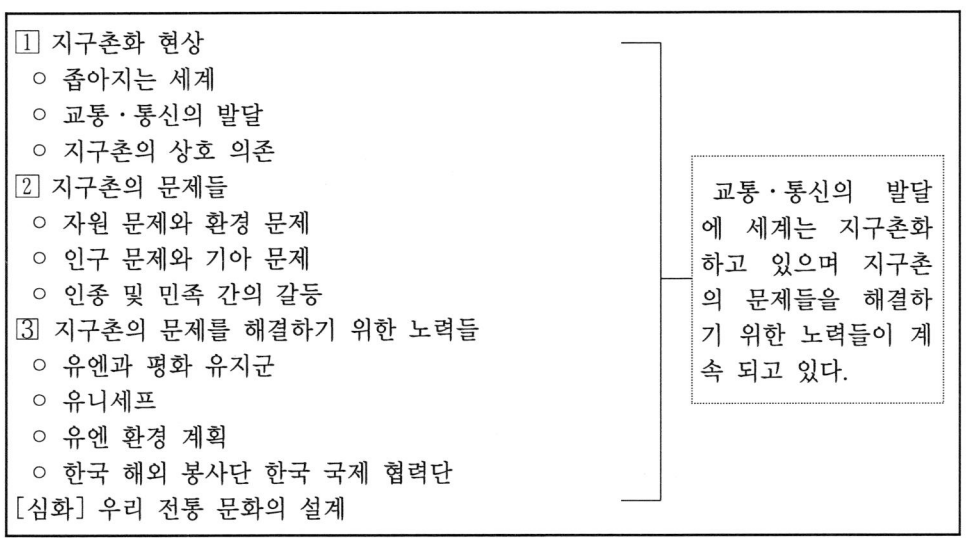

|1| 지구촌화 현상
  ○ 좁아지는 세계
  ○ 교통·통신의 발달
  ○ 지구촌의 상호 의존
|2| 지구촌의 문제들
  ○ 자원 문제와 환경 문제
  ○ 인구 문제와 기아 문제
  ○ 인종 및 민족 간의 갈등
|3| 지구촌의 문제를 해결하기 위한 노력들
  ○ 유엔과 평화 유지군
  ○ 유니세프
  ○ 유엔 환경 계획
  ○ 한국 해외 봉사단 한국 국제 협력단
[심화] 우리 전통 문화의 설계

교통·통신의 발달에 세계는 지구촌화 하고 있으며 지구촌의 문제들을 해결하기 위한 노력들이 계속 되고 있다.

(3) 통일과 민족의 앞날

이 주제에서는 국토 분단의 원인과 함께 남북 회담, 이산가족 찾기 등 통일을 위한 우리노력에 대하여 파악하게 한다. 또, 남북통일의 당위성을 이해하고, 통일 한국의 미래상에 대한 예측을 바탕으로 통일 노력에 이바지하려는 마음을 가지게 하는 데 중점을 둔다. 심화 과정에서는 북한 어린이들의 생활상을 알게 하고, 통일을 위하여 노력하려는 태도를 가지게 한다.

① 남북의 분단
  ○ 광복과 국토의 분단
  ○ 6·25 전쟁과 휴전선의 설정
  ○ 남북 분단의 고착화
② 평화통일로 가는 길
  ○ 남북 교류, 협력과 남북 회담
  ○ 이산가족 찾기
  ○ 금강산 관광 사업
  ○ 통일 한국의 미래 모습
[심화] 북한 어린이들의 생활

남북의 평화 통일은 민족적 과업이므로, 우리 민족은 통일을 달성하기 위하여 함께 노력하여야 한다.

색 인

■ 인명

· 저자 ·

이운발
(李雲發)

· 약　력 ·

대구교육대학교 졸업
경북대학교 교육대학원 교육학 석사
경북대학교 대학원 교육학 박사

대구교육대학교 시간강사
(현)경북대학교사범대학부설초등학교 교사

· 주요 논저 ·

「국민학교 사회과 교육과정의 개정 차시별 비교」
「사회과에서 정보통신기술(ICT) 활용을 통한 자기 주도적 학습력 신장」
「고등 사고력 함양을 위한 통합 교육과정의 구성 전략 탐구」
「교육과정 개정기에 따른 사회과 목표로서의 '민주 시민'에 대한 의미와 그 시사점」
「고등 사고력 함양을 위한 주제 스트랜드 중심의 사회과 통합교육과정 구성의 방략」
「내용 적정화를 위한 초등 사회과 교육과정 구성의 방략」
「사회과에서 창의성 신장을 위한 문제 해결 학습 모형 및 수업 구성」 외 다수

· 연구 활동 ·

대구에듀넷 초등 사회과 자료 개발 특별 연구교사(1999~2000)
사회과 탐구 4-1 '대구의 생활' 집필위원(2001)
대구광역시교육청 사회과 연구교사(2002)
대구광역시교육청 초등학교 사회과 교수·학습지원단(2003)
대구교수학습지원센터 사회과 교수자료지원단(2004~2005)
대구광역시교육청 창의성교육지원단(2006)

고등 사고력 함양을 위한
초등 사회과 통합교육과정 구성

- 초판 인쇄   2007년 1월 7일
- 초판 발행   2007년 2월 7일

- 지 은 이   이운발
- 펴 낸 이   채종준
- 펴 낸 곳   한국학술정보㈜
  경기도 파주시 교하읍 문발리 526-2
  파주출판문화정보산업단지
  전화   031) 908-3181(대표) · 팩스   031) 908-3189
  홈페이지   http://www.kstudy.com
  e-mail(출판사업부)   publish@kstudy.com
- 등   록   제일산-115호(2000. 6. 19)
- 가   격   31,000원

ISBN   89-534-6024-7 93370 (Paper Book)
       89-534-6025-5 98370 (e-Book)